中国特色乡村振兴研究丛书
主编/黄承伟 向德平

以县域为中心的城乡融合
——以"通榆模式"为例

YI XIANYU WEI ZHONGXIN DE
CHENGXIANG RONGHE

田毅鹏 陈宁 张帆 等/著

武汉出版社
WUHAN PUBLISHING HOUSE

(鄂)新登字08号

图书在版编目（CIP）数据

以县域为中心的城乡融合：以"通榆模式"为例 / 田毅鹏等著. -- 武汉：武汉出版社, 2024.12. -- (中国特色乡村振兴研究丛书 / 黄承伟, 向德平主编). -- ISBN 978-7-5582-7217-2

Ⅰ. F299.273.44

中国国家版本馆CIP数据核字第2024A2Z215号

以县域为中心的城乡融合 —— 以"通榆模式"为例

著　　者：田毅鹏　陈　宁　张　帆　等
责任编辑：黄　澄
封面设计：刘福珊
出　　版：武汉出版社
社　　址：武汉市江岸区兴业路136号　　邮　编：430014
电　　话：(027)85606403　　85600625
http://www.whcbs.com　　E-mail:whcbszbs@163.com
印　　刷：湖北金港彩印有限公司　　经　销：新华书店
开　　本：787 mm×1092 mm　　1/16
印　　张：17.5　　字　数：228千字
版　　次：2024年12月第1版　　2024年12月第1次印刷
定　　价：88.00元

版权所有·翻印必究
如有质量问题，由本社负责调换。

目 录

第一章 导论 ... 1

一、城乡融合发展理论：以县域为中心 ... 4

二、研究的个案及其典型性 ... 22

三、研究的意义 ... 31

四、研究的结构 ... 37

第二章 以县域党建促进城乡融合发展 ... 41

一、以县域党建接续城乡循环 ... 42

二、通榆县域党建引领的实践铺展 ... 45

三、以县域党建推进城乡融合发展的经验启示 ... 69

第三章 以县域产业发展推动城乡融合 ... 74

一、县域产业在城乡融合中的再定位 ... 75

二、县域产业推进城乡融合的实施路径 ... 81

三、县域产业发展的经验讨论 ... 99

第四章 以农业科技创新助力城乡融合发展 ... 105

一、科技创新促进县域内城乡融合发展的必要性 ... 105

二、通榆县科技助力城乡融合发展的经验模式 ... 110

三、经验与启示 ... 132

第五章　优化村落空间布局　营造宜居乡村社区 136
一、易地扶贫搬迁的政策背景与政策展开 137
二、村落搬迁的潜在风险与通榆县的破解之道 151
三、县域村庄布局调整的"通榆模式"总结及讨论 165

第六章　以乡村文化振兴助推县域内城乡融合发展 175
一、乡村文化振兴助推城乡融合发展的内涵与逻辑 176
二、通榆县推动乡村文化振兴的主要做法与成效 180
三、经验与启示 202

第七章　城乡融合视域下农村集体经济的发展转型 206
一、城乡融合视域下农村集体经济发展的定位 207
二、城乡融合发展与农村集体经济的转型路径 213
三、结论与讨论 230

第八章　推进社会政策创新和基本公共服务城乡普惠共享 234
一、县域内城乡基本公共服务均等化的必要性 235
二、基本公共服务城乡普惠共享的政策体系与县域实践 241
三、经验启示与对策建议 264

后　记 275

第一章
导论

党的二十大报告突出强调了乡村振兴在加快构建新发展格局、着力推动高质量发展战略中的重要地位；指出全面建设社会主义现代化国家，最艰巨最繁重的任务仍然在农村，系统描绘和规划了全面推进乡村振兴的战略蓝图。站在全面建成小康社会的新的历史起点，深刻把握我国"三农"工作重心历史性转移到全面推进乡村振兴这一时代契机，在持续巩固拓展脱贫攻坚成果的基础上，扎实补齐农业农村短板弱项，加快推进农业农村现代化，加快形成工农互促、城乡互补、协调发展、共同繁荣的新型工农城乡关系，是当前和今后一个时期"三农"工作的基本方向和主要工作。诚然，实现上述任务目标的关键在于解决好城乡之间发展不平衡不充分问题，这就需要打破城乡二元壁垒、促进城乡要素流动、推动城乡协调发展、畅通城乡经济循环，在此过程中，加快推动县域内的城乡融合发展是重中之重。

一方面，县是我国国家结构和治理体系的基本单元，是推进广大农村特别是脱贫地区持续发展的战略支点。习近平总书记多次强调："在我们党的组织结构和国家政权结构中，县一级处在承上启下的关键环节，是发展经济、保障民生、维护稳定、促进国家长治久安的重要基础。"① 从概念内涵和所辖范围来看,县是介于市和乡镇之间的一级行政区划,其区域包含以县城为中心、以乡镇为节点、以农村为腹地的地理空间,作为我国行政布局中的基本地域单元,县域上接天线、下接地气,县域治理是推进国家治理体系和治理能力现代化的重要一环;从资源分布和经济规模来看,截至2021年底,我国内地共有县域1866个,占全国国土面积的90%左右,占我国大陆人口和GDP的比重分别为52.5%和38.3%②,我国县域常住人口约7.4亿人,乡镇和村两级消费市场占全国总体消费市场的38%③,可以说,新时代的县域发展是我国经济社会全面高质量发展的关键所在;从人口结构和制度安排来看,我国现有的5亿农村人口大部分居住在县域内的乡村地区④,这意味着国家各类惠农资源的分配和富农政策的落实都需要在县一层级统筹部署、细化实施,从国家扶贫开发工作重点县到国家乡村振兴重点帮扶县,从五级书记抓扶贫到五级书记抓乡村振兴,县一级始终是我国稳住农业基本盘、做好"三农"工作的主阵地。

另一方面,县是连接城乡的关键纽带,县域内的城乡融合发展是全面推进乡村振兴的动力引擎。曾有学者用"半城市化"⑤这一概念来描绘城乡二元壁垒松动后的困顿,即农村人口融入城市过程中所发生的"大城市病"与城市排斥并存的现象。实践表明,在城乡融合发展中振兴乡村、富农强农不能只大力发展都市圈,更要依托

---

① 习近平:《做焦裕禄式的县委书记(二〇一五年一月十二日)》,《学习时报》2015年9月7日第A1版。
②《〈中国县域高质量发展报告2022〉发布》,《中国企业报》2022年8月2日第9版。
③《商务部多措并举推动城乡居民共享品质消费》,《消费日报》2022年7月20日第A1版。
④ 刘坤:《县城如何更宜居宜业》,《光明日报》2022年5月26日第15版。
⑤ 王春光:《农村流动人口的"半城市化"问题研究》,《社会学研究》2006年第5期。

县城和乡镇谋求县域发展。从县域的结构形态来分析，一个县就是一个基本完整的社会，"麻雀虽小，五脏俱全"。作为县域的中心，县城通常拥有一定人口规模、区位优势、产业基础和公共资源配置，是连接城市、服务乡村以及汇聚各类资源要素的重要载体；作为县域的节点，乡镇是能够具备部分城市功能的最基本空间单元，是发挥对村落的辐射带动作用的根本支撑；作为县域的基础，农村是释放资源潜力、提升发展质量、实现共同富裕的着力点，是推动区域乃至全国经济社会平稳健康运行的"压舱石"。可以说，县域的"村—乡（镇）—县"以"点—线—面"的形式构成了一个工农兼备、城乡互通、内外循环、承上启下的区域发展综合体。正是由于县域具备工农互促、以城带乡的枢纽功能和基础条件，以县域内城乡融合发展为抓手推动"三农"工作，才理应成为全面推进乡村振兴的关键发力点。其一，推动县域内城乡融合发展可以强化县一级的统筹谋划和顶层设计，破除城乡分割的体制弊端，打通城乡要素平等交换、双向流动的制度性通道；其二，推动县域内城乡融合发展可以优化县域内资源配置，在构建县域现代产业体系的系统布局中推动农业产业链供应链的转型升级，加快形成县域乡村产业的核心竞争力；其三，推动县域内城乡融合发展可以提高县城综合服务能力并发挥乡镇服务农民的区域中心作用，使基础设施和公共服务向乡村延伸，促进县乡村功能的衔接互补；其四，推动县域内城乡融合发展可以在多元主体参与、产权制度改革、技术支撑带动、新兴业态拓展、农民工就地市民化等多个领域激发乡村发展活力，进而加快推动农业农村现代化。

全面推进乡村振兴，不能就乡村论乡村，要站在遵循城乡发展建设规律、构建新型工农城乡关系的全局和战略高度上进行考虑。对此，习近平总书记明确指出："要把县域作为城乡融合发展的重要切入点，推进空间布局、产业发展、基础设施等县域统筹，把城乡关系摆布好处理好，一体设计、一并推进。"①2021年的中央一号文件提出："加快县域内城乡融合发展。"2022年中共中央办公厅、国务院办公厅印发的《关于推进以县城为重要载体的城镇化建设的意见》也强调"以县域为基本单元推进城乡融合发展"。当下，我国正处在推动乡村振兴取得新进展、农业农村现代化迈出新步伐的关键时期，加快县域内城乡融合发展对于新发展阶段优先发展农业农村、全面推进乡村振兴取得实效意义重大。

本书以加快县域内城乡融合发展为核心命题，充分厘清我国城乡关系变迁的历史进程、学理脉络和研究范式，深入解读县域作为城乡融合发展主线的现实基础与动力机制，分类归纳现有政策实践情况和路径建议，在全面梳理以县域为中心的城乡融合发展理论的基础上，精心选择吉林省白城市通榆县作为研究个案，并对该县党建引领、产业发展、科技赋农、村庄营造、文化融合、集体经济、政策保障等多个领域的城乡融合发展实践予以实地考察和细致剖析，通过总结好通榆县域内城乡融合发展的成效做法、基本经验和存在问题，提炼能够反映县域内城乡融合特质的一致性体认和一般性规律，为我国进一步推出全面推进乡村振兴、畅通城乡要素流动的相关政策提供决策依据和切实建议。

一、城乡融合发展理论：以县域为中心

党的十九大报告提出"实施乡村振兴战略"，其中"建立健全城乡融合发展体制机制和政策体系"是重要内容。围绕这一命题，学术界主要从三个层面展开讨论：第一，在充分总结中国城乡关系

---

① 习近平：《坚持把解决好"三农"问题作为全党工作重中之重　举全党全社会之力推动乡村振兴》，《求是》2022年第7期。

演变的历史进程、内在规律与经验启示的同时，考察和借鉴全球城乡平衡发展的前沿论点、主要做法和共性特征，进而试图在理论脉络、国际经验和中国实践的会通中归纳城乡融合发展的研究范式；第二，在乡村振兴视野下分析城乡融合发展推动农业农村现代化的内在机理、主要障碍和突破方向，重点考察城乡融合的分类实践，从而尝试在大量实证研究和比较分析的基础上厘清县域作为城乡融合发展切入点的实践逻辑；第三，将全面推进乡村振兴作为县域内城乡融合发展的基本导向，剖析县域处理工农关系和城乡关系的基本原则、重点领域以及实践机制，探索加快县域内城乡融合发展的具体策略和政策建议。

（一）城乡融合发展的历史过程与理论脉络

中国城乡关系史研究大体遵循两条主线展开，一是城乡结构的变迁过程，二是相应的城乡政策的深化轨迹。就前者而言，学界已经形成了大体一致的观点，即中国城乡结构总体上经历了一个从二元分割到融合发展的进程。以建党百年为主要线索，中国共产党优化城乡关系治理历经农村包围城市（1921—1949年）、城乡二元结构（1949—1978年）、城乡协调发展（1978—2012年）和城乡融合发展（2012—2021年）共四个阶段[1]；以新中国成立七十年为分析范围，先是由城乡兼顾、工农并举过渡到城乡分离、以农助工，再从城乡二元、工农失衡转向城乡融合、工农互惠[2]；以改革开放四十年

---

[1] 周柏春：《中国共产党推进城乡融合的百年历程及经验启示》，《学习与探索》2021年第9期；姜长云：《建党百年优化城乡关系治理的历程、经验与启示》，《人文杂志》2021年第11期。

[2] 姚毓春、梁梦宇：《城乡融合发展的政治经济学逻辑——以新中国70年的发展为考察》，《求是学刊》2019年第5期；刘俊杰：《我国城乡关系演变的历史脉络：从分割走向融合》，《华中农业大学学报（社会科学版）》2020年第1期。

为考察时段,中国城乡关系的演变脉络可分为城乡关系向好发展、城乡关系再度失衡、城乡关系调整完善、城乡关系一体化发展四个时期[①],其中,从党的十六大报告提出的"统筹城乡经济社会发展"、党的十八大报告提出的"推动城乡发展一体化"直至党的十九大报告提出的"建立健全城乡融合发展体制机制和政策体系",标示着中国城乡结构由二元失衡向互动共生发生根本转变并逐步升华。[②] 与中国城乡结构的变迁过程相呼应,"'以农补工'的工业化优先政策、有限市场化与城乡非均衡发展政策、城乡融合发展政策先后成为主导城乡关系基本格局的战略性安排"。[③] 而上述城乡政策的变革被认为是中国共产党基于"对不同时期城乡关系的认知与定位",即通过"政府主导""生态取向""人民主体"三种形态的演进,"实现了对中国现代化建设不同时期破解城乡二元结构问题的系统性的回应"。[④]

立足于对中国城乡关系史的梳理,学界还积极对中国城乡关系变迁的动力机制和有益经验进行提炼。有学者从马克思主义城乡关系理论出发,将我国城乡关系从对立到融合的变化归结为生产力和生产关系的矛盾运动、相互作用。[⑤] 还有学者以多元决定论为分析方法,主张生产力促进机制、市场推动机制、政府推进机制以及非

---

① 张文斌、张志斌、董建红、张怀林、公维民:《迈向城乡共治:改革开放以来城乡关系演变解读》,《地理科学进展》2021年第5期。
② 张克俊、杜婵:《从城乡统筹、城乡一体化到城乡融合发展:继承与升华》,《农村经济》2019年第11期。
③ 耿国阶、王亚群:《城乡关系视角下乡村治理演变的逻辑:1949~2019》,《中国农村观察》2019年第6期。
④ 翟昕、李志军:《中国共产党城乡关系统筹发展认识的历史演进》,《社会科学家》2021年第7期。
⑤ 周清香、何爱平:《中国城乡融合发展的历史演进及其实现路径——马克思主义城乡关系理论的视角》,《西安财经大学学报》2022年第2期。

正规制度的影响机制是中国城乡融合制度变迁的动力。①无论是经济化约论还是多元因果论，其共同点在于都强调"以乡援城、以农支工"工业化主导的发展道路以及由此引发的城乡间发展不平衡、不充分问题有其历史必然性，即城乡关系从分离到融合的演变是中国现代化进程的基本逻辑。②基于研究视角的差异，理论界对调整城乡关系的历史经验的总结存有较大分歧。如龚勤林和陈说从时代特征与多维实践出发，将新中国成立以来党领导城乡关系的经验概括为坚持在历史视域下开启融合共兴城乡关系的系统构建、坚持在兼顾各项事业发展中统筹推进城乡关系和谐演进、坚持在新时代高质量发展轨道上推进城乡融合、坚持以共同富裕为指引推进城乡互助互惠发展。③张海鹏以具体的经验教训为切入点，认为城乡关系演变的基本规律是"不断向农民赋权，坚持改革的渐进性，坚持市场化改革取向，坚持尊重基层创新和转换思想观念相结合，以及给改革和改革者留出足够的空间"。④邹一南则强调"土地制度改革在赋予乡村的发展权利、确保农民的市民权利、实现市民的乡村权利方面起着基础性作用"，因此是未来促进城乡融合的突破口。⑤

鉴于城乡发展不平衡和对它的纠正被认为是大多数国家现代化过程中所必然经历的共性现象，那么以城乡融合推动我国乡村全

---

① 周凯、宋兰旗：《中国城乡融合制度变迁的动力机制研究》，《当代经济研究》2014年第12期。
② 杨佩卿：《现代化目标：新中国城乡关系演进脉络和价值取向》，《西安财经大学学报》2020年第5期；陈雪娟、胡怀国：《中国现代化进程透视下的城乡关系演变》，《经济纵横》2021年第5期。
③ 龚勤林、陈说：《新中国成立以来党领导城乡关系调整的历程与经验》，《经济问题探索》2022年第2期。
④ 张海鹏：《中国城乡关系演变70年：从分割到融合》，《中国农村经济》2019年第3期。
⑤ 邹一南：《从二元对立到城乡融合：中国工农城乡关系的制度性重构》，《科学社会主义》2020年第3期。

面振兴，就不仅要理顺中国城乡关系变动的特殊过程和内在机理，还要加强对全球城乡发展经验特别是对已跨越经济转型阶段的发达国家经验的借鉴。美国社会独特的移民史、较早的工业化、极高的城镇化率、完善的农业立法以及对自由市场经济的高度推崇共同促成了其城乡融通、联结均等的发展模式，显然，这与其自身所具有的先天发展条件和社会历史过程有密切关系，是中国乃至欧洲国家、日本都无法与之比较的。① 作为第一个实现城市化的国家，英国的城乡融合道路与很多后发展国家相似，先后经历了"城市扩张、城市病蔓延、法制规划、乡村有序治理、城乡一体化"的过程，而在两百多年的乡村重建实践中，英国坚持顶层设计和法治保障、社区行动和社区参与、集镇发展和小城镇建设，基本形成了"网格化的共生单元、积极的共生环境、多层级的组织界面和一体化的共生模式"。② 相较于欧美国家而言，同属儒家文化圈且在战后经历过快速城市化和乡村衰败的日本的经验更具启示意义。面对城市过密化与农村过疏化并存的局面，日本以町村为中心积极推动造村运动和社区营造运动、资源重置、区域混居和人才流动，形成了一个政策体系相对完善、城乡差距逐渐消除、乡村治理持续活化的地域振兴格局。③

以不同学科为立论原点，以国内外城乡关系理论为论证参照，结合全球城乡变迁的历史过程、政策轨迹和实践策略，学术界已初

---

① 冯丹萌、孙鸣凤：《国际视角下协调推进新型城镇化与乡村振兴的思考》，《城市发展研究》2020年第8期；吕鹏：《美国城镇化历史进程与路径启示》，《晋阳学刊》2021年第5期。
② 武小龙：《英国乡村振兴的政策框架与实践逻辑》，《华南农业大学学报（社会科学版）》2020年第6期。
③ 贺青梅：《中国乡村振兴的实现路径：来自日本地域振兴的启示》，《广西大学学报（哲学社会科学版）》2019年第5期。

步形成了关于城乡融合发展的三种研究范式。

一是马克思主义的经典城乡理论。通过观察欧洲工业化、城市化对城乡社会生活与工人阶级所造成的后果，同时也受到空想社会主义者、亚当·斯密以及冯·李比希等人学术观点的影响，马克思和恩格斯"明确提出了'城乡关系''城乡对立'和'城乡融合'等主要概念"[①]，并将城乡关系变迁纳入以生产力和生产关系的历史性矛盾为动力的资本主义发展史中去讨论。在马克思、恩格斯看来，"资本无限增殖和资本主义无序生产的冲动，造就了快速而畸形发展的城市和日益分离对立的城乡关系"。通过对资本和资本主义生产方式的剖析，马克思、恩格斯"科学揭示了城乡关系'同———对立—融合'否定之否定的发展趋势"[②]。在马克思主义经典城乡理论的语境下，围绕城乡融合的本质逻辑和实现条件形成了如下几个观点：其一，既然城乡关系从分离到融合的过程是生产力发展和生产关系变革的必然，那么实现城乡融合就必须要提高工农业水平、发展社会生产力并重视科学技术。[③]其二，与欧美等发达国家城乡转型期间所奉行的资本逻辑不同，中国具有规制资本、促进共同富裕、促进城乡共建共享的制度基础，关键是要把制度优势及时有效地转化为治理效能。[④]其三，我国实施的乡村振兴战略正是马克思主义经典城乡理论的生动实践和最新发展，加快转变农业生产方式、深

---

① 李红玉：《马克思恩格斯城乡融合发展理论研究》，《中国社会科学院研究生院学报》2020年第5期。
② 宗海勇：《城乡对立融合的哲学审视及价值指认》，《南通大学学报（社会科学版）》2021年第2期。
③ 祖晨阳、郭环洲：《"城乡融合"理论视阈下我国的城乡统筹发展》，《学术交流》2012年第6期；邬巧飞：《马克思的城乡融合思想及其当代启示》，《科学社会主义》2014年第4期。
④ 徐宏潇：《城乡融合发展：理论依据、现实动因与实现条件》，《南京农业大学学报（社会科学版）》2020年第5期。

化农业供给侧结构性改革、建立城乡一体化劳动力市场等政策措施是推动城乡融合发展的有效手段。①

二是以经济地理学为分析框架的多维系统论。遵循建模传统，经济地理学一贯"利用数学模型和量化方法来解释观察到的空间经济活动的格局"②，具体到城乡融合发展议题，则表现为控制和展示不断演化的城乡经济景观的复杂性的模型设计，即建构一个囊括学术机理、驱动因素、推进策略、影响效应、测度评估等诸多向度的城乡融合计量图式。这一建模分析过程要解决的关键问题有两个，首先是建立主导城乡融合景观结构的基本法则，其次是确定各类解释变量之间的经验关系。就前者而言，经济地理学界目前多将均衡系统论作为城乡融合模型解释的社会理论基础，如何仁伟通过综合人地关系地域系统理论和区域空间结构理论，确立了"乡村振兴五边形"和"人—地—钱—业"等重要指标，并通过建立城乡发展空间均衡模型以及城乡等值线，解释城乡发展空间均衡的动态过程与传导机理③；周佳宁等人以城乡发展等值化为理论基础，强调"在城乡统一体中解构出城乡均衡发展的'值'系统"，进而构建了"城乡人口互融、空间发展均衡、经济协调共进、社会服务均等和生态环境共享的多维等值化"模型。④ 在城乡融合模型解释的方法论原则方面，针对城乡要素的多维分析颇为盛行。以刘春芳等人的研究

---

① 傅歆、孙米莉：《马克思主义城乡融合发展理论的逻辑演进》，《浙江学刊》2019年第6期；隋筱童：《马克思恩格斯城乡关系理论研究及新时代启示》，《兰州学刊》2020年第10期。
② 埃里克·谢泼德、特雷弗·J.巴恩斯主编：《经济地理学指南》，商务印书馆，2008，第33页。
③ 何仁伟：《城乡融合与乡村振兴：理论探讨、机理阐释与实现路径》，《地理研究》2018年第11期。
④ 周佳宁、邹伟、秦富仓：《等值化理念下中国城乡融合多维审视及影响因素》，《地理研究》2020年第8期。

为例，他们通过建立城乡自然环境、人类行动、社会经济（就业、居住、GDP、土地利用等）等各类要素及其流动情况的数据库，并利用统计分析、空间分析、社会网络分析等多维方法，对城乡要素流动性进行测度并分析其流动特征，从而把握城乡融合发展与诸相关要素流动的关系变化的形态和趋向。①

三是以时空社会学为内核的空间重构论。吉登斯指出："大多数社会分析学者仅仅将时间和空间看作是行动的环境，并不假思索地接受视时间为一种可以测量的钟表时间的观念，而这种观念只不过是现代西方文化特有的产物。……社会系统的时空构成恰恰是社会理论的核心。"②的确，时空不仅是我们讨论人类行为的背景，更是我们理解社会结构及其变迁的关键。无论是马克思和恩格斯有关历史唯物主义以及空间正义的相关著述、涂尔干和莫斯对"社会生活的节奏性"③的强调，还是列斐伏尔、大卫·哈维等人的作品，都不约而同地将城乡空间关系及其变迁作为讨论城乡发展问题的核心命题与关键视角。把时空分析思维运用于我国的城乡研究可知，"中国的城乡融合发展问题，是一个克服城乡空间不平等，进行空间结构关系重组和空间整合的过程"④，"具体包括：变革城乡空间结构，使其由分割走向融合；激活城乡空间要素，使其从单向流动到双向自由流动；消除城乡空间界限，促进城乡居民平等化；加强城乡空

---

① 刘春芳、张志英：《从城乡一体化到城乡融合：新型城乡关系的思考》，《地理科学》2018年第10期。
② 安东尼·吉登斯：《社会的构成：结构化理论大纲》，李康、李猛译，生活·读书·新知三联书店，1998，第195-196页。
③ 约翰·哈萨德：《时间社会学》，朱红文、李捷译，北京师范大学出版社，2009，第3页。
④ 林聚任、刘佳：《空间不平等与城乡融合发展：一个空间社会学分析框架》，《江海学刊》2021年第2期。

间治理,确立空间新秩序"①。其中,坚持"校准城乡空间方位""重塑多维空间正义"应该成为城乡融合发展的根本原则②,而加强"乡村空间治理在推动乡村空间重构、权属关系重塑和组织体系重建中的作用",是"优化城乡格局、改善城乡互动关系、推动城乡融合发展的可行路径"。③

（二）县域作为城乡融合发展主线的现实基础与动力机制

自党的十九大围绕实施乡村振兴战略,作出"建立健全城乡融合发展体制机制和政策体系"这一重大决策部署,特别是党中央、国务院出台了《中共中央　国务院关于建立健全城乡融合发展体制机制和政策体系的意见》(2019年4月15日)以来,国内学术界就城乡融合发展促进实施乡村振兴的内在逻辑、主要问题以及政策路径开展了大量的学术研究,取得了丰硕的研究成果。

与上文将城乡关系变迁及其动力机制纳入中国现代化进程加以分析相同,城乡融合发展与乡村振兴的内在联系也被学界置于国家现代化的时代背景下予以考量。要知道,"一个国家的现代化既有农村现代化,也有城市现代化。……农村现代化与城市现代化也不是机械式地拼凑为一个完整的国家现代化,而是互为支撑、彼此联系、互动共享的关系,并有机式联结为一个完整的国家现代化"。从这个意义上讲,"乡村振兴以现代性城乡关系为基础"。④ 在具体

---

① 林聚任:《新城乡空间重构与城乡融合发展》,《山东大学学报（哲学社会科学版）》2022年第1期。
② 贾秀飞:《重塑多维空间正义:中国城乡关系的演进实践与未来延展》,《中国地质大学学报（社会科学版）》2021年第4期。
③ 戈大专、龙花楼:《论乡村空间治理与城乡融合发展》,《地理学报》2020年第6期。
④ 李华胤:《论现代化中后期的城乡关系与乡村振兴》,《西安财经大学学报》2020年第6期。

层面，无论是城乡融合发展还是乡村振兴，都是围绕一定城乡区域范围内经济、生态、政治、社会、文化五个领域综合实施的，不同之处仅在于前者更强调差距缩小，而后者更强调利益共享，因此，"乡村社会能够从城乡差距不断缩小中持续获取来自城市五个方面的资源，从而实现乡村社会五个方面的振兴"。[1] 我国经济社会发展实践亦表明，城乡分割的二元经济发展路径难以从根本上解决诸如城乡居民收入差距过大、农业劳动生产率过低等"三农"问题，只有通过深化土地制度改革和户籍制度改革，扩大农户的土地经营规模，促进农村剩余劳动力向非农产业转移并完成市民化，才能实现乡村振兴。换言之，"实现城乡融合发展，才是解决'三农'问题的根本途径，而这也是被许多发达国家的成功经验普遍证明了的"。[2]

目前，在实施乡村振兴战略下推进城乡融合发展所面临的主要问题和相应对策可归纳为两类。第一类是强调城乡融合发展进程中各类"断点""堵点"的累积性、繁复性和关联性，因此其对策建议也着眼于更具系统性和全面性的综合措施。如吴振方、李萍认为城乡融合发展在体制机制、要素循环、产业对接、城乡供需等方面都存在诸多现实梗阻，建议从"夯实城乡经济循环的条件基础、打通城乡经济循环的主要动脉、创新城乡经济循环的主流形式、完善城乡经济循环的基本保障四个方面"促进城乡融合向高质量发展。[3] 文丰安发现，在城乡融合发展的进程中还存在着二元理念难以根除、发

---

[1] 谭明方：《城乡融合发展促进实施乡村振兴战略的内在机理研究》，《学海》2020年第4期。
[2] 蔡继明、刘媛、刘畅畅：《论走出"三农"困境的路径选择》，《天津社会科学》2020年第1期。
[3] 吴振方、李萍：《畅通城乡经济循环：生成逻辑、现实梗阻与实现路径》，《农村经济》2021年第10期。

展规划落地困难、要素资源交互不足、产业融合相对滞后等有待改进的问题,为此,应根除二元体制壁垒、系统布局空间体系、促进资源自由流动、激活产业融合发展,进而构建新型城乡关系。[1] 第二类观点将城乡融合发展的核心视为资源要素的双向平等自由流动,进而聚焦当下城乡间的流动性失衡与可持续性不足,主张通过明晰资源流动机理、厘清各类资源价值、提高互补共享可能、化解要素短缺难题等方式,构建一个城乡资源清晰、市场一体、诉求互补、倾向乡村的资源配置格局。[2] 在上述过程中,"城乡要素双向流动机制的形成不是一蹴而就的,离不开制度、市场、政府和社会等关键因素的驱动"。具体而言,完善的制度建设是促进城乡要素双向流动的前提,统一的要素市场是渠道,政府是引导性的重要力量,而社会力量则是引领资源要素回流乡村的生力军。[3] 此外,严重阻碍城乡生产要素自由流动的制度性障碍亦是深化改革的重点,应厘定农民土地的财产性权利,持续推进农村集体经济组织成员确权改革,提高农民组织化程度并探索大国小农共同富裕的实现机制,从而有针对性地形成促进内生性增长和缩小城乡差距的要素流动体制机制。

对城乡融合发展存在问题及突破方向的研究固然具有启示意义,但考虑到中国区域间经济社会发展的不平衡以及由此导致的城乡关系实践形态的差异性、多元性和复杂性,对现有城乡关系类型予以概括至关重要。需要强调的是,对城乡关系的既有类型分析,不仅是为了回应在差异化的地理区位推动城乡融合发展的目标定

---

[1] 文丰安:《乡村振兴战略实施背景下的新型城乡关系构建:意义、困境及纾解》,《理论学刊》2022 年第 3 期。

[2] 王文彬:《基于资源流动视角的城乡融合发展研究》,《农村经济》2019 年第 7 期。

[3] 王向阳、谭静、申学锋:《城乡资源要素双向流动的理论框架与政策思考》,《农业经济问题》2020 年第 10 期。

位和制度模式的问题,更是试图在比较分析中确定实现城乡融合发展的基本行政单元与核心治理环节。大致看来,中国城乡关系的类型有三种,分别是以上海地区为代表的吸附型城乡关系、以珠三角和苏南地区为代表的融合型城乡关系以及以中西部地区为代表的并立型城乡关系。在吸附型城乡关系中,乡村是以满足城市需求为导向的;在融合型城乡关系中,乡村已经成为城市带的一部分;而在并立型城乡关系中,城市与乡村是相对独立的两个系统。[①] 显然,融合型和吸附型的城乡关系代表了以少数中心城市为引领的都市圈、城市带模式,并立型城乡关系代表了以众多中小城市为节点的辐射乡村模式,前者基于较高水平的区域发展条件,已然初步具备了城市与周边乡村在空间上的协同效应,而后者则因多地处欠发达地区,所以城乡要素流通不畅、区隔程度较深,考虑到人口数量、土地规模、粮食安全等因素,显然后者在推动城乡融合发展方面更具典型性、重要性和紧迫性。

在关注基于地理区位的城乡关系类型的同时,学术界还对不同行政层级的城乡融合发展实践进行了考察。以省为研究范畴,杨佩卿以新型城镇化和乡村振兴协同推进路径为切入点,总结了陕西城乡融合发展的经验成果[②];王效梅等人基于人地关系地域系统理论、人与自然之间的物质变换思想以及城乡融合发展思想,对山西乡村振兴实践和微观路径进行了探索[③];李艳等人在共同富裕视角下对

---

① 杜姣:《城乡关系的实践类型与乡村振兴的分类实践》,《探索》2020 年第 1 期。
② 杨佩卿:《新型城镇化和乡村振兴协同推进路径探析——基于陕西实践探索的案例》,《西北农林科技大学学报(社会科学版)》2022 年第 1 期。
③ 王效梅、李繁荣、王晓东:《城乡融合发展视野下山西乡村振兴路径探索》,《人文地理》2022 年第 3 期。

浙江城乡融合发展水平与演化进行了测度[①]。以市为分析单位,范颖等人从乡村空间生产与再生产的演进动态出发,并结合城乡空间重构理论,总结了成都公园城市城乡融合乡村振兴的有益经验[②];黄俊尧回顾并对比了杭州"撤村建居"、嘉兴"两分两换"以及温州"三分三改"等城乡融合发展政策的实施情况[③]。以县为典型个案,李玉恒等人基于乡村经济韧性以及"压力—状态—响应"模型对河北省景县进行了综合评价[④],贺艳华等人从经济效应、社会效应、生态效应和空间效应四个维度构建指标体系,对长沙望城区城乡发展同步推进情况进行了效应评价。[⑤]以乡镇为观察对象,学术界不约而同地将焦点集中于特色小镇建设,如程响和何继新认为要实现城市、乡村、特色小镇的资源要素深度融合,就要在宏观上建立"全景城乡社会"[⑥],李志强提出了"城乡'磁铁式'融合模式下的'特色要素'集聚、'全域生态'建构及'城乡共生'培育的特色小城镇探索思路"[⑦],王坤等人以浙江省279个不同类型的特色小镇为样本,综合运用统计分析和空间分析方法,探讨了特色小镇与城乡融合的空间

[①] 李艳、叶明确、罗唯:《共同富裕视角下浙江省城乡融合发展水平测度与演化研究》,《兰州学刊》2022年第6期。

[②] 范颖、苟建汶、李果:《城乡融合引领下乡村空间生产与"乡村+"发展路径探讨——成都公园城市城乡融合乡村振兴典型案例的启示》,《农村经济》2021年第7期。

[③] 黄俊尧:《城乡融合发展政策的分析与思考——以浙江杭州、嘉兴和温州的相关政策为例》,《北京行政学院学报》2022年第3期。

[④] 李玉恒、黄惠倩、王晟业:《基于乡村经济韧性的传统农区城乡融合发展路径研究——以河北省典型县域为例》,《经济地理》2021年第8期。

[⑤] 贺艳华、谭惠敏、康富美:《大都市边缘区城乡融合发展模式及效应评价——以长沙市望城区为例》,《经济地理》2022年第5期。

[⑥] 程响、何继新:《城乡融合发展与特色小镇建设的良性互动——基于城乡区域要素流动理论视角》,《广西社会科学》2018年第10期。

[⑦] 李志强:《特色小城镇空间重构与路径探索——以城乡"磁铁式"融合发展为视域》,《南通大学学报(社会科学版)》2019年第1期。

关系机理和现实特征。[①] 以村落为调研目标,马威发现在湖北省BL村的城乡组织"以需求—供给的互嵌模式共同服务于城乡融合中的乡村振兴"。[②]

城乡融合发展是我国实施乡村振兴战略的重要部署,落实这一部署必须立足于有效的载体,以破解各类要素资源在城乡间合理配置、自由流动的体制机制障碍,无论从面临的主要问题及其解决之道出发,还是从城乡关系的类型分析着手,特别是总结由省及村的不同城乡融合发展实践案例,可以发现,城乡融合发展需要以县域作为着力点。一方面,只有县域才满足城乡融合发展所必须的综合施策、要素互通、因地制宜、倾向乡村等要求。城乡融合发展的关键在于选择恰当的空间支撑节点,明确独特的目标定位,形成产业聚集、人口聚集、环境优良的发展平台,打造集城乡生产、生活、生态等各项功能于一体的空间单元,进而通过破除城乡分割的体制弊端、加快城乡要素平等双向流动等措施推动农业农村现代化。以省或市为承载平台,确实有利于从较高的行政层级和较大的区域范围作出总体设计和统筹部署,也有利于各地区各部门的思想统一和组织支持,但一省即使是一市的内部也会因各地资源禀赋的差异、发展阶段的不同、目标定位的特色等而难以采用"一张蓝图",因此在推动城乡融合发展方面,省、市更倾向于设定目标、把握方向、提供政策支持与进行评估考核,可以说,省、市一级缺乏形成符合实际、独具特色的改革路径和城乡融合发展模式的客观条件与制度结构。同理,以乡镇或村落为政策基点,虽然有利于形成特色

[①] 王坤、贺清云、朱翔:《新时代特色小镇与城乡融合发展的空间关系研究——以浙江省为例》,《经济地理》2022年第8期。
[②] 马威:《城乡组织互嵌与乡村振兴的路径研究——基于湖北省BL村的实践调研》,《中央民族大学学报(哲学社会科学版)》2020年第2期。

小镇、一村一品等以产业壮大为核心的"开放乡村"[1]，但加快城乡融合发展所需要的城乡制度改革完善、公共服务普惠共享、基础设施一体化发展等体制机制建立健全工作，在乡镇、村庄层面明显没有制度基础和操作空间。与省、市、乡、村不同，县域既具备决策定位、整合资源的能力，又具备推进空间布局、摆布城乡关系的基础，"'县'作为联结和整合城乡，包含和统筹工农的基础平台，就自然会成为乡村振兴的主战场和基本单元，成为战略展开平台"[2]。

另一方面，从城市与地方关系视角来分析，以县域为载体推进城乡融合发展正是突破城市中心主义、实现城乡平衡发展的动力基点。熊万胜和袁中华认为，研究城乡融合发展问题必须考察中国自古以来就存在的城市和地方之间的关系。他们指出，自秦伊始的郡县制经近代直至改革开放以来，已然逐步演变为一种城市地方体制，即地方政府在行政上服从于城市政府的城乡格局，尤其在城镇化的时代，"不仅仅地方政府相对于城市政府的自主性降低了，随着城乡关系的日趋紧密，地方内部的乡村社会乃至整个地方社会相对城市社会的独立性也降低了"，可以说，城市主导了整个地方社会。[3] 显然，上文论及的以少数大型城市为引领的都市圈城乡关系模式无疑就是这种城市中心主义的典型体现。而在地方，包括一些县域内部，作为城市中心主义的衍生物，城区中心主义也有大行其道的趋势。在这样的情形下，县域成为突破"按城市级别发展"格局的关键空间布局。其一，加快县域内城乡融合发展所谋求的是在重置城市和地方之间的发展权的思路下，通过提升县域区划内部的

---

[1] 罗必良:《开放村庄：在城乡融合中推进乡村振兴》，《南方经济》2021年第8期。

[2] 刘岳:《作为方法的县》，《文化纵横》2019年第5期。

[3] 熊万胜、袁中华:《城市与地方关系视角下的城乡融合发展》，《浙江社会科学》2021年第10期。

平衡性、自主性和发展性来振兴乡村，进而构建新型的城市与地方关系；其二，加快县域内城乡融合发展可以突破以往依据大中小城市的垂直体系来安排发展空间的城市中心主义或城区中心主义，使县域能够发挥出相对于城市的自主性，促进更多现代性要素注入乡村；其三，相较于以中心城市为引领的城市带模式，地处欠发达地区的县域产业发展优势还不突出、基础设施公共服务仍较薄弱、村落过疏化甚至县城也欠活力，因此更需要谋划基于城乡融合的全域发展。

（三）乡村振兴背景下县域内城乡融合发展的可行路径与政策实践

在2021年发布的中央一号文件《中共中央 国务院关于全面推进乡村振兴加快农业农村现代化的意见》中，"县域"一词共出现11次，并首次正式提出"加快县域内城乡融合发展"。可见，在全面实施乡村振兴战略的过程中，县域是重要切入点，县域内城乡融合发展是基本路径，县域经济社会发展由此步入一个新阶段。自此以后，学术界的关注点也发生了明显的转向，即从城乡关系的变迁过程和研究范式、城乡融合的实践形态和基本单元转而讨论县域城乡融合在具体路径上的实现机制和重点工作，并形成了一些学术成果，大体可分为如下三类：一是分析县域内城乡融合发展的基本原则和重要抓手，二是聚焦县域内城乡融合发展的关键领域和推进策略，三是考察县域内城乡融合发展的具体实践和成效经验。

在一县之域推动城乡融合，首先应基于总体目标和县域特质明确其定位原则和发力要点。对此，黄振华的观点比较有代表性。黄振华认为："县域城乡融合的目标不是乡村向城市的集聚，而是城市向乡村的辐射和扩散，即通过以工促农、以城带乡的方式将现代性要素注入乡村。这就要求，必须坚持农业农村优先发展的基本原则，立足乡村本位，以农业、农村、农民为基本出发点。"在具体思路上，应坚持推进以农业为导向的一二三产融合，健全以农村为导向的公共服务体系，并构建以农民为导向的乡村建设格局。① 与黄振华的观点相似，熊易寒也认为县域内城乡融合发展的目标是要逐步实现一个"超大规模社会的共同富裕"，其关键在于立足扭转城乡差距、重建城乡关系、解决乡村问题等原则，促进政府资源下乡、专业人才下乡、社会资本下乡以及制度改革下乡。此外，熊易寒还强调在"职住分离"的趋势下有必要做好县城的城镇化工作。②

加快县域内城乡融合发展既需要统筹谋划和顶层设计，也需要探索和论证在哪些关键领域如何发力的问题。陈奕山等人指出："县域是城乡融合发展的重要交汇口，新型城乡关系的构建成效如何，在一定程度上取决于县域经济的发展和探索成效。"发展县域经济应从发展农业生产服务业起步，并形成能够融入全国乃至全球产业链的特色非农产业，之后要规划长远的人口布局以及随人口分布变化而调整的服务布局，最后要与其他县域实现联动、均衡发展。③ 全面实施乡村振兴战略、加快县域内城乡融合发展的重点难点是脱贫地区，冯丹萌和万君认为，对此类县域而言，夯实发展实力、提升内生动力是关键，其主要思路是找好脱贫县域的发展定位、实施城乡产业发展一体化、构建县域公共服务体系、建立县域人才激励机

---

① 黄振华：《县域、县城与乡村振兴》，《理论与改革》2022年第4期。
② 熊易寒：《城乡融合、要素流动与乡村振兴》，《人民论坛》2022年第5期。
③ 陈奕山、吴重庆、张慧鹏：《以县域为中心的乡村振兴：城乡关系演变与县域经济发展》，《南方经济》2021年第8期。

制以及处理好县域绿色与发展的关系。① 无论是激发县域经济活力还是提升县域发展能力，推动县域内城乡融合发展都"必须赋予县域政府充分的自主权力"，田先红强调目前县域自主性的弱化会给乡村振兴战略的实施带来阻碍，因此应赋予县域政府更多的乡村振兴决策权和更大的乡村振兴政策转化权，强化县域政府的乡村振兴资源整合权并充分调动县域政府的能动性。②

毛一敬和刘建平对山西省L县城乡融合发展实践的考察是经验研究中唯一通过效果评估来讨论实现机制的。他们发现，L县很多农民家庭虽然都已实现进县城买房的目标，但绝大部分仍维持着"半耕半工"的生产方式，且这种子代进城、父代留村的生活方式，"并不具有彻底性和不可逆性，而是以城市和乡村两个物理空间为基点，家庭成员根据家庭生命周期和生产生活需求，在城乡之间自由流动"，其实质是农民对县域城乡社会系统的双向嵌入。由于这种以农村家庭生产生活高度嵌入城乡社会为内核的县域城乡融合发展实践取得了乡村活力有序、农业繁荣发展、县域经济活跃、城市特色凸显等良好效果，毛一敬和刘建平据此推论，高农业剩余对劳动力的在地化吸附是城乡融合的主体基础，发展型社会对城乡资源的双重依赖是城乡融合的实践动力，回应型政府的政策供给和支持是城乡融合的制度保障。③

针对"在全面推进乡村振兴背景下加快县域内城乡融合发展"这一议题，学界目前仅有少量学理层面的研究，且主要围绕总体原

---

① 冯丹萌、万君：《脱贫地区提升县域发展能力的初步思考》，《城市发展研究》2022年5期。
② 田先红：《论乡村振兴的县域自主性》，《新疆师范大学学报（哲学社会科学版）》2021年第3期。
③ 毛一敬、刘建平：《农民城市化视角下县域城乡融合发展的实践机制研究》，《暨南学报（哲学社会科学版）》2021年第10期。

则和重点范畴展开,未能形成较为全面、系统的著述,这不能不说是一个缺憾。要知道,加快县域内城乡融合发展是要将县域、城乡作为一个有机整体来统筹谋划、协调发展,其相关研究不仅要从工作要求、发展目标、体制创新、推进路径、组织实施、政策支持等县域顶层设计着手,而且应考虑到党的建设、县域经济、科技下乡、村庄治理、公共服务等具体实践领域的情况,因此,只有以能够刻画县域全景的个案研究为出发点,才能在理论研究与实地调查的反复糅合中,生成加快县域内城乡融合发展的合理性策略、经验性知识以及规律性认识。

二、研究的个案及其典型性

作为社会科学的一项基本研究方法,个案研究确实可以通过对单一的、典型的县域进行深入而具体的考察来了解县域内城乡融合的变迁线索和发展特点,但从本书的研究目的以及社会科学方法论的角度出发,对个案县域的研究必须推导出对我国县域内城乡融合共性问题的一般性概括,或是提供一种全新的洞察。对此,本书运用布洛维的扩展个案方法,"通过对宏观、微观两方面因素的经验考察,达到对问题的深入理解"[1]。一方面,本书搜集资料兼涉国家顶层设计和个案县域政策,且分析时笔者始终抱持有关前者如何影响、渗透后者的思考;另一方面,本书还试图从个别的县域实践中透视国家"三农"领域相关部署的历史逻辑。概而言之,本书要在个案县域研究与宏观制度分析两个立足点的往复转移中解答县域内城乡如何融合发展的问题。

---

[1] 卢晖临、李雪:《如何走出个案——从个案研究到扩展个案研究》,《中国社会科学》2007年第1期。

（一）个案的情况：吉林通榆的"县域发展"

本书所选择的研究个案——吉林省通榆县，始建于 1904 年，最初称开通县，隶属清盛京将军洮南府。1947 年 8 月至 1949 年 5 月，开通县先后隶属辽北、嫩江、黑龙江省。1958 年 10 月 16 日，开通、瞻榆两县撤销，合并成通榆县，隶属吉林省白城专员公署。1993 年 8 月，白城地区行政公署撤销，设立白城市（地级），通榆县为白城市辖县。在地理位置上，通榆县位于吉林省西部、科尔沁草原东陲，分别与乾安县、长岭县、科右中旗、科左中旗、洮南市、大安市为邻。通榆县下辖 3 个街道、16 个乡镇、172 个行政村、1 个省级经济开发区，总人口 35.04 万人，总面积 8476.39 平方公里。全县共有耕地 661.9 万亩，占全省的 4.7% 和全市的 27.9%，人均占有耕地面积居全省首位。

长期以来，受自然资源禀赋的限制和经济区位因素的影响，通榆经济社会发展相对滞后，区域性整体贫困问题较为突出。2012 年，通榆被确定为集中连片特殊困难地区范围内的国家扶贫开发工作重点县。截至 2015 年底，经过精准识别，通榆全县共有建档立卡贫困人口 28746 户 54598 人，综合贫困发生率为 21.8%，贫困村 90 个，其中深度贫困村 17 个，贫困人口占全省的 7.8%、占全市的 27.2%。自脱贫攻坚战打响以来，通榆县深入学习和贯彻习近平总书记关于扶贫工作的重要论述，以及习近平总书记 2015 年 7 月 17 日和 2018 年 9 月 28 日两次主持召开的以东北振兴为主题的座谈会上的重要讲话精神，深入把握精准扶贫精准脱贫基本方略，积极贯彻新发展理念，立足县域实际，按照"六个精准、五个一批"的原则，着力解决好"五个问题"，推动脱贫攻坚工作取得扎实成效。截至 2019 年底，通榆全县共有建档立卡贫困人口 26498 户 48947 人，其中脱贫26406户48759人，90个贫困村全部出列，剩余贫困人口92户188人，综合贫困发生率下降至0.075%。2020年4月11日，经吉林省人民政府批准，通榆正式退出贫困县序列。在脱贫摘帽基础上，通榆积极探索实现脱贫攻坚和乡村振兴两大战略的平稳接续，紧密围绕巩固提升脱贫攻坚成果持续发力，截至2020年底实现全县25913户47683贫困人口全部脱贫，县域综合贫困发生率由0.075%进一步降至0%。

以乡村振兴战略作为新时代"三农"工作总抓手，通榆在确保如期高质量完成精准扶贫任务的同时，坚持城乡平等、工农互促、协调发展，着力缩小城乡间经济社会发展差距和居民生活水平差距，初步形成了县域内城乡共同繁荣的动态过程。

在总体经济发展和产业结构优化方面，截至2021年末，通榆实现地区生产总值86.9亿元，五年内年均增长5.4%；固定资产投资55亿元，五年内年均增长6.95%；地方级财政收入7.92亿元，五年内年均增长5.5%；规模以上工业总产值、增加值达到41亿元和13.5亿元，五年内年均增长24.9%和23.3%；城乡居民人均可支配收入达到26309元和13906元，五年内年均增长5.6%和11.3%。[①]

在农业领域，"十三五"末期，通榆全县农作物播种面积达540万亩，产量33.09亿斤，产值35.76亿元；新型经营主体发展到3397家，先后培育天意、吉运两个国家级农业产业化重点龙头企业，以及单氏米业等7家省级重点龙头企业；以粮经饲统筹和退粮进特为主的种植业结构调整稳步推进，高标准农田建设规模不断扩大；畜牧业在绿色转型中不断成长壮大，牧原、吉运等一批牧业龙头企业带动作用明显，牛羊和生猪存栏量快速增长，总产值实现25.7亿

---

① 资料来源：《通榆县2021年政府工作报告》。

元，全国杂粮杂豆和畜牧业生产基地的效应正在显现，农业产业结构正在由以农为主向农牧并举转变。在工业领域，"十三五"期间，通榆工业经济正在逐步向清洁能源、装备制造、农畜产品深加工等税源型项目转型升级，全县规模以上工业企业发展到22户，实现产值21亿元；全县共实施工业项目126个，累计完成工业投资141亿元；到2020年底，全县风电、光伏、生物质发电总装机容量可达到238.5万千瓦，清洁能源产值可达到15亿元，可以说，通榆正在成为全国重要的清洁能源生产基地。在第三产业领域，通榆的商贸物流、电子商务和生态旅游等现代服务业发展势态良好，"十三五"期间，电子商务交易额累计达到61.07亿元；消费品市场保持总体稳定，社会消费品零售总额年均增长7.5%，年均增速比全市平均水平高出4.5个百分点；2020年全年接待游客32万人次。

在生态环境修复和生活环境改善方面，通榆通过人工种草、草原禁牧、草原围栏、舍饲化饲养等综合性生态修复措施的有效实施，局部区域草原"三化"问题有所缓解，河湖连通、生态补水、退耕还湿等三大工程的生态效益逐步显现，湿地面积稳步增加，湿地功能逐渐恢复，"十三五"期间累计完成退耕还林0.45万亩，造林48.97万亩，修复治理草原90万亩，森林覆盖率提高到16.20%，国家重点生态功能区的生态安全主体功能逐步有效发挥。截至2020年底，通榆对建成区燃煤小锅炉全部完成淘汰，秸秆禁烧扎实推进，全年空气质量优良天数达到325天，河长制和"清四乱"工作已得到全面落实开展，集中式生活饮用水水源地水质达标率100%；工业企业污染排放达标率达97%，规模以上企业单位工业增加值能耗0.41吨标煤/万元，比2015年下降10%左右，万元工业增加值用水量降低至19.1吨/万元，生活垃圾无害化处理率达96%，工业固体废弃物综合利用率达100%。

在城乡基础建设和人居环境整治方面,通榆在"十三五"期间统筹推进新型城镇化和乡村建设,全面启动老城改造,深入开展"拆违打非"和"拆墙透绿"专项行动,棚户区改造快速推进,完成回迁住房建设65万平方米;实施老旧小区改造132个,完成城市道路改造13条,长度18公里,完成污水处理扩建提标改造项目,建设完成水冲公厕10座,垃圾处理厂改造提升项目顺利通过验收,生活垃圾无害化等级达到一级标准,城市排水排污能力明显提升,城市服务功能不断完善,市民居住环境有效改善。通榆"十三五"期间新建乡村公路239条,建设里程604.534公里;老旧路改造158条,里程727.026公里;新改建省、县级公路6条,里程186.95公里。完成通榆县内松通、双洮高速公路建设185公里,完成省道S212平齐铁路平改立项目、开通南道口平齐铁路平改立工程,城镇化率提高35%,县城集聚经济和人口的能力显著提升。

在破除城乡藩篱和深化制度改革方面,通榆在党的建设、经济体制、农业农村、民主法治、纪检监察体制等领域稳步推进各项改革措施,基本完成农村集体产权、土地确权登记颁证工作,"十三五"期间累计流转土地48万亩,"放管服"和"最多跑一次"改革持续深化,实现线上业务办理和实体大厅业务办理"双轮"驱动,全县各类行政审批、服务事项办结率100%;商事制度改革、"证照分离"改革、城市管理综合执法改革不断深入,教育、医药卫生体制改革卓有成效,与浙江省平湖市对口合作深入推进,与省属各大高校、科研院所有效对接,在生态修复、科学养殖、特产加工、功能食品等领域"政产学研用"协同创新力度持续加大,创新能力持续提升。

在城乡公共服务和民生福祉改善方面,通榆在"十三五"期间,全县城镇新增就业人数累计3万人,农村转移就业人数累计29万人,城镇登记失业率控制在4.5%以内,城乡低保标准稳步提高,受益困难群众4.7万人,有效实施学校义务教育和医疗卫生改善提升工程,11所义务教育学校改扩建工程和县中医院、县妇幼保健计划服务中心移址改建项目顺利完成,全县19家乡镇卫生院实现改造提升,其中边昭卫生院移址新建、苏公坨卫生院改扩建项目完成,其他17家卫生院全部进行维修改造,积极开展以"文化进万家""书画进乡村"为主题的文化惠民工程,民众的文化素养不断提高,扫黑除恶专项斗争深入开展,社会环境总体稳定。[①]

(二)个案的扩展价值:对代表性、独特性和启示性的分析

从社会科学研究方法的角度讲,想要深入调查一个问题,进而对该问题所牵涉到的复杂、微妙的情况作出解释,个案研究法最有效。就本书所要讨论的主题"县域内城乡融合发展"而言,在微观层面包括特定县域单元内部的新型城镇化、城乡要素流动制度化、农民工就地市民化、统筹空间布局、壮大县域经济、加快小城镇发展等诸多领域,在宏观层面则关涉构建现代乡村产业体系、提升农村基本公共服务水平、强化农业农村优先发展投入保障等"三农"方面的多个重要部署,正适合个案研究方法发挥其处理纵横交错的微妙关系和繁复过程的能力。此外,由于个案研究法可以和多种具体的研究方法、研究策略以及分析方法搭配使用,也正适合与本书在研究阶段所采用的实地观察、深度访谈、文献收集、过程分析、比较分析等多种技巧结成一种复合研究。

有学者指出:"个案的选取必须经过深思熟虑,基于案例的某些

[①] 资料来源:《通榆县国民经济和社会发展第十四个五年规划和2035年远景目标纲要》。

具体特征进行选取,这些特征对要研究的实际问题或理论问题应有特别重大的意义。"[1]这里所说的"特别重大的意义"主要体现在三个层面:一是被选择的案例应该具有典型性,即与其他同类型案例在重要特质方面具有高度相似性,以保证其研究结论可以推广到整个类型事例;二是被选择的案例在具备代表性的同时,还应在某些方面是特殊的,以使研究者能够更容易分析出那些发挥独特影响作用的因素;三是被选择的案例最好与先前的理论具有相关性,从而使研究实现理论检验甚至理论建构的目标。

诚如前文所述,我国区域间资源禀赋的差异和经济社会发展的不平衡,使得各地的城乡关系实践形态呈现出高度的差异性和复杂的多元性。其中,以京津冀、长三角、珠三角以及苏南为代表的东部地区依托大型城市和都市圈,"经济社会发展水平较高,城乡差距相对较小,县域内城乡一体的空间布局、产业支撑、基础设施和公共服务等发展程度较高,城乡融合发展体制机制初步建立"[2];以土地资源丰富和众多中小城市辐射乡村为特质的中西部地区及东北地区,经济社会发展相对滞后,县域城镇化程度和特色优势产业发展水平不高,乡镇开发、乡村产业、乡村建设等方面仍有大量短板,县乡村一体化发展格局尚未形成。从土地规模、人口数量、粮食安全、补齐短板、发展难度等角度分析,相较于国土面积仅占13.5%、人口总数占40%、常住人口城镇化率达到70.76%的东部地区,拥有全国86.5%的土地、60%的人口、平均常住人口城镇化率为61.33%的中西部地区和东北地区在加快县域内城乡融合发展方

---

[1] 马丁·登斯库姆:《怎样做好一项研究——小规模社会研究指南》,陶保平等译,上海教育出版社,2011,第31页。
[2] 资料来源:中华人民共和国农业农村部2021年12月23日发布的《县域城乡融合发展问题研究报告》。

面明显更具必要性和紧迫性。①因此,本书选择中西部地区及东北地区作为研究重点,试图通过对典型个案的剖析,在总结欠发达地区县域城乡融合进展情况的同时,结合经验概括和学理推论,提炼我国各地区均不同程度存在的共性问题,并解读县域内城乡融合发展的普遍机理和推进路径。

第一,通榆个案集中体现了中西部地区及东北地区县域的普遍特质。在自然条件方面,我国中西部地区及东北地区地形种类自西向东以山地、高原、盆地居多向丘陵、平原居多逐渐梯次分布,且大多数县占地广袤,而通榆地处大兴安岭南麓、科尔沁草原东陲,地形乃西部多沙丘、东部多平原,县域内土地资源丰富,这与中西部地区及东北地区的总体地理特征高度重合;在空间布局方面,中西部地区及东北地区的县大多远离中心城市,由此形成了迥异于东部地区都市圈、城市带模式的县(城)乡(镇)辐射农村模式,通榆县距吉林省省会长春市约300公里,缺乏依托大型城市的发展和扩张获得城镇化红利的条件,只能通过"县(城)—乡(镇)—村"的自治融合谋求发展,在地理结构方面与中西部地区及东北地区大多数县相契合;在"三农"工作方面,脱贫攻坚时期的832个国家级贫困县全部集中于中西部地区及东北地区,目前,这些脱贫县面积总和约占国土面积一半,且承载着不发生规模性返贫以及保证粮食生产和重要农产品供给的重要任务,这是中西部地区及东北地区县域发展的重中之重,作为脱贫县和农业县,通榆正是上述"三农"工作重点县的缩影;在经济社会发展方面,通榆同中西部地区及东北地区的大多数县域相似,农业人口众多,基础设施相对落后,产业支撑不足,县城城镇化水平较低,县域内城乡经济社会发展差距

---

① 国家统计局:《经济社会发展统计图表:第七次全国人口普查东中西部和东北地区人口情况》,《求是》2021年第12期。

较大。

第二，通榆个案充分凸显了县域治理模式对城乡融合动态发展过程的主导作用。加快县域内城乡融合发展的核心是以县域整体作为着眼点，立足城乡区位条件和资源禀赋，以统筹谋划和顶层设计为引领，推动县域内空间规划和空间布局，破除城乡分割的体制弊端，加快打通城乡要素平等交换、双向流动的制度性通道。在这个过程中，选择县域治理模式、建构治理体系是城乡融合发展定位和实现路径的方向导引与制度基础。近些年来，县域政府依托基层治理优势和项目分包平台"几乎垄断了城市（镇）化的最为核心的资源，其独立性和自主性都大为扩展，成为属地城市（镇）化的主导力量"[①]。《乡村振兴战略规划（2018—2022年）》也明确要求："县委书记要当好乡村振兴'一线总指挥'，下大力气抓好'三农'工作。"可以说，县域在实现乡村建设、处理城乡关系方面的特殊条件促使乡村振兴以及城乡一体化的战略的具体运作落实在了县域，并使得县域的组织和制度建设成为关键所在。就通榆个案而言，通榆为巩固拓展脱贫攻坚成果所实施"一二七六三三"发展战略以及正在摸索践行的以"县域突破"为内核的"通榆模式"，包含着"三大基地一大品牌"的工业发展格局、"村事县管"的乡村产业布局、"想事干事成事"的干部任用导向等多个城乡融合方面的决策部署。通过对通榆个案的研究，正可以透视"县级政府前所未有的独特权能和运作空间"以及"县域的综合性和相对独立性"，两者促使"县级政府在制度和政策方面的创新层出不穷"[②]，并进一步引发了对县域内城乡融合发展模式的积极探索。

[①] 折晓叶：《县域政府治理模式的新变化》，《中国社会科学》2014年第1期。
[②] 折晓叶、艾云：《城乡关系演变的研究路径——一种社会学研究思路和分析框架》，《社会发展研究》2014年第2期。

第三，通榆个案有效丰富了对地域间城乡融合实践形态和相关决策依据的认识。"田野地点与研究问题是密不可分的，但选择一个田野地点并不等于把焦点锁定在某个个案来进行研究。"要知道，"一个个案是指一个社会关系或活动，它可能会扩展到某个田野界线之外，联结到其他的社会情境"[①]。通榆个案虽然充分体现了中西部地区及东北地区县域特别是脱贫县域的普遍样态，但从通榆个案出发，借助个案扩展法、比较分析法等社会科学方法，仍可一窥我国县域内城乡融合发展的共性问题和运行逻辑，进而通过与既有研究范式的对话和与各种分类实践的比照，生成加快县域内城乡融合发展的具体策略和政策建议。

三、研究的意义

将县域作为重要切入点推动城乡融合发展，有助于推进以人为核心的新型城镇化，促进城乡资源要素的双向自由流动，提高县城的综合服务能力和乡镇的服务农民能力，培育支柱产业并壮大县域经济，还有助于促进农业提质增效和农民就业增收，以及推动在县域就业的农民工就地市民化。总而言之，对推动乡村振兴战略以及新型城镇化战略落地见效意义重大。通榆在资源禀赋、经济环境、社会条件等方面充分体现了中西部地区及东北地区县域的普遍特点和共性问题，是欠发达地区在县域层面的缩影和典型。以通榆为个案，聚焦其加快县域内城乡融合发展的成效做法、基本经验和主要障碍，归纳能够反映中西部地区及东北地区特质的一般性问题和一致性体认，提炼能够超越脱贫地区经验的总体性认识、具体性原则和区域性对策，此研究具有多个层面的重要价值。

---

① 劳伦斯·纽曼：《社会研究方法：定性和定量的取向（第五版）》，郝大海译，中国人民大学出版社，2007，第470页。

（一）为实现全体人民共同富裕提供深刻理解和路径建议

习近平总书记指出："共同富裕是社会主义的本质要求，是中国式现代化的重要特征。"① 这里所说的共同富裕是全体人民的共同富裕，是人民群众物质生活和精神生活都富裕，不是少数人的富裕，而是巨大规模人口的整体富裕。当下，我国社会主义现代化建设和实现共同富裕的主要瓶颈是发展不平衡不充分问题，特别是城乡区域发展和收入分配差距较大。虽然自党的十八大以来，我国城乡居民收入相对差距缩小了 0.38（农村居民收入 =1），但以 2021 年的数据测算，当年城镇居民人均可支配收入为 47412 元，农村居民人均可支配收入为 18931 元，前者仍是后者的 2.5 倍。② 受经济社会发展水平以及历史欠账等因素的影响，相较于城市而言，我国农村地区还存在富民产业质量不高、基础设施建设滞后、公共产品供给不足、资源要素聚集困难、乡村治理体系尚不完备、脱贫人口帮扶压力仍然较大等诸多难题，可以说，农村发展不充分、城乡发展不平衡的问题，已然成为实现共同富裕这一社会主义本质要求的最大难点。

共同富裕是要推动所有人的全面发展，是要在"做大蛋糕"的同时"分好蛋糕"，为此，应把解决城乡差距、工农差距作为主攻方向，通过资源配置机制、要素流通机制、收入分配机制的调整将发展成果向农村地区特别是农村欠发达地区倾斜，以实现城乡差距的缩小和城乡发展的均衡。从这个角度出发，开展县域内城乡融合发展研究包括三方面的价值：从历史维度审视，县域内城乡融合发展研究可以从马克思和恩格斯的唯物史观、空间正义等经典论述出发，并结合其他理论范式和相关经验研究，通过对我国城乡关系的变迁过程和动力机制的解读，为打破城乡分割的传统体制束缚、推

---
① 习近平：《扎实推动共同富裕》，《求是》2021 年第 20 期。
② 资料来源：《国家统计局：10 年来我国城乡居民收入相对差距持续缩小》。

动社会生产力的解放和发展,进而促进共同富裕提供理论支持;从理论逻辑出发,县域内城乡融合发展研究更注重"城乡社会中的空间要素、资源要素与制度要素对于实现共同富裕"所具有的重要"型构作用",这就为理解"三者的相互作用共同推动共同富裕实践进程"[1]的运作机理提供了解释路径;从现实需求着手,县域内城乡融合发展研究直面农村地区缩小城乡收入差距、生活差距的迫切诉求,从而为以城乡、工农的共建共享为导向,扎实有序推动乡村全面振兴和城乡深度融合明确发展路径和施策重点。

(二)为中国特色社会主义乡村振兴道路提供学理支撑和中国范本

早在20世纪二三十年代,发展什么样的农村才能重铸中国社会根基、选择什么样的道路才能实现乡村建设就曾经是困扰中国知识界的关键问题,梁漱溟、晏阳初等著名学者莫不为此求索奔走。时至今日,对上述问题的解答依然有其战略价值和时代意义。要知道,我国是一个有着14亿人口且农业人口占比较高的国家,我们虽然打赢了脱贫攻坚战,如期完成了脱贫攻坚目标任务,但仍要清醒地认识到,作为世界上最大的发展中国家,我国仍面临着人民日益增长的美好生活需要和不平衡不充分的发展之间的矛盾,解决发展不平衡不充分问题、缩小城乡区域发展差距、实现人的全面发展和全体人民共同富裕,仍然任重道远。特别是从县域层面来看,虽然贫困村、贫困群众已经实现脱贫,但包括一些非贫困村在内的很多乡村地区的发展基础仍然十分薄弱、自我发展能力仍有待提升,巩固拓展脱贫攻坚成果、推进乡村振兴的任务仍然很重。在这样的情

---

[1] 李宁:《城乡融合发展驱动共同富裕的内在机理与实现路径》,《农林经济管理学报》2022年第4期。

况下，坚定不移走中国特色社会主义乡村振兴道路，做好县域内城乡融合发展的相关工作，意义重大、任务艰巨。目前，围绕"县域内城乡融合发展"，学术界从城乡融合的历史过程与理论脉络、城乡融合的分类实践与案例分析、县域城乡融合的重点领域与具体策略等多个维度开展了大量的研究工作，取得了丰硕的研究成果，但研究的深度、复杂度和延展度仍有待提升，特别是从个案县域经验扩展至区域经验，乃至全国共性规律的研究还相对较少。以通榆为案例的县域内城乡融合发展研究，不仅可以为推动中国乡村治理体系和治理能力现代化提供绝佳的经验素材和实证资料，还可以印证习近平总书记关于"三农"工作重要论述以及关于县域治理、县域发展重要论述的科学性和指导性，并进一步深化对习近平总书记相关重要指示精神的认识与理解。

此外，县域是中国农业农村现代化的前沿阵地，是观察中国乡村治理体系安排、乡村振兴理论的实践与创新，以及中国特色社会主义乡村振兴道路的最佳窗口。一方面，从本研究出发，与国外城乡充分交流均衡发展的经验和理论，与全球乡村针对发展的主要模式进行有效对话，是为全球乡村治理与乡村发展贡献中国经验、中国智慧，向世界讲好中国故事、传播好中国声音的重要内容。另一方面，加快县域内城乡融合发展是全面推进乡村振兴的重要部署，对这一部分经验模式、根本规律的归纳总结，不仅可以揭示中国特色社会主义乡村振兴道路的前进脉络和发展进程，还可以从乡村振兴的中国经验出发，向世界展示一个真实、立体、全面的中国。

（三）为新发展理念引领农业农村现代化提供机理与方案

"理念是行动的先导，一定的发展实践都是由一定的发展理念来引领的。发展理念是否对头，从根本上决定着发展成效乃至成败。

实践告诉我们,发展是一个不断变化的进程,发展环境不会一成不变,发展条件不会一成不变,发展理念自然也不会一成不变。"[①]进入新发展阶段,我国"三农"工作的基本问题、目标任务和外部条件都发生了变化,以创新、协调、绿色、开放、共享的新发展理念引领农业农村现代化的各环节,成为全面推进乡村振兴,确保农业稳产增产、农民稳步增收、农村稳定安宁的根本宗旨和指导原则。作为一个系统的理论体系,新发展理念虽然回答了关于发展的目的、动力、方式、路径等一系列理论和实践问题,但用新发展理念破解"三农"领域新难题,特别是持续推动农村一二三产业融合发展、加大创新驱动力度、推进农业供给侧结构性改革、加快农业发展方式转变、推进农村精神文明建设等关键问题,依旧在内在机理、操作原则、具体策略等诸多维度面临着如何全面准确理解、如何实现知行合一的困扰。要知道,以新发展理念引领农业农村高质量发展,振兴的是村庄,但不能就村庄论村庄,应充分认识到其基本框架立足于工农城乡关系,政策保障着眼于县乡领导体制,治理机制聚焦于县域统筹布局,因此,应把县域作为推动乡村全面振兴的基本单元,把加快县域内城乡融合发展作为推进乡村建设、解决城乡失衡的突破口。从这个角度出发,县域内城乡融合发展研究具备体认内在要求、阐明基本方略、明确重点举措等多重价值。

其一,县域内城乡融合发展研究注重创新在引领县域经济发展和农业产业升级等方面的动力效能,强调协调发展在城乡资源均衡配置上的重要意义,突出绿色对城乡融合可持续发展的价值导向,聚焦开放在满足城乡群众对美好生活共同需要方面的机制作用,凸显共享是城乡全面融合助力共同富裕的实现路径,从而在县域发展

[①] 习近平:《把握新发展阶段,贯彻新发展理念,构建新发展格局》,《求是》2021年第9期。

思路、发展方向和发展着力点等方面说明坚持新发展理念是实现农业农村现代化的内在要求。其二，以新发展理念引领农业农村现代化，核心是把坚持新发展理念贯穿于乡村振兴工作的全过程，推动农业农村高质量发展，就此而言，县域内城乡融合发展研究可以进一步阐明新发展理念在确立县域内城乡要素资源双向自由流动的制度性通道和培育促进农业由增产导向向提质导向转变的机制性环境等方面的导向功能与基本方略，从而为进一步拓宽农民增收渠道和满足市民对农产品的需要，提供一个基于县域城乡循环的推进思路。其三，县域内城乡融合发展研究不仅能够深化对新发展阶段推动农业农村现代化重要性的理解，还可以从县域层面就推动农业供给侧结构性改革、实现农村一二三产业融合发展、抓好新型农业经营主体培育工作、促进小农户与现代农业的有机衔接等新形势下的重点问题，提出基于新发展理念的参考建议。

（四）为协调推进乡村振兴与新型城镇化提供耦合思路和决策依据

作为我国实现城乡工农均衡发展、推进中国式现代化建设的两大国家战略，乡村振兴和新型城镇化具有天然的战略耦合性和必要性。2018年印发的《乡村振兴战略规划（2018—2022年）》明确提出"坚持乡村振兴和新型城镇化双轮驱动"，2019年印发的《中共中央 国务院关于建立健全城乡融合发展体制机制和政策体系的意见》强调"协调推进乡村振兴战略和新型城镇化战略"，此外，"十四五"规划也要求"坚持农业农村优先发展，全面推进乡村振兴"和"完善新型城镇化战略，提升城镇化发展质量"，2021年印发的《中共中央 国务院关于全面推进乡村振兴加快农业农村现代化的意见》又再次提出"加快县域内城乡融合发展"以及"推进以人为核心的新型城镇化"。可见，乡村振兴与新型城镇化的协调推进思路越发清晰，不仅在顶层设计层面，在县域操作层面其任务布置和政策支持也在全面落实。

加强县域内城乡融合发展研究，一方面可以深化对乡村振兴与新型城镇化战略耦合应然性、现实性、机理性、规律性的认识，从而超越城市中心论所主张的以城市覆盖或改造乡村的城乡发展模式，在县一层级城镇要素下乡激发村庄活力、乡村要素聚集推动新型城镇化的双向互动中，探寻两大战略耦合在县域层面的实践路径；另一方面，乡村振兴战略与新型城镇化战略虽然目标相近、逻辑相连，但二者还存在空间维度上要素分配不均、时间维度上发展节点不同的内在张力，"在时空交错之下，城乡进一步显现出各自在经济、政治、历史、地理等方面所具有的独特的功能和价值。而这些功能的有效发挥必然导致城乡之间争夺发展资源"[①]。可以说,推动县域内城乡融合发展既是克服上述内在张力的必然要求，同时也面临着遭遇政策梗阻的可能，加强相关研究可以厘清认识误区、确认耦合逻辑，并为两大战略在县域层面"协同"发展的全流程优化提供科学决策依据。

四、研究的结构

在 2022 年 12 月 23 日至 24 日召开的中央农村工作会议上，习近平总书记强调，强国必先强农，农强方能国强。没有农业强国就没有整个现代化强国；没有农业农村现代化，社会主义现代化就是不全面的。诚然，加快建设农业强国，重点是要扎实推动乡村产业、人才、文化、生态、组织振兴。而加快县域内城乡融合发展作为全

[①] 杨嵘均：《论新型城镇化与乡村振兴战略的内在张力、政策梗阻及其规避》，《南京农业大学学报（社会科学版）》2019 年第 5 期。

面推进乡村振兴的动力引擎和关键抓手，必然是新时代新征程农业农村现代化和加快建设农业强国的主攻方向与突破重点。本书以县域内城乡融合发展为研究主题，以吉林通榆的城乡融合实践为典型个案，通过对县域全景的刻画和剖析，结合经验概括和学理推论，在总结欠发达地区县域城乡融合进展情况的同时，提炼我国各地区均不同程度存在的共性问题，并解读县域内城乡融合发展的普遍机理和推进路径，进而试图在理论研究与实地调查的反复糅合中，生成加快县域内城乡融合发展的合理性策略、经验性知识以及规律性认识。全书共分为八个部分，各部分的主旨内容如下：

第一章系全书的导论。该章在充分梳理我国城乡融合发展的历史过程与理论脉络的基础上，试图阐明县域作为城乡融合发展主线的现实基础与动力机制，并以全面推进乡村振兴为背景，对当下县域内城乡融合发展的政策实践进行了总结。随后，该章重点介绍了本书所选择的案例吉林省通榆县的基本情况，并指出了选取通榆个案的典型价值和独特意义。最后，该章还从政治意义、学理支撑、决策咨询等多个维度说明了本研究的价值。

第二章以县域党建促进城乡融合发展为核心命题，强调县域党建在接续城乡循环、实现城乡融合方面的整合能力和引领效能，通过对通榆县域党建的动力机制、体系建构、引领发展等实践过程的细致剖析，初步总结出党建引领是将制度优势转为治理效能的关键、强化乡村主体性是实现城乡融合的重要基础、激发地域活力是实现城乡融合的直接动力等县域党建推进城乡融合发展的重要经验。

第三章概括了县域产业在城乡融合发展中的角色变迁、现实定位和政策规划，着重考察了通榆以城带乡、以乡融城的产业发展思路，即一方面推进县域产业升级以带动县域内劳动力就业，另一面拓宽农业功能以发展农业全过程社会化服务，从而构建城乡要素双向、平等交换的产业发展格局。以上述经验研究为基础，本书认为，县域产业发展路径应以人为中心嵌入县域社会结构，并从本土获得内生性的发展力量。

第四章重点讨论了科技创新在促进县域内城乡融合发展方面的必要价值和作用机理，通过对通榆科技赋能产业融合、推进城乡人才要素双向流动以及创新政产学研协同机制等主要做法的梳理与总结，进一步明确了构建促进县域内城乡融合发展的科技支撑体系的应然性和重要性，并为城乡人才、知识、科技等要素的自由流动与合理配置指明了县域目标和工作思路。

第五章将县域内城乡融合发展纳入县域地理规划、资源要素布局，从空间整合和空间重构的视角进行考量，在探讨优化县域村庄布局的政策背景和特殊价值的同时，结合通榆易地扶贫搬迁的主要经验，对村落空间嬗变所引发的伴生问题、潜在风险以及采用的治理策略作出了详细解读，着重阐释了因地制宜的布局规划、体系化的后续保障机制、生态宜居的社会融入体系等村落空间治理观点。

第六章诠释了乡村文化振兴助推城乡融合发展的学理内涵与内在逻辑，总结了通榆县推动乡村文化振兴的基本原则、具体行动与成功经验，并在此基础之上阐明了将乡风文明建设纳入全县乡村振兴战略图景的必要性，科学论证了创新农村精神文明建设的平台载体、发挥新时代文明实践阵地的资源链接作用等乡村文化振兴实践何以能够为城乡间的经济、政治融合提供强大的精神动力。

第七章以农村集体经济为关注点，将农村集体经济转型与发展的动力机制置于城乡系统关联的框架中去分析，揭示了以农村集体产权制度改革激活城乡要素对流、以农村集体经济经营模式创新推动城乡产业衔接、以农村集体经济社会性功能发挥促进城乡治理融合等村社集体在城乡互融中的展开向度和可行路径，并着重分析了城乡融合背景下集体经济发展的"村事县管"模式。

第八章聚焦基本公共服务的城乡普惠共享以及相关社会政策的创新，首先从理论逻辑和政策实践的角度论证了县域内城乡基本公共服务均等化的必要性，随后以吉林通榆县为分析样本，讨论了推进基本公共服务城乡普惠共享的政策体系及其县域实践，最后围绕推动城乡间基本公共服务的普惠共享，提出了提升县城基本公共服务水平和辐射能力、在"有效衔接"过程中加大基本公共服务下沉乡村力度、突破"政策文本"并深度关注"政策过程"实践等具体建议。

第二章
以县域党建促进城乡融合发展

县域党建是促进城乡融合、实现乡村振兴伟大战略目标的重要基础。习近平总书记指出:"从世界各国现代化历史看,有的国家没有处理好工农关系、城乡关系,农业发展跟不上,农村发展跟不上,农产品供应不足,不能有效吸纳农村劳动力,大量失业农民涌向城市贫民窟,乡村和乡村经济走向凋敝,工业化和城镇化走入困境,甚至造成社会动荡,最终陷入'中等收入陷阱'。这里面更深层次的问题是领导体制和国家治理体制问题。"[①]而我国作为中国共产党领导的社会主义国家,有能力、有条件解决此问题。基于此,中共中央、国务院出台《中共中央 国务院关于加强基层治理体系和治理能力现代化建设的意见》,要求把党的领导贯穿基层治理全过程、各方面,完善党全面领导基层治理制度,加强基层政权治理能力建设,健全基层群众自治制度。通榆在县域发展实践中,以组织体系建设为着力点,强化党的全面领导,构建起县委统筹、部门包保、驻村帮扶、政策支持、社会参与的一系列责任链条,通过党员、农民与乡村等多重主体再造,为促进城乡融合与发展提供力量源泉。其经验的特色与精髓在于,在发挥政治引领与组织引领功能的同时,将党建从组织建设领域扩展到集体经济建设、社会治理等

---

① 习近平:《把乡村振兴战略作为新时代"三农"工作总抓手》,《求是》2019年第11期。

各个领域,发挥党员干部的角色作用,带动广大的村民参与到乡村建设的实践中,激活乡村主体性,建构起党委领导、政府负责、社会协同、公众参与的县域社会治理格局,深化城乡交流与融合,进而实现县域的内生性发展。

一、以县域党建接续城乡循环

(一)"损蚀冲洗"下的城乡循环中断

众所周知,工业化、城市化背景下的城乡关系的逆转,以及由此而衍生出来的乡村衰败,是一个世界性的现象和治理难题,无论是发达国家还是发展中国家,都无法回避此问题。具体表现为,伴随着工业化和城市化的进程,以乡村为中心的传统文明结构开始发生根本性改变。乡村人口不断流向城市,城市的人口密度越来越高,而乡村尤其是那些偏远村落,则成为人口稀少的过疏地域。社会资源、人口等经济发展要素也不断向城市集聚,呈现出"都市过密""乡村过疏"的变化特征。在工业文明与农业文明的碰撞中,乡土社会受到"损蚀冲洗",出现了"经济凋敝""就业机会缺乏""村落世代维系困难"等问题。[①]"衰败"话语一度成为乡村研究的主流叙事逻辑。对于现代化与城市化的冲击,思想精英很早就有敏锐的洞察与回应。民国时期便有文人质疑以乡村为代价的都市化发展道路:"都市之发达,常伴以农村倾危,凡农村之人口,都市收之。农村之才智,都市用之,农村之储蓄资本,而都市攫取之,农村之生产物品,而都市消费之,农村之利得,而都市垄断之,然其所贻赐于农村者,则仅老弱之人,与奢侈之习,以及放纵之行为耳。以农

---

① 田毅鹏:《村落过疏化与乡土公共性的重建》,《社会科学战线》2014年第6期。

村之牺牲,求都市之发达,其不落于倾颓衰灭也。乌可得哉!"①质言之,乡村衰败问题的实质是城乡关系失衡问题,是农村人口大量流向城市后导致的社会结构破坏与社会系统失灵。

费孝通曾提出"城乡循环论",强调都市和乡村是相互流通的,两者之间存在有机联系,"如果其间桥梁一断,都市会成整个社会机体的癌,病发的时候城乡一起遭殃"②。而在城市化冲洗下,乡土社会被损蚀,乡土培育出来的人不复为乡土所用,城乡社会循环被中断。日本学者新渡户稻造也曾提出相似观念,即"城乡均衡论",认为在城市化快速推进的大背景下,乡村人口流向城市是一种不可逆转的发展趋势,但是不应放任这种变化,需要保持城乡间的必要平衡,不然城乡失衡必然对整个社会结构产生根本性的消极影响。对此,解决乡村衰败问题必须重构城乡关系,通过城乡交流与融合恢复城乡社会循环。

(二)县域党建与城乡融合

在现代化和城市化"损蚀冲洗"作用下产生的乡村衰败问题并不仅仅是人口流失问题,更关涉乡村组织动员、关系结构、经济生产、社会资源等基本发展能力问题。简而言之,乡村社会发展缺少必要的"人"与"财"。缺少"人"不仅意味着人才流失,还包括乡村组织结构、关系网络、文化传统、社会系统等乡土社会基础的消解,以及基于人口规模形成的教育、医疗、交通等公共服务和集市市场等经济发展空间的萎缩;缺少"物"意味着支撑乡村社会发展的资金等资源不足。在此背景下,仅依靠乡村社会内部走出困境的难度较大,需要突破界限,打通乡村与外界联系的通道,在内外联动作

---

① 曲宪汤:《乡村衰落之原因及其救济》,《并州学院月刊》1933年第3期。
② 费孝通:《乡土重建》,岳麓书社,2011,第62页。

用下，激发乡村社会的潜力，从而实现长效发展。此亦为新内生式发展要义。而在县域发展实践中，党建是乡村实现与政府、与城市联结的重要环节，通过党建，乡村可以链接政府的组织资源、政策资源和财政资源，可以链接社会资源，为乡村发展带来必要的资本和新的生产要素。就此而言，加强县域党建是促进城乡融合的重要途径。

习近平总书记多次强调，党的力量来自组织。党对国家的全面领导为国家主导社会提供了丰富的组织资源和体制资源，同时党组织又具有自身的相对独立性，在政府系统之外存在着广大的党员以及渗透于整个社会的党的基层组织。[1] 由此，党建在促进城乡交流与融合方面具有较为明显的组织优势。第一，党建可以融合与形塑行政，从而超越科层体系中的限度。通过组织动员打破科层内部的条块结构与部门分立，在治理结构上构建党政科层内部跨部门以及国家、市场与社会之间的功能性耦合关系。[2] 第二，党建通过基层组织嵌入社会的方式获得强大的动员和组织力量。[3]"党组织将触角融入基层社会，始终保持基层党组织与社会之间的亲密关系。在这一过程中，基层党组织不仅能够较好地控制和动员社会，而且能够迅速响应和回馈社会。这是中国政党建设的宝贵经验，也是中国政党体制的独特优势。"[4] 第三，"党建也是生产力"[5]，可以培育社会资

---

[1] 景跃进：《党、国家与社会：三者维度的关系——从基层实践看中国政治的特点》，《华中师范大学学报（人文社会科学版）》2005年第2期。

[2] 符平、卢飞：《制度优势与治理效能：脱贫攻坚的组织动员》，《社会学研究》2021年第3期。

[3] 彭勃、邵春霞：《组织嵌入与功能调适：执政党基层组织研究》，《上海行政学院学报》2012年第2期。

[4] 田先红：《政党如何引领社会？——后单位时代的基层党组织与社会之间关系分析》，《开放时代》2020年第2期。

[5] 何轩、马骏：《党建也是生产力——民营企业党组织建设的机制与效果研究》，《社会学研究》2018年第3期。

本，激发社会活力。在处理与社会之间的关系时，党不局限于对社会的单向度控制，而是注重与社会展开双向互动，激发社会的活力。有研究指出，基层党组织在执行自上而下的纵向协调过程中，在形成"纵向"网络的同时，还对社区社会资本的生成"具有一种潜在的社会过程和后果"，培育出连接居民的"横向"社会网络，促进社区社会资本的生成。[①] 此外，党建不是国家与社会的二维互动，还包括市场维度，随着非公党建的深入发展，党组织可以将市场的力量带入乡村，不断激活乡村的本土资源和发展潜力。

作为乡村发展的重要实践，脱贫攻坚和乡村振兴是一个动员各方力量共同参与、共同助力贫困人口脱贫的过程，需要通过广泛动员社会力量，打破城乡界限，整合政府、社会和乡村力量，建设社会扶贫网，动员社会组织、民众积极参与，进而形成发展的社会整体合力。[②] 通榆在脱贫攻坚与乡村振兴等发展实践中建立起县域党建，一方面通过组织动员的权力运作推动多元主体超越各自的原初职能达成功能上的再组合，打破条块结构和部门界限，促成治理主体的结构性整合向功能性整合转变，为治理效能的提升奠定了制度基础；另一方面，县域党建的整体性和系统性强化了社会整合的作用，既重塑了政府与乡村的关系，同时也引导市场契约关系和经济行为、引领社会互助关系和合作行为。

二、通榆县域党建引领的实践铺展

（一）通榆县域党建重塑的契机与动力

"毫无疑问，产业经济衰败既是地域衰退的重要原因，又是其

---

① 刘欣、田丰：《城市基层党建与社区社会资本生成——基层社区党的延展效应》，《学术月刊》2021年第6期。
② 中共国家乡村振兴局党组：《人类减贫史上的伟大奇迹》，《求是》2021年第4期。

核心表现,而且,伴随着其影响的进一步扩大,很自然地开始向社会、文化等方面蔓延,并产生巨大的冲击力。"① 通榆县致贫原因主要是自然条件和地理区位的限制,但是贫困作为一种社会现象,其影响从经济领域扩展到社会、文化领域,导致人们对地域发展失去信心,表现为:一方面,大量人口流向经济发展条件更好的地区以寻求更好的发展机会;另一方面,留守在本地的居民对政府的依赖性不断增强,自身的创新、进取意识不断弱化。人口的大量流失使地域发展的主体性被严重削弱,而依赖性的增强进一步削弱地域发展的动力。这种系统性地域衰败成为通榆开展脱贫攻坚工作的最大阻碍。

2019年,通榆县领导班子对通榆进行了全面性调研,发现政府干部队伍建设和作风建设等方面存在诸多问题:一是有的干部不想事,不深入研究工作、不谋划工作,被迫应付,被动工作,缺乏干事工作的积极性、主动性,就像未出窝的小鸟,喂一口,吃一口,有时还吐出来,喂也不吃。二是有的干部不作为,推一推、动一动,甚至有的时候推也不动,就像算盘上的珠子,推一下,动一下,有时推上去,还自己掉下来。三是有的干部不担当,见硬就回,见难就怕,见苦就躲。同时缺乏激情热情,缺乏闯劲、干劲、冲劲和实在劲。四是有的干部总愿意整事儿,不但不干工作,还说三道四,看不得别人的好,自己不努力,别人好了还眼红。通榆的干部队伍,在整个白城市的五个县市(区)当中,相互举报、相互整人现象,是最多的。于是,强化党建引领,扭转系统性的地域衰败倾向,整合凝聚地域资源,重新焕发发展活力,成为通榆推动县域党建的重要契机与动力。

---

① 田毅鹏:《地域衰退的发生及其治理之道——一种发展社会学视域的考察》,《江海学刊》2017年第1期。

（二）通榆县域党建体系探索

1. 建立整体性治理取向的县域统筹领导机制

在脱贫攻坚与乡村振兴实践中，通榆县委依托党建实现对全域的集中统一领导，广泛动员辖域内党政系统和社会各方面力量协同合作，形成了整体合力。

（1）提高政治站位，建立县委统筹领导体系。通榆县将以脱贫攻坚和乡村振兴为主要内容的发展问题作为全县第一要务、核心工作及头等大事，坚持县委统筹领导，落实党委主体责任，推动主体责任自上而下全面落实，县、乡、村和指标部门均成立领导小组。县级领导小组组长由县委书记、县长共同担任，乡级领导小组组长由包保乡镇的县级领导担任，村级领导小组组长由包保部门主要领导或副职领导担任。脱贫攻坚时期，通榆召开涉及脱贫攻坚工作的县委常委会63次；召开涉及脱贫攻坚工作的县政府常务会46次；召开县政府党组会（县长办公会）31次；县政府分管领导召开的专题会议107次；召开县脱贫攻坚领导小组会议91次。听取乡镇和部门汇报并现场进行答疑解惑，研究部署相关工作；必要时，会议直接开到村支部书记和第一书记层面，实行一竿子插到底，确保脱贫攻坚责任直接落到基层。坚持做到党政正职每月用于脱贫攻坚的工作时间不少于5天，县乡村三级党组织书记切实履行主体责任，扎实开展了遍访贫困对象工作。

（2）完善县域党建工作机制。乡村振兴工作和脱贫攻坚是艰苦卓绝的硬仗，必须有一套完整的作战体系和科学管用的工作机制作支撑。否则，就会打乱仗，甚至会打败仗。为此，通榆县探索创新出一整套工作机制。

第一，构建作战系统。乡村振兴既要有指挥员，又要有战斗员，既要有军师，又要有侦察兵，来全面构筑起作战系统，才能确保打赢仗、打胜仗。通榆的作战系统是：县委书记和县长任乡村振兴总指挥，全面负责统筹、谋划、布局全县的乡村振兴工作；所有其他县级领导继续沿用脱贫攻坚时的包保体系不变；各乡镇包保领导是本乡镇乡村振兴的指挥长，指挥长具体负责乡镇层面的牵头设计、部署和推动工作。所有乡镇党政一把手是各自乡镇的责任人，负责本乡镇和所辖村的乡村振兴工作的实施；各村第一书记和村支部书记及全体村干部是所在村乡村振兴工作的操盘手，按照本村乡村振兴规划，组织实施和落实。所有相关包村部门是所包保村的乡村振兴推动者、协助者，与所包保村一道开展乡村振兴相关工作。

第二，确立研商机制。各包保县领导定期开展研商工作，在每项工作开始之初便组织相关业务部门和乡镇展开研商，必要时，也采取市场化运作的方式，邀请相关专家参与，对工作进行预判、研判，具体研商内容根据工作确定。通过建立研商机制，减少工作失误，避免工作反复，做到"水不来先叠坝"。

第三，建立周例会机制。实行周例会制度，各包保县领导每周召开一次例会，有特殊情况时随时召开。例会参加者不仅限于县级领导干部，还包括乡镇和村级党员干部，节省中间传达环节，提升整合动员与协作能力。例会根据不同问题和内容，分为"工作调度会、工作协调会、现场办公会、现场经验交流会、观摩讲评会、工作部署会"等形式。通过周例会，及时研判并解决工作中遇到的问题、难题，推广好的经验和做法。

第四，开展"百家饭""万家饭"活动，实行报备制度。针对村级层面存在的"上热下冷""上紧下松"问题，以及少数包保干部进村不进院、进院不进屋、进屋不尽心、尽心不尽力的问题，通榆县组织开展了县委书记、县长吃"百家饭"和包保干部吃"万家饭"

活动，县委书记、县长分别深入百村吃家常饭，与村干部面对面交谈，传导工作压力，促使其努力工作。全县包保干部带米带菜，到包保贫困户家吃农家饭，突出抓好四看、四问、一尝的"四四一"活动，"四看"就是：看一看百姓家住房是否安全，看一看百姓家米面粮油是否充足，看一看百姓家被褥、换季衣服是否够用，看一看室内外环境是否干净整洁。"四问"就是：问一问百姓的收入、问一问义务教育阶段是否有辍学的孩子、问一问看病就医吃药还有没有难处、问一问百姓对乡村两级干部和扶贫工作有什么意见。"一尝"就是：尝一尝百姓饮水是否有异味。通过开展"四四一"活动，与百姓拉家常、交朋友，实地调查"两不愁三保障"等脱贫指标完成情况。此外，为督促包保干部落实驻村帮扶工作，通榆县规定有包保任务的乡科级领导干部离开包保岗位，必须向县委书记、县长请假报备，经批准后方可离开，以此避免个别干部拈轻怕重、工作溜号。

第五，实行晒日志机制。包保乡镇的县级领导和包村的部门主要领导，在每天晚上将当天工作的具体内容，书写成日志，发到微信群里。群里干部互相看、互相比，看一看每天干了什么，看一看任务是否完成；比一比谁的做法更管用，比一比谁的工作更实在，很好地发挥了相互促进、推动工作的作用。县委书记曾在干部动员大会上强调："工作微信群我每天都在看，县委办每天要把大家发的内容报给我，我要一一看，看看谁没上传。年底，我们的正科级干部能不能进入前20名，这是一项考核指标，我不是走形式的人，这是倒逼你干活。"

第六，形成督导机制。严明的纪律是执行路线的重要保证，脱贫攻坚期间，通榆县对各个环节进行督导检查，通过跟踪、抽查、暗访，定期或不定期的、灵活机动的督导方式，实现督导横向到边、纵向到底，通过督导发现问题、解决问题。由政务服务局负责对乡村振兴工作全程跟踪、督导问效，督导实行周汇报、月通报、季小结、年终总结制度。

2. 健全纵横联动的组织架构

英国城市学家霍华德认为，城市犹如一块磁铁，对农民具有极强的吸引力，因此，城市化背景下乡村的人口外流似乎是不可逆转的。[①]在过疏化机制的作用下，通榆县农村人口大量外流，导致农村社会人口年龄结构失衡，青壮年人口较少，老年人口较多，社会发展的活力不足。青壮年群体的缺失，不仅使乡村社会发展缺少重要的行动主体，更导致乡村社会的创造能力被严重弱化。创新是解决发展动力的关键。在乡村社会，老年人主要依据传统的乡土知识开展生产性活动，因此他们主要从事粮食作物生产，在接收新知识、新观念方面相对滞后，缺乏创造力，进而导致乡村社会发展的动力不足。通榆县在脱贫攻坚过程中，以党建连接行动主体，通过部门包保、驻村工作队、第一书记等制度设置，为乡村社会的发展提供重要的行动主体，推动乡村社会重新焕发活力。而在乡村振兴阶段，通榆县巩固脱贫攻坚时期的经验做法，同时进一步探索创新，积极探索基层组织建设的新形式，增强了乡村社会的主体性。

（1）建立部门包保帮扶体系。为夯实县乡村三级干部包保责任，通榆县形成了横向到边、纵向到底、全覆盖、无盲区的责任体系。就全国而言，一般部门包保帮扶的范围是贫困村与贫困户，而通榆县则实现了包保帮扶全覆盖，其中省直部门或单位包保村14个、市直部门或单位包保村9个、县直部门或单位及乡镇包保村149个、国营畜牧场5个。而对脱贫村、非脱贫村的易地扶贫搬迁安置村和

[①] 田毅鹏、闫西安：《过疏化村落社会联结崩坏对脱贫攻坚成果巩固拓展的影响——基于T县过疏化村落的研究》，《南京社会科学》2021年第7期。

党支部领办合作社省级示范村,选派第一书记和驻村工作队;对其他非脱贫村选派第一书记,根据需要选派驻村工作队。在部门包村的基础上,通榆县进一步细化责任,实行逐户包保,要求部门成员每人包保3—4户,实行精细化、精准化治理。通榆县将一直以来由村支部书记作村级脱贫攻坚领导小组组长,变为由包保部门主要领导或分管领导作组长,由包保乡镇的县级领导亲自"点将",确定承担村级脱贫攻坚重任的第一责任人。包保制度要求驻村干部承担建强村党组织、推进强村富民、提升治理水平、为民办事服务四项职责。通榆在脱贫攻坚实践中,注重强化干部帮扶。通榆先后出台《通榆县包保扶贫县领导、包保扶贫部门工作职责及管理办法》《通榆县脱贫攻坚包保帮扶人员激励约束管理办法》等制度文件。16名县领导干部包保乡镇和村,12个省直部门、18个市直部门、79个县直部门驻村包保,1.2万余名党员干部参与一线帮扶。与此同时,创新开展了驻村包保帮扶工作作风建设提升行动。通过组织驻村干部入户进行政策宣传、"两不愁三保障"指标监测,帮助谋划庭院经济和特色产业项目、算清收入账及帮助解决生产生活中的实际困难和问题,不断提升驻村包保帮扶工作精准度和群众认可度,切实发挥驻村工作队及包保部门与包保单位的作用,更好地帮助贫困群众解决实际困难和问题,巩固提升脱贫攻坚成效。

在脱贫摘帽后,通榆县全面落实"四不摘"总体要求,不摘责任,县级党政主要领导始终保持稳定,各乡镇党政主要领导始终保持稳定。各级党政领导始终保持攻坚态势,做到力度不减、责任不减,认真落实每个项目、每项措施,全力做好脱贫攻坚工作。通榆始终按照习近平总书记指示,继续执行脱贫攻坚主要政策,做到摘帽不摘政策。通榆在保持原有驻村工作全覆盖、包保帮扶全覆盖的基础上,在保持未脱贫户原有包保帮扶责任人不变的基础上,将包保乡镇的县领导、包保部门及乡镇相关领导干部调整充实到2020年全县99户未脱贫户包保队伍中，实现副科级以上领导干部包保未脱贫户全覆盖。为进一步强化部门包保帮扶责任，通榆县积极落实省委要求，颁布《关于在全面推进乡村振兴中持续开展部门（单位）包保帮扶和选派驻村干部的通知》。

第一，进一步夯实职责任务。要求帮扶部门下派驻村干部，驻村干部做到岗位在村、工作在村、责任在村，不承担派出部门或单位的业务工作，实现全脱钩、常驻村。相对于脱贫攻坚时期的精准识别和完成"两不愁三保障"任务，衔接期驻村干部的主要职责有：一是重点围绕增强村党组织政治功能、提升组织力，推动村干部党员深入学习，将工作重心转向乡村振兴。推动加强村两委班子建设、促进担当作为，发展年轻党员，吸引各类人才参与到乡村振兴实践之中。二是加快农业农村现代化、扎实推进共同富裕，推动巩固拓展脱贫攻坚成果，做好常态化监测和精准帮扶；推动加快发展乡村产业，发展壮大新型农村集体经济，推行村党支部领办合作社，促进农民增收致富；推动农村精神文明建设、深化农村改革、乡村建设行动等重大任务落地见效，促进农业农村高质量发展。三是提升乡村治理能力和治理水平。推进乡村治理体系和治理能力现代化，推动健全党组织领导的自治、法治和德治相结合的乡村治理体系，加强村党组织对村级各类组织和各项工作的全面领导，形成治理合力。推动实行网格化管理和精细化服务，推行"党建＋网格"模式和"网格＋村民代表"制度，强化党建引领，推动化解各类矛盾问题，提升乡村善治水平。四是密切与村民的联系。推动各类资源向基层下沉，不断改善民生、密切党群干群关系，推动党在农村惠民政策落实，经常联系走访群众，参与便民利民服务活动，帮助群众解决急难愁盼问题，推动党员"为群众办实事"活动常态化长效化。

通过上述一系列措施压实驻村帮扶责任，推动驻村干部切实参与到乡村发展与振兴的实践中，成为推动巩固拓展脱贫攻坚成果同乡村振兴有效衔接的主体力量。

第二，健全对驻村干部的管理与激励机制。一是加强对驻村干部的日常管理。派出部门或单位与驻村干部在责任、项目、资金上绑定，从政策、人力、财力和物力等方面保障驻村干部的工作。派出部门党组每季度至少研究1次包保帮扶工作；主要负责人每年至少深入包保村2次，每季度至少听取1次驻村干部工作情况汇报；分管领导经常与驻村干部沟通交流，指导其做好驻村帮扶工作。县委将部门包保帮扶和选派驻村干部工作纳入乡村振兴实绩考核、党委书记抓基层党建工作述职评议考核，进一步压紧压实责任。二是强化正向激励导向。派出部门为驻村干部提供干事创业条件和环境，推动驻村干部在乡村振兴一线岗位锻炼成长，接地气、转作风、增感情。总结工作中的好经验好做法，注重宣传表彰驻村干部先进典型。通过驻村工作考察识别干部，优先提拔重用驻村干部，对驻村干部晋升职级或在职称评聘中予以倾斜。对于优秀并且有意从事农村工作的驻村干部，按相关程序规定，提拔担任村党组织书记或进入乡镇党政领导班子。通过上述管理与激励机制，不仅提升了驻村干部的积极性与主体性，推动驻村干部主动地参与到乡村建设实践中，更强化派出部门的帮扶责任，链接部门资源助推乡村发展。

（2）突出第一书记的角色与作用。在脱贫攻坚工作中，通榆县先后出台《关于加强第一书记队伍管理的意见（试行）》《关于开展第一书记扶贫成效阶段性跟踪调研指导工作的通知》《关于进一步发挥村党组织第一书记及驻村工作队在决战决胜脱贫攻坚中作用的通知》等政策文件，使第一书记在联系贫困户、农村党组织建设、基层治理、产业与集体经济发展等方面发挥了重要作用。在脱贫攻坚与乡村振兴的衔接阶段，通榆县进一步凸显第一书记的角色与作用。

第一，进一步发挥第一书记在建强基层组织、巩固拓展脱贫攻坚成果、推进乡村振兴、为民办事服务、提升治理水平等工作中的作用，使其将工作重点落在发挥"衔接"作用上，建强村党支部，推动产业发展，完善乡村治理体系，为农村留下"政治财富""物质财富""精神财富"。

第二，强化第一书记的示范带动作用，推动第一书记和村支部书记"代言"活动。要求第一书记和村支部书记立足村情实际，确定代言的本土或区域性特色产品，根据产品特点制作宣传材料，建立产品资料库，并通过线上多种方式拓展销售渠道，壮大村级集体经济，增加群众收入，进而激发基层干部群众发展的内生动力。如向海乡复兴村第一书记积极代言小米、大米、鸭蛋等农产品，通过制作短视频、线上直播等方式为当地农产品带货，带动产业的发展。

第三，发挥第一书记的组织作用，使其积极参加驻村第一书记协会，实现信息共享、渠道共用、品牌共建，打好"组合拳"，发挥"帮带"作用，参与村级工作决策，建强村党组织、村干部和党员队伍，培养村级骨干力量。

第四，注重对典型经验与人物的宣传报道和提拔任用，以之激励更多的第一书记以更积极、主动的态度投身到乡村振兴的发展实践中。如边昭镇铁西村第一书记张帅便因脱贫攻坚期间的优秀表现被吸纳到公务员体系，并被提拔为双岗镇党政主要领导干部。

通榆县双岗镇林海村第一书记杨继福是由县卫生健康局选派的，在林海村巩固拓展脱贫攻坚成果，推进其同乡村振兴有效衔接过程中，扮演着重要角色。一是沉下身子调研走访，快速进入角色。

杨继福到任之后，全天候待在村里，与村干部一起入户走访，了解村情民意，征询村民对林海村发展的建设意见、思路，了解村民的基本情况和林海村的发展优势与限制条件，在此基础上，撰写了调研报告《林海村现状调研及未来发展规划》，提出推进林海村振兴的发展思路。二是强化林海村基层党组织建设工作。在学习借鉴其他地区成型的基层党组织建设工作经验基础上，完善林海村党建工作，丰富党员学习活动，组建林海村党员志愿服务队，帮助村民发展生产，使党组织工作有计划、活动有载体、学习有内容、材料有归档，林海村党支部的组织力、执行力与凝聚力得到进一步提升。三是借助派出单位资源，为村民普及卫生健康知识和医疗救助、保险相关政策及报销程序，并且为林海村购买电脑、打印机等办公设备，保障村级组织日常办公需要。最后，注重发展产业，壮大集体经济。帮助林海村新增复垦面积139.88公顷，使村级集体经济收入达到60万元。按照县委、县政府的安排部署，林海村同步实施光伏发电项目，使村民增加了一项稳定性收入，提高了村民生活水平。①

3.强化、创新基层党建，提升乡村主体性

通榆县紧紧围绕抓党建促发展这条主线，以夯实基础为重点，持续整顿软弱涣散的村党组织，建强干部队伍，强化党在基层的执政根基，为脱贫攻坚提供坚强组织保障。

（1）不断强化基层党组织建设。通榆县将基层党组织建设作为重点工作。针对农村党员老龄化程度较高的现实，为提升党组织活力与组织力，除上述第一书记、驻村工作队制度之外，通榆县采取多种方式加强基层党组织建设。

---

① 资料来源：《双岗镇林海村第一书记杨继福先进事迹材料》。

第一，持续加强党支部联系点建设工作。通榆县先后下发《关于"抓点促面强硬核　提质增效筑堡垒"以党支部联系点撬动支部〈条例〉落实深化基层党建制度创新实践创新实施方案》《关于持续加强党支部联系点建设工作方案》等行动方案，将抓实基层基础作为组织体系建设的重要保障，突出抓好支部《条例》[全称《中国共产党支部工作条例（试行）》]落实，强化党支部联系点辐射引领作用。要求党支部联系点的各级党组织书记及班子成员重点做好开展调查研究、解决突出问题、参加组织生活、开展书记轮训等10项任务。将全县各级对基层党支部的重视程度作为衡量党员干部是否政治成熟的重要指标，不断深化党支部联系点建设，巩固、发展、发挥好党的组织优势。

第二，留住、用好乡村公共服务和治理人才。通榆按照市统、县管、乡用的原则，从本村致富能手、外出务工经商人员、本乡本土大学毕业生、退役军人等人员中选拔村党组织书记。加大从优秀村党组织书记中招录乡镇公务员、招聘乡镇事业编制人员力度。以县委党校为主体，加强对村干部、驻村第一书记等乡村干部队伍的培训。同时建立基层干部的激励机制，村党组织书记的基本报酬按照人均可支配收入的两倍标准核定，并建立正常的增长机制。

第三，进一步加大面向社会招聘高学历年轻党员的力度。通榆以优化结构为关键，创新开展公开招聘大学生"村官"工作。县委针对村干部年龄大、学历低等问题，按照每村1名干部的原则，面向社会公开招聘172名大学生"村官"，聘期3年。选聘上岗的大学生"村官"平均年龄26岁，全日制大专学历的大学生"村官"106名、本科以上学历的大学生"村官"66名，有效改善了村干部队伍年龄和知识结构。[①]将具备条件的大学生"村官",通过组织手段培养成村党组织书记、村委会主任。驻村干部可积累基层工作经验,还可以村干部的身份报考公务员,这对有志于进入政府体制工作的年轻人具有较高的吸引力。通过为村级党组织注入新鲜血液这一工作方法,充实了党组织建设。经过两年多的基层工作,不少招聘到的年轻干部或得到重用与提拔,或通过考试成为正式公务员,通榆县继续开展招聘活动,提高要求,不断为村级党组织充实力量。

(2)创新基层组织形式。易地搬迁是通榆开展脱贫攻坚的重要内容之一。搬迁之后,农村的生活方式发生巨大变化,农民从以往较为分散的村屯生活走向了集中居住的楼房生活。相较于城市化过程中的"农民上楼",通榆的特点是农村建制保存完整,村民相对集中,较少出现外流现象,而且外来的流动人口较少。这种既不同于传统农村又与城中村有着明显区别的特殊现象,要求通榆人积极创新组织形式,探索具有地方特色的治理体系。

边昭镇是通榆县易地扶贫搬迁的一个典型,其中铁西村、腰围子村和五井子村整体搬迁,并集中居住。"上楼"之后,三个村庄保持原有状态,服务本村村民。村民集中居住,村级组织也在同一场所办公,但是由于三个村庄互不隶属,也没有相应的协作机制,在长期的共同生活中,难免会产生一些矛盾纠纷,这给当地乡村治理能力和治理水平的提高带来一定的挑战。而且,三个村庄力量分散,没有一定的整合能力的话,基层组织的服务能力和服务水平也必然受到一定限制。对此,吉林大学驻铁西村第一书记王野提出建立"联合党委"的想法,该想法得到边昭镇党委的认可,并逐步落实。所谓联合党委,便是由铁西村党支部、腰围子村党支部和五井

---

① 资料来源:《着眼县域长远发展 紧盯基层组织建设全力保障"脱贫不返贫"》。

子村党支部组成,由边昭镇相关负责人担任书记。联合党委成立后不断强化党建工作。一方面推行村党支部领办合作社,分别成立铁西村村集体领办合作社、腰围子村村集体领办合作社、五井子村村集体领办合作社。另一方面,丰富乡村振兴综合服务中心功能,通过建立"爱心超市"志愿服务积分制度、夕阳服务站、网格服务站等手段,保障村民的生活服务。联合党委的基层党组织实践创新的优势在于:

第一,可以降低治理成本。"一般而言,农村组织通过高度规则化和程序化与外部环境进行对接,以降低不同主体之间的交易成本,提高农村社会运行效率。"[①]联合党委的结构性创新,在不改变原来村社权力结构的基础上,通过村级党组织整合与扁平化设置,降低了村级组织之间的协调成本,并提高了效率。

第二,可以提升农村社区村民的行动能力。不同村庄的村民聚集到同一个社区后,在开展集体性活动时难免遇到一定的制度性阻隔。而联合党委的成立,可以超越村庄的制度边界,促成集体性行动。如实行"爱心超市"志愿服务积分制度,如果以村为单位,在资源整合与动员参与方面会受到诸多限制,影响村民参与的积极性。而联合党委的成立,可以使该制度覆盖到所有人,动员村民参与其中,以善行累积分,以积分促善行,从而形成志愿服务的行动循环。

第三,可以增强社区凝聚力与村民认同感。联合党委可以弱化村庄边界造成的身份区隔,可以强化社区提供公共福利的能力,开展具有公益性和互助性的公共活动,为村民提供社会服务,同时可以靠扩大村民的交往范围,在社区内部形成良性互动的社会关系网

[①] 左停、苏青松:《农村组织创新:脱贫攻坚的经验与对乡村振兴的启示》,《求索》2020年第4期。

络，重构社区社会信任和价值，强化村民集体意识与组织观念。

4. 匹配促动性制度

通榆在乡村发展实践中建构起一套高效的促动机制，将广大党员组织动员起来，为乡村社会的发展提供了主要的行动者。通榆县域党建的核心在于责任下压，通过立体化、多层次、多面向的责任体系建立起组织严密的高效动员机制。该动员机制主要表现为纵向和横向两个方面，其中纵向主要是县、乡、村的层级联动；横向则主要是社会多元主体的协同联动。

（1）纵向动员。通榆县自开展脱贫攻坚以来，特别是2019年步入决胜阶段后，通榆将对党员干部的政治动员与组织动员作为党的建设的主要内容，使党员干部的工作作风得到切实改进和动员能力得到全面性提高。

第一，政治引领。习近平总书记强调，党的政治建设是党的根本性建设，决定党的建设方向和效果。"党的政治建设引领党的建设，是党建引领当代中国发展的前提。"[1] 通榆在脱贫攻坚实践中，通过政治引领强化党组织的领导能力，促进对党员干部的政治动员。一是增强通榆县党委的政治权威。有学者研究认为，村治主体公共权威的缺失是导致精准扶贫基层实践困境的重要原因。[2] 通榆便曾因权威缺失导致党员工作作风出现一系列问题，使省委领导对通榆县能否按时完成脱贫攻坚任务产生怀疑。伴随脱贫攻坚进入关键时期，通榆县着重强化党委的政治领导，重塑党委的政治领导权威。通榆县委意识到，脱贫攻坚任务虽然不是通榆县的唯一工作，但却

---

[1] 齐卫平：《以党的政治建设统领新时代"伟大工程"》，《理论与改革》2019年第1期。
[2] 万江红、孙枭雄：《权威缺失：精准扶贫实践困境的一个社会学解释——基于我国中部地区花村的调查》，《华中农业大学学报（社会科学版）》2017年第2期。

是通榆县最为紧要的工作，因此各部门都要将脱贫攻坚作为第一序列，按照县委的统筹安排切实推进。通过对脱贫攻坚任务政治站位的强调，加强对领导干部的作风建设，增强县党委的政治权威。二是强化全县党组织的政治动员。通榆主要是通过部门帮扶全覆盖的形式实现对党员干部的全面性动员。同时匹配周例会制度、晒日志制度、报备制度等诸多制度设置，压实党员干部的责任，使其切实参与到脱贫攻坚的一线工作中。三是开展制度化与常态化的政治学习。通榆面向全县党员干部特别是基层干部，多次举办培训活动，提高其政治素养与实践能力；各级党委定期举行"三会一课"学习活动；每逢重要节日，举行支部书记会议，学习宣传党的方针政策，特别是关于脱贫攻坚的政策与会议精神，使支部书记把握正确的政治方向；各支部书记再向其他党员和群众宣传党的方针、政策，从而使党的精神逐渐扩散到社会的各个领域，推动脱贫攻坚进程。

第二，层级联动。我国是党政合一体制，党组织被高度科层制化，在政府的每一个层次都居于权力核心地位。[1] 正是在此体制下，政治与科层建构了一致性，"扶贫工作同时成为发达省区市和各部门、事业单位以及国有企业帮扶贫困地区的首要任务，'五级书记抓扶贫'延伸成为'各个部门书记抓扶贫''民营企业家抓扶贫'的大扶贫格局。政治通过运动性治理形式超越了科层技术的规范性治理，保证了政治议程与科层治理的一致性"[2]。通榆以县域党建为依托，整合县级、乡镇和村庄的党员力量，全力投入到脱贫攻坚任务中。在调研中了解到，通榆县完成脱贫攻坚任务的难点在于对贫困户和贫困人口的精准识别，这是一项规模浩大的工程，单纯依靠乡

---

[1] 景跃进：《党、国家与社会：三者维度的关系——从基层实践看中国政治的特点》，《华中师范大学学报（人文社会科学版）》2005年第2期。
[2] 李小云、徐进：《消除贫困：中国扶贫新实践的社会学研究》，《社会学研究》2020年第6期。

镇和农村的力量难以切实完成。对此，通榆县委压实职能部门的帮扶责任，明确职能部门包村，部门干部直接包户，在农村形成县委领导，职能部门主要负责人、乡镇领导、第一书记、村支部书记联动的扶贫共建格局。

（2）横向动员。在纵向动员机制之外，通榆还在横向动员方面进行了探索。吉林大学是通榆县的定点帮扶单位，因此，通榆县与吉林大学开展党建联动，借助吉林大学的资源推进通榆脱贫攻坚任务。依托党建联建，吉林大学充分发挥学校学科、人才、科研等方面优势，先后下派挂职副县长2人、挂职副镇长1人、驻村第一书记3人、科技特派员4人、驻村干部2人，19个处级单位主动帮扶19个贫困村，同时注重与通榆县贫困实情密切结合，围绕激发可持续发展动力、建立脱贫长效机制这一工作重心，积极发挥各学科优势，坚持教育扶智、医疗扶危、产业扶持、科技扶助，全方位、多维度帮扶，为通榆完成脱贫攻坚任务提供了极大助力。此外，通榆坚持"抓党建促发展"，积极发展非公党建，动员社会企业建立党组织，并通过党建活动引导社会企业积极参与脱贫攻坚的发展实践。通过非公党建，通榆在新洋丰、天意等公司建立党组织，并依托党建加强企业与村集体、村民之间的合作，带动村民脱贫致富。

（三）以党建引领发展，促进城乡融合

1.引导城乡元素对流，链接多元化社会资源

脱贫攻坚对政府具有较强的资源依赖性，而乡村振兴要求增强乡村社会发展的内生性，如此便需要挖掘本土性资源，将资源转换成发展优势。通榆县不断拓展县域党建内涵，通过整体布局，引导城乡元素对流，链接多元化社会资源，发展县域经济和村社集体经济，促进城乡融合，增强发展的内生动力，从而建立县域发展的长

效机制。

（1）发展县域经济。通榆之所以成为国家级贫困县，是因为县域经济不强。虽然通榆在脱贫攻坚实践中实现了脱贫摘帽，但大都是靠国家的政策和其他方面的扶持。在乡村振兴阶段，随着国家相关政策逐渐递减直至取消，问题就会暴露出来。因此通榆强调通过发展县域经济巩固拓展脱贫攻坚成果，进而实现同乡村振兴的有效衔接。"输血"只能解决一时的问题，培养"造血"能力才是从根本上解决问题。

第一，高位推动，项目建设谋突破。通榆县成立了由书记和县长任双组长的项目建设工作领导小组，高位搭建了全县项目建设工作指挥架构，采取"党政主官同上阵"，一名副县级以上领导具体包保的措施，做到"党政主官齐招商、班子全员包项目、全县上下抓投资"，2020年共实施500万元以上重点项目46个，总投资203.5亿元，年度完成投资48.3亿元。面对大项目、好项目，县委书记、县长一起登门拜访，一起接待洽谈。重大问题现场拍板定案，向投资商摊牌亮底，既提高了决策效率，又让投资方看到政策的延续性，放心托底、大胆投资。在脱贫攻坚任务异常艰巨的时候，书记、县长带队到上海洽谈引进了远景风机制造项目；在疫情防控形势紧张的情况下，通榆又抓住"南猪北养"产业转移的机遇，共同赴河南南阳洽谈引进了牧原生猪屠宰加工和饲料加工项目，招商成效十分显著。

第二，政策拉动，补齐短板增动能。通榆最大的资源就是土地广袤，最大的短板就是项目少。与其让土地撂荒长草，不如让其"长"项目。为此，通榆提出凡是税源型、就业型、三产融合型项目，只要不触碰国家法律政策底线，就坚持应给尽给的政策拉动理念，出台通榆县招商引资政策11条，吸引国内各领域投资者到通榆县投资兴业。仅2020年就有牧原生猪屠宰加工、高登赛锂电池、远景风机制造、加亿10万吨风电塔筒制造四大项目落户通榆。为通榆县域经济发展注入了新的强大动能。其中：牧原400万头生猪屠宰肉食品加工项目，是国内最大、国际一流的生猪屠宰项目，也是一二三产深度融合项目。总投资10.5亿元，建成后可安排2000人就业，年产值120亿以上，税收超2亿元。届时，将使通榆工业生产总值由10亿元水平，跃升至百亿元水平；远景500台（套）风机制造项目，总投资2.5亿元，是新能源类高科技项目，企业创新实力居国内风机制造领域第一位。

第三，部门联动，优化服务见效能。通榆强化涉企部门联动机制，建立重大项目联席会议制度，以部门联合现场办公的形式，即时解决征地、拆迁、手续办理等项目工作中出现的各种问题和困难。在疫情稍有缓解时，经过科学研判，采取超常措施，提早抓复工复产，在其他地区企业还停产关门的时候，通榆县的20个规上企业和15个"三早"（早落地、早开工、早见效）项目就已经全部实现了复工复产。特别是三一风电公司在全县率先全面复工复产，全年实现产值5亿元。在2020年项目土地征收工作中，由县纪委、自然资源局、公安局等8个部门组成征地联合工作组，专门破解"三早"项目征地难题，仅用10天时间，就完成了通榆牧原生猪屠宰及饲料加工、高登赛锂电池、远景风机制造等项目27万平方米的征地工作。[1]

（2）壮大村集体经济。通榆县将党建与村集体经济结合在一起，采取多种方式发展壮大集体经济。一是开展"三资清理"工作，利用"产权制度改革清产核资"工作清出的集体资源，增加集体经济收入。利用发展壮大集体经济项目资金投入到村，开展项目合作取

---

[1] 资料来源：《着眼县域长远发展 紧盯基层组织建设全力保障"脱贫不返贫"》。

得分红资金，壮大集体经济收入。全县172个行政村村集体收入都大幅提升，截至2020年底，村集体收入超过50万元的行政村就达到33个。二是鼓励乡村两级挖掘资源，通过招商引资项目，对乡村两级的招商引资项目税收留成部分，全额返给乡村两级，县里一分不留。其中开通镇迎新村引进沥青中转站项目，每年大体缴纳税金1000万元左右，地方留成部分大体200万元左右，全部留给村里，增加村集体收入；乌兰花镇西新力村引进的马铃薯加工项目，除了可以缴纳一部分税收以外，还可以带动周边三个乡镇马铃薯产业的发展。[①] 三是积极发展村党组织领办合作社。如边昭镇铁西村采取村党支部领办合作社的模式，充分发挥村党组织政治优势和组织优势，吸纳群众以土地、资金、劳动力等多种形式加入合作社。通过抱团发展、规模经营、土地集中管理和提供集约化服务等方式，把群众组织起来，建立村集体与群众的经济利益共同体，实现村集体增收和群众致富双赢。

以党建发展、壮大集体经济的优势体现在：第一，政治引领优势。依托党组织的政治优势，可以整合村庄集体资源，改变传统家户制下的小农经济组织形态，形成规模化的整体优势。如村党支部领办合作社便是通过党组织动员整合村庄的土地、资金、劳动力等多种形式的生产要素，形成村庄发展的整体合力，促进农村的资源优势得以挖掘与利用。该形式将分散的小农户整合在一起，不仅扩大了生产规模，更提高在与市场对话中的议价能力，增加村民的收益。第二，在发展村集体经济过程中可以获得政府相关系统的帮助与扶持。在各村党组织建立合作社的过程中，通榆县委组织部、县农业农村局等部门提供了必要的帮助，使其有资源和渠道学习其他地方的先行经验，同时还在程序规范与政策利用等方面获得政府的

---

① 资料来源：《通榆县乡村振兴工作典型经验材料》。

直接指导。第三,党员示范促动。在村党组织领办合作社的实践中,发挥党员的示范作用,带动农民积极参与,从而初步实现村庄整合。党员的示范作用,并非意味着党员先行便能够促使村民行动,而是指党员通过长期的在地化服务获得村民的信任。基于信任资本,党员成为集体性行动中的"关键角色",其示范性行动构成促动框架,即村民将党员的行为作为自己行动的重要策略。在通榆县脱贫攻坚行动中,党员在联户帮扶中与村民建立了深厚情感,累积了信任资本,因此,党员可以通过示范性行动带动村民加入合作社。第四,资源链接能力。在市场经济竞争中,农村的优势一般体现在土地资源上,而在技术、管理等方面则相对落后。而党组织的优势是可以链接资源,弥补农村社会的不足。资源链接是党建链接社会的重要机制,指由党组织搭建的平台,将社区之外的资源链接到社区中来,满足居民需求、促进社区发展的过程。[①] 通榆县通过党组织系统链接吉林大学等社会性资源,为辖内合作社的发展提供人才、技术、管理等资源要素的支持。

(3) 企业党建促进农户组织化。自农村实行经济体制改革以来,农民从集体化的状态中脱离出来,开始自主经营、自负盈亏,极大地解放了农村社会的生产力,但是随着市场经济的深入发展,传统小农经济在应对市场风险方面暴露出的能力不足问题越来越明显,因此需要探索新的联结形式促进农民组织化,提高农民应对风险的能力。但是如何实现农民的再组织化一直是困扰理论界与实践界的难题。

通榆县以党组织为纽带在企业与村民之间建立联系,使分散的小农在一定程度上实现了组织化。县委组织部、县非公党工委围绕抓党建促脱贫攻坚理念,以产业扶贫、就业扶贫、公益扶贫等为抓

[①] 吴晓林:《党如何链接社会:城市社区党建的主体补位与社会建构》,《学术月刊》2020年第5期。

手，充分发挥非公党组织政治核心和政治引领作用，把党建优势转化为扶贫优势，走出了一条党建引领、非公企业助力脱贫攻坚的有效路径。一方面，以市场为联结促进农户组织化。在企业党建引领下，企业与农户基于市场原则形成了"公司+合作社+贫困户"和"公司+贫困户"两种关联模式，使分散化、原子化的农户组织起来。其中，天意公司通过党组织系统促使基于市场原则与其建立合作关系的合作社和农户在育苗、供肥、管理、回收、加工、销售等环节实行"六统一"。在企业党支部的带动下，天意公司每年与4000多户贫困户、1万余户非贫困户签订辣椒种植合同，每年订单辣椒种植面积在3万亩以上，在保底价格1.2元每斤的基础上，全部高于市场价现金回收，户均增收1.5万元，真正做到带动农民共同富裕。另一方面，以就业实现村民组织化。在企业党建引领下，通榆涉农公司积极为农户提供就业岗位，将农民吸纳到企业组织中来。仅天意公司，在辣椒种植和采摘时节，临时用工达100余人，人均收入达8000元；长期雇佣贫困户200多人进行手选辣椒工作，人均每月稳定收入2400元左右。

（4）激发村民的发展"自性"。乡村振兴的关键在于激发农民的主体性。通榆地区地理区位较偏，而且以农业种植为主，乡土文化氛围浓厚，具有较强的封闭性与保守性。脱贫攻坚时期，通榆通过一系列的"志智双扶"活动在一定程度上激发了贫困户的主体性，但是，影响的广度与深度均较为有限。为有效推进乡村振兴，通榆进一步激发农民的主体性，减少对政府的依赖性，提高发展的自主性。一方面，推进村级产权制度改革，使每个村民都成为自然股东，以此强化村民主体意识，激发广大村民自我管理的责任感。另一方面，通过人才帮扶的形式提高农民自身的发展能力，从而强化农民发展的"自性"。通榆县坚持以科技服务为引领，促进人才对基层的帮扶作用。通过组织系统实施"七送七促"行动,从农业、科技、教育、文化、电商等领域选派基层经济社会发展急需的,具有较强专业优势的人才组建服务团队,深入基层,开展专题讲座、现场指导等多种形式的服务活动,帮助基层解决实际问题,提高农民相关的技能水平。

此外,发挥科技特派员的优势。吉林省委组织部向通榆县选派了由 4 名吉林大学科技特派员组成的团队到边昭镇开展科技帮扶工作。团队依托高校科技和人才优势,以基层一线为重点、以产业项目为抓手、以科技扶贫为纽带,扎实开展帮扶工作,为促进农民的"自性"发展提供了强有力的人才保障和智力支持。一是坚持问题导向,谋划科技帮扶思路。科技特派员团队通过走村入户倾听农民声音、深入田间圈舍考察实情、与企业和种植养殖大户开展座谈交流等方式对全镇 10 个村进行了实地调研,全面掌握了各村自然情况和种植、养殖现状,梳理出限制当地农村发展的主要问题,研究确立了"重点做好技术培训、新成果新技术展示与示范、建立科技成果研发转化基地"的工作思路,制订了"针对问题办班培训、现场指导,结合生产现状开展技术研究、示范推广,引入'公司+农户'的生产模式"的工作方案,为调整地域农业产业结构,促进农民增产增收奠定坚实基础。二是开展技能培训,激发脱贫内生动力。科技特派员团队坚持把提高农民科技水平放在首位,增强农民掌握先进实用技术的能力。通过采取集中培训、现场指导、田间课堂等方式,开展培训班 6 期,培训农民 750 余人次,现场进行技术指导 2000 余次,并邀请省内知名专家为农民讲课,进行专业指导。团队与县级农业部门和乡镇农业工作站密切合作,广泛开展技术培训,大力培养乡土科技人才,其中 10 余人晋升为正高级农艺师、高级农艺师,培养在地性农业专家队伍。同时,积极为县内涉农企业提供科技服务和技术支持,培育发展农业产业链条。

2.加强村社建设，促进"经济—社会"协调发展

乡村振兴代表的是一种新发展主义理念，由单纯关注经济发展转为关注"经济—社会"的协调发展，其特点是内生性、综合性与整体性，强调发展的综合性，注重经济利益和文化利益的统一，重视结构内部稳定协调发展。[①]通榆县在发展产业的同时，注重村社建设。

（1）实行精细管理，提升农村社会治理水平。一是举办全县村党组织书记培训班，加强村党组织书记对乡村振兴、集体经济发展等方面内容的理解和运用，切实提高党组织书记履职尽责能力和服务群众能力。二是严格落实村干部坐班值班、代办领办约办等工作制度，积极开展"我为群众办实事"活动。目前，乡村党员干部已帮助群众办理代缴医疗保险、购买农用物资等民生实事1500余件，化解耕地纠纷、邻里矛盾等400余件（个）。三是原则上以屯（社）为单位划分网格，全县共划分网格904个，配备网格长904人。在持续做好"一村一警"的基础上，发挥村级大喇叭的作用，增强广大农民法治意识。

（2）加强乡风文明建设。以党建为统领，不断强化基层党组织建设，依托集体经济创建三大载体（即：以孝老餐厅、农村养老服务大院为代表的"孝老敬老载体"；以文化大院、农家书屋为代表的"文化活动载体"；以"最美村屯·干净人家""通榆好人"评比为代表的"创先争优载体"），逐步推动农村公序良俗的形成，不断推进农村文化建设。此外，发展"爱心超市"，以志愿服务积累积分，以积分兑换生活性用品。虽然在形式上与城市社区的积分兑换机制相似，但是通榆农村是一个熟人社会，居住环境较为封闭，乡土意识浓厚，因此志愿服务积分制度在此具有较强的生命力。村民

[①] 田毅鹏、陶宇:《"新发展主义"的理论谱系及问题表达》,《福建论坛（人文社会科学版）》2010年第10期。

在互帮互助的志愿服务中厚植邻里资本。与此同时，大力开展乡风文明培育行动，全县172个行政村分别制定了本村的村规民约，并在村部和村屯内显要位置张贴悬挂，规范农民生产生活的行为，树立文明新风，不断提高乡村治理水平。

（3）强化乡村社会基础建设。通榆县基于地域农村特点，将乡村绿化、一屯一景、环境整治和"人畜分离"等作为生态宜居工作的重点内容。一是实施绿化工程。在村屯、农民房前屋后实施"见缝插绿"，持续做好退耕还林、退耕还草工作。二是实施一屯一景工程。每个屯结合本地实际和百姓需求打造一个景点，如苏公坨乡坚持不花钱或少花钱、因地制宜等原则，通过栽花种草、废旧物件再利用、围挡造景等多种方式，进行一屯一景建设。三是实施环境整治工程。环境整治工程是乡村振兴的一项重要工作，它涉及千家万户，不但涉及农村、农民的生产生活，甚至还涉及农民生活习惯的改变，是最复杂、最难啃的"硬骨头"，是一个难以攻克的"顽症"。但相比乡村振兴其他工作来讲，它是见效最快、最能体现乡村振兴成果的一个"窗口"。因此，通榆决定在乡村振兴工作中，将环境整治作为首要工作，力争在短期内，抓出成绩、取得实效。四是实行"人畜分离"，将所有在农村养殖的牲畜，迁到养殖园区内，集中饲养管理。同时，将动物活动区域与村民的生活区相区隔，以此减少动物疾病传播链条，保障农民的健康。

三、以县域党建推进城乡融合发展的经验启示

习近平总书记强调："乡村振兴是实现中华民族伟大复兴的一项重大任务。要围绕立足新发展阶段、贯彻新发展理念、构建新发展格局带来的新形势、提出的新要求，坚持把解决好'三农'问题作为全党工作重中之重，坚持农业农村优先发展，走中国特色社会主义

乡村振兴道路……"乡村振兴的总体要求是"产业兴旺、生态宜居、乡风文明、治理有效、生活富裕",其中"治理有效"是最具核心意义的内容。如前文所述,乡村衰败问题的实质是城市取向的发展主义逻辑导致的城乡关系失衡问题,而新发展观要求城乡均衡发展,强调城乡交流与融合。而乡村"治理有效"是实现城乡融合的重要基础。其内在意蕴,是通过加强党对农村工作的领导,发挥乡村党组织的领导核心作用,推动多元主体良性互动,从而凝聚、带动起乡村治理的共识和力量,以较低的治理成本实现乡村公共产品和公共服务的有效供给,最终实现乡村乃至整个社会公共利益的最大化和可持续化。① 在脱贫攻坚与乡村振兴有效衔接的发展实践中,通榆通过党建创新与探索,建构起自上而下与自下而上互动的纵向贯通体系与横向链接多元社会资源的联结机制,激发地域发展的内生动力,实现地域经济的发展与乡村治理能力和服务水平的提高。

(一)党建引领是将制度优势转为治理效能的关键

脱贫攻坚与乡村振兴国家战略凸显的治理效能集中体现了国家制度和治理体系在"党的集中统一领导""以人民为中心,走共同富裕道路""全国一盘棋,调动各方面积极性,集中力量办大事"等多方面的显著优势。② 社会主义国家集中力量办大事的制度优势、强大的整合能力等构成了多元治理主体参与贫困治理与乡村振兴的结构性条件,而党建引领则是这些结构性条件转化为治理效能的重要中间机制。③

---

① 程瑞山、任明明:《乡村"治理有效"的意蕴与考量》,《科学社会主义》2019年第3期。
② 符平:《缔造引领型融合治理:脱贫攻坚的治理创新》,《学术月刊》2021年第7期。
③ 符平、卢飞:《制度优势与治理效能:脱贫攻坚的组织动员》,《社会学研究》2021年第3期。

通榆县在脱贫攻坚初期工作进展较为缓慢，但是在决胜期由于强化党建引领的作用，通过纵向组织动员机制与跨越科层限度的协调机制，将大量的党员干部以及部门资源下沉到乡村；并且横向动员社会力量参与到脱贫攻坚实践中，使通榆顺利完成脱贫摘帽任务。而转向乡村振兴后，通榆在脱贫攻坚经验基础上，一是通过制度性保障，将部门资源从临时性下沉转为常态化输入，推动政府部门成为乡村振兴的重要主体；二是强化第一书记与村支部书记的作用，通过制度化培训，提高其在乡村振兴实践中的领导能力与服务水平；三是创新基层党建形式，基于易地搬迁形成的集中居住形态，创新联合党支部，整合多个行政村的力量，提高发展的聚合力；四是强化基层党组织建设，面向社会吸纳年轻党员干部，输入新鲜"血液"，提高基层党组织的行动力与创造力，为乡村发展增添活力。通榆在强化党组织引领作用的同时，也注重政治引领，一方面通过党组织系统保持乡村与政府的密切联系，推动乡村发展获得更多的政策与资源支持，同时及时了解并把握乡村发展的新动向与新契机；另一方面，整合乡村社会的发展资源，提高自身的发展能力和参与市场竞争的能力。

（二）强化乡村主体性是实现城乡融合的重要基础

增强自下而上的内生动力是实现治理有效、促进城乡融合的重要内容。就发展路径而言，脱贫攻坚主要依靠自上而下的行政力量推动，而乡村振兴是一个长期性工作，需要实现自下而上的内生性发展。在此过程中，激发乡村主体性是关键。有学者认为，乡村振兴必须以农民的组织化重建乡村的主体性，以乡村为主体吸纳整合各种资源要素，培育乡村内生发展动力。[1] 通榆将党建内涵从党组织建

---

[1] 吴重庆、张慧鹏：《以农民组织化重建乡村主体性：新时代乡村振兴的基础》，《中国农业大学学报（社会科学版）》2018年第3期。

设扩展到乡村治理领域,通过对乡村行动主体的再造激活乡村发展的主体性。作为乡村内生性发展最重要的发展主体,所谓农民的主体性和自主性,主要是指农民在乡村振兴过程中所表现出来的主人翁地位和创造能力。习近平总书记指出乡村振兴"要广泛依靠农民、教育引导农民、组织带动农民,激发广大农民群众积极性、主动性、创造性,投身乡村振兴,建设美好家园"[①]。对农民主体性的激发需要依靠提高农民的组织水平和发展能力。党建促进农民组织化的路径主要是通过两种途径:一是村党组织整合村庄资源发展集体经济,以集体产权为纽带,密切村集体与分散化农民之间的联系,并积极吸纳农民参与集体化的生产与管理,以集体经济提高乡村组织化程度。二是促进非公党建,通过企业党组织和村级党组织与农民建立联系,并以利益联结强化企业与乡村、农民的联系。村民通过企业党组织不仅实现了组织化,更重要的是改变了传统农业生产方式,开始主动地参与到市场竞争中,在市场化的过程中不断强化主体性。此外,通榆通过党组织系统链接社会资源,如链接吉林大学等高校的科技团队到乡村开展人才帮扶,提高农民的生产技能水平,提高其参与市场竞争的能力与水平,从而强化农民发展的自主性。

(三)激发地域活力是实现城乡融合的直接动力

乡村振兴是一个系统性工程,不能只着眼于乡村,需要将乡村置于地域概念整体考量。通榆县在注重基层党建的同时,注重对县域整体统筹谋划,推动将通榆发展的限制性条件转化为优势资源,创造地域发展活力。

第一,强化县委统筹领导。通过一系列的组织结构设置、工作

[①] 习近平:《坚持把解决好"三农"问题作为全党工作重中之重 举全党全社会之力推动乡村振兴》,《求是》2022年第7期。

机制安排,全县党组织实现步调一致,动员各部门、各系统与各层级的党员干部参与到脱贫攻坚与乡村振兴的发展实践中,提高全域的动员与整合能力。正式将政府资源下沉到基层,使通榆实现精细化治理,从而保证了"三资清理"等工作的顺利开展,为发展村集体经济创造了机会与可能。

第二,基于通榆地域优势发展产业,推动发展升级。通榆原是传统的农业县,农民以粮食种植为主,但是由于土地盐碱化,地力不足,当地的经济发展水平相对落后。于是通榆在党委领导下,改变传统的发展方式,引进规模产业,带动当地传统产业发展"六次产业"[1],即促进一二三产业融合发展,进而实现地域的发展升级。

第三,促进城乡对流式互动。在工业主义和城市中心主义占据绝对主导地位的背景下,城乡之间的交流基本上是单向的。而真正意义上的城乡交流应建立在平等的基础之上,呈现出一种对流式的互动和交流。[2] 通榆在全县范围内开展生态建设与环境改造工作,改变以往乡村的破败面貌,打造"一村一景",不仅可以改变农民的精神面貌,强化其对乡村的认同感与归属感,更可以增强乡村社会的活力与吸引力,形成过疏化机制的抗逆力,促进城乡对流式融合发展。

---

[1] 田毅鹏:《乡村未来社区:城乡融合发展的新趋向》,《人民论坛·学术前沿》2021年第2期。
[2] 田毅鹏:《乡村振兴中的城乡交流类型及其限制》,《社会科学战线》2019年第11期。

第三章
以县域产业发展推动城乡融合

2021年中央一号文件明确提出:"加快县域内城乡融合发展。推进以人为核心的新型城镇化,促进大中小城市和小城镇协调发展。把县域作为城乡融合发展的重要切入点,强化统筹谋划和顶层设计,破除城乡分割的体制弊端,加快打通城乡要素平等交换、双向流动的制度性通道。"在长期发展过程中,我国城乡之间生产要素呈现出由乡村向城市单向流动的趋势,且要素流失的乡村无力支撑乡村产业的发展。经济发达区域可以通过资本下乡、要素回流等方式推动城乡要素双向、平等的交换,以此为乡村产业注入活力。但在大部分区域此种方式稍显困难,一是较为薄弱的经济基础对乡村产业难以形成持续显著的带动作用,二是在前者基础上城市要素直面分散的乡村需要付出更多的成本,因而"探索在县域层面整合资源和集聚要素是比较合理的振兴乡村产业和构建新型城乡关系的方向"[1]。在城乡融合中,产业发展既要关注到城市要素的向下流动,又不能忽视乡村产业要素的适度向上集聚,县域经济的发展在其中便可发挥汇集与承接的链接作用。以县域产业发展推动城乡融合,不再仅是以县域经济为经济增长稳定器和资源要素贡献者,在新发展理念指引下,县域产业发展要实现强县富民的目标,还要让县域

---

[1] 陈奕山、吴重庆、张慧鹏:《以县域为中心的乡村振兴:城乡关系演变与县域经济发展》,《南方经济》2021年第8期。

经济成为生态环境涵养地和社会治理的主阵地，县域生态与社会功效不得不被纳入县域产业选择，县域产业同样需要转向质量效益型集约式增长，同时促进发展成果共享，不断增进民生福祉。县域产业已经在不同区域出现明显分化，每种分化形式都面临转型，完成工业化的县域要跟进技术探索新业态，欠发达区域则需要建立支柱性产业和进行产业升级，后者在城乡融合中面对的问题更加突出。

对于刚摘下贫困县"帽子"的通榆县，其县域产业发展稍显薄弱。通榆县区域贫困是由多重要素造成的，主要表现为：一是县域内产业结构单一，作为主要产业的农牧业生产效益低下。脆弱的自然环境带来土地盐碱化、干旱、风沙等问题，因而种植业产量低并形成广种薄收的粗放式农业。二是工业基础薄弱，缺少具有带动作用的支柱性产业。工业发展缺少资源、技术、人才和资金，难以产生产业集聚的规模效益和产业延伸的附加效益。三是在发展中面临生态保护与产业扩大之间的冲突，传统粗放经营带来农业种植与生态保护之间的恶性循环，加剧自然灾害。通榆县近些年的产业发展获得提升，但其属于欠发达地区，难以复制东部沿海地区的工业化和城市化模式。一方面是因为其区位条件、资源禀赋等相对弱势，并不能支持其完成快速工业化和城市化；另一方面，城镇化与工业化的发展观念的更新也在扬弃经济发达县域以往单纯追求经济增长的发展模式，而在走向多元协调的发展道路。因此在价值理念的遵循层面，通榆县的县域产业发展应当是对新发展理念的践行；而在产业发展模式的探索中，通榆县的产业发展也应当是因地制宜地做出选择，走上内源式的发展路径。

一、县域产业在城乡融合中的再定位

县域产业作为基层区域单位的产业内容，直接影响县域经济的发展规模、形式和特征，同时县域经济的兴衰关乎基层社会发展的停滞与前行。大中城市的城镇化并没有让县城持续的繁荣，当下，县域产业一方面是补上城镇化发展中县城的短板，另一方面则是活化基层经济社会状态以促进发展的全面、协调、持续。

（一）县域产业的发展历程与现状

传统社会县域内的经济形式主要是农业以及未与农业分离的手工业，从清末开始的县政改革与县域内从传统到现代的转向，都使得县域内的经济形式在发生新的变化。乡村建设学派即是以县为单位建设县域内的生计、金融、教育、行政等产业；但因时局问题县域内产业并未得到充分发展。在计划经济时期优先发展重工业的战略促使形成"城乡二元结构"，通过工农产品剪刀差的形式获取农业剩余用于城市工业积累，"县级政府不仅要作为规划者统筹农业合作化，而且也必须通过其在乡村社会的职能机构和人员发动群众性的运动用以加速推进经济和项目的建设"[①]。《工作方法六十条(草案)》中便将县以上各级党委着重抓的社会主义建设工作概括为14点：1.工业，2.手工业，3.农业，4.农村副业，5.林业，6.渔业，7.畜牧业，8.交通运输业，9.商业，10.财政和金融，11.劳动、工资和人口，12.科学，13.文教，14.卫生。县的职能已经完备且形成基本的现代化县政运行系统，但从发展视角出发，计划经济时期的县域产业虽形成县域经济的一定基础，但受限于统购统销的计划约束以及反复的政策环境，县域产业的基础确实是在形成，但并没有出现明显的发展。

县域产业发展在改革开放之后得到改变，也随着城市化重心的变动而表现出不同的阶段性特征。县域产业发生改变的背景包括城

[①] 刘红方：《建国后毛泽东县政思想研究——毛泽东的认识及其对当下县政改革的启示》，硕士学位论文，浙江大学中共党史系，2010，第17页。

乡之间产业要素流动，市场经济体制形成，政府职能定位的转变和相关央地关系、县政制度的改革。乡镇企业的异军突起使得小城镇逐渐兴起，县域内产业随着乡镇工业的补充更为完善，突破以农为主的产业格局。县城产业经营的重点发生转移，从突出农业工作转向经营工业企业，县域经济也获得高速发展，尤其形成县域经济的"晋江模式"。此时县域经济能够得到发展离不开国家在城市发展中的"小城镇"战略，小城镇战略以市、镇为经济社会的基本单位，因地制宜地推动"一乡一业"形成各类特色城镇。随着中国城市发展的重心转向大中城市，并大规模地推进"土地城市化"，地方政府的经营逻辑也从"经营企业"转向"经营城市"。一个囊括乡村并被视为农业代表的"县"明显地在社会经济上处于边缘化地位，城乡一体化推进的阻滞使县城无法有效地衔接城乡。

当下的县域产业呈现出多层面的特点。首先区域间县域产业出现分化，出现区域发展不平衡的情况。尤其是东部沿海和大城市周边的县凭借区位与资源优势，吸引优势产业进入并借此汲取劳动力、资金和技术等资源。而中西部和东北县城的产业则相对处于弱势地位，同时伴随区域内的人口大规模流出等问题，产业发展更加难以为继。其次县域内产业类型变得更为多样，但大部分县城缺乏特色支撑产业。传统社会的县域产业以农业为主，随着工业化与城市化的推进，县域产业逐渐丰富，出现工业驱动型县域经济、农业驱动型县域经济、第三产业驱动型县域经济和资源禀赋驱动型县域经济[1]，其中各种类型又各有其独特经验。但能够凭借各类优势驱动发展的县城并不占多数，大部分县城具有各类产业但尚未形成规模，也难以带动区域经济发展和吸纳人口就地就业。大部分的县域

---

[1] 赵伟：《县域经济发展模式：基于产业驱动的视角》，《武汉大学学报（哲学社会科学版）》2007年第4期。

产业因其系统性效果不尽如人意而导致县域经济韧性不足，竞争力脆弱。最后，县域产业依旧嵌入到区域的自然环境与社会环境之中，县域经济相较于其他区域经济更具有地方传统和文化内涵，但早期工业化与城市化推进表现出"唯GDP论"以及产业选择的盲目性，导致当下县域产业发展与本土文化、生态环境出现不同程度的分离，未来发展县域产业更应该解决与自然和社会相协调的问题。

（二）县域产业推进的政策规划

县域经济是整个经济体系的基本单元，是具有地方特色且功能完备的区域经济。党的十六大报告提出"积极推进农业产业化经营，提高农民进入市场的组织化程度和农业综合效益。发展农产品加工业，壮大县域经济"，党的十六届三中全会进一步强调"要大力发展县域经济"。彼时县域经济在经济快速发展的阶段更多发挥县城辐射乡村的带动作用，促进农业发展、农村繁荣、农民富裕。当下重提县域经济，"壮大县域经济，承接适宜产业转移，培育支柱产业"[①]，这是在乡村振兴战略和新型城镇化战略两大战略的背景下发现的重要突破点，县域产业的发展不仅上接城市，还需下连乡村。其次，县域经济的发展理念也必然是以创新、协调、绿色、开放、共享的新发展理念为价值指引，应对以国内大循环为主体的新发展格局对县域经济提出的新要求。

产业推进要依照县城的类型化来进行。发展主义影响下的县域经济有着明显的经济增长趋向，并且将县城的产业发展局限于模仿已经完成工业化和城市化的东部沿海地区的县城模式。发展的理念在新发展主义对发展主义的超越中不断被丰富，经济与社会的协调

[①] 资料来源：《中共中央 国务院关于全面推进乡村振兴加快农业农村现代化的意见》。

发展、生态文明的转型都在让产业发展与整体系统环境相协调。县城作为一个区域并非仅是经济增长的单位,县域产业的发展是嵌入区域社会的,必然与区域的政治、文化、制度紧密融合。因此,县城发展需要从追求经济增长单一目标扩展到立足县域独特条件下的功能定位。《关于推进以县城为重要载体的城镇化建设的意见》首次提出县城城镇化的发展方向应该依照县城不同情况做出类型化的区分和选择。划分的五种类型:一是大城市周边县城,主要是城市群和都市圈内的县城承接邻近的大城市的产业和服务转移,成为卫星县城;二是专业功能县城,即培育特色经济和支柱产业,发挥先进制造、商贸流通、文化旅游等经济属性的专业功能县城,并且支持边境县城提升人口聚集能力和守边固边能力;三是农产品主产区县城,既要发展农村二三产业,也要发挥保障粮食安全的作用;四是重点生态功能区县城,为修复生态环境提供支撑;五是人口流失县城,适当促进人口和服务集中,并引导人口转移、培育替代产业。县城的类型化思维使县域产业的选择回嵌进自然与社会之中,突出县域产业的内源式发展,基于县城的类型定位,因地制宜地选择县域产业以支持人口城镇化。

县域产业的发展需要形成空间的联系,形成产业分布的合理布局。一方面,县域内部的产业处在稳定协调的系统中,县域内的产业在村级单位中完全铺开,也并非仅集中于县城之中。《国务院关于促进乡村产业振兴的指导意见》中对优化乡村产业空间结构做出细致的指导,"在县域内统筹考虑城乡产业发展,合理规划乡村产业布局,形成县城、中心镇(乡)、中心村层级分工明显、功能有机衔接的格局",乡镇发挥上连县、下连村的纽带作用,在劳动密集型产业的镇村联动中实现"加工在镇、基地在村、增收在户"。另一方面,县域产业应当具有开放性,促进县城与城市的产业互通衔接。依据发达国家的城市化经验，城市化达到一定水平之后，会出现郊区化和逆城市化的现象，与产业相关的人口、资本等要素改变以往从县乡向城市流动集中而转向城乡的双向扩散与重新配置。实现城市与县城产业空间融合，"破除城乡分割的体制弊端，加快打通城乡要素平等交换、双向流动的制度性通道"①。

（三）县域产业的发展对于城乡融合的意义

县域经济的发展带来县城的振兴，凸显县城在发展中的主体地位。改革开放以来，中国的城镇化落脚点经历着从小城镇到大中城市的转变，在这一城市偏向的转变中，小城镇的繁荣景象开始衰退，县城也在大中城市的对比中被边缘化。当下又提出"推进以县城为重要载体的城镇化"，实际是在连接乡村振兴战略，补上乡村与城市之间的县城短板，从而合理布局城镇格局。县域产业的发展最终带来的是要素在城乡之间的平等自由流动，而非在城市"霸权"下的农村向城市的单向输送。在城乡连续体中，县城的产业得到成长，形成一个县城的优势产业或特色支柱产业，县城的经济活动不必在城市经济体系中成为依附性的存在，同时成为经济内循环体系中的重要组成部分，县城内生性发展动力得到激发，主体性开始凸显。

促进人口在城乡间的自由流动，推动以人为核心的城镇化。产业发展尤其要重视中国城镇化的转向，是从土地、空间的城镇化转向以人为核心的城镇化，同时从单纯重视大中城市的城镇化转向以县城为载体的城镇化。人口流动与此密不可分，"县域内乡村的'空心化'、乡镇的衰弱化与县城的快速扩张及'过密化'同时呈现"②，

---

① 资料来源：《中共中央　国务院关于全面推进乡村振兴加快农业农村现代化的意见》。
② 狄金华：《县域发展与县域社会学的研究——社会学的田野研究单位选择及其转换》，《中国社会科学评价》2020年第1期。

大城市的承载能力有限,需要向县城进行扩散。一方面是形成卫星城将县城作为睡城的县城与城市联接模式,另一方面则是让农民工能够在县城就业,从离土又离乡转回到离土不离乡,甚至通过乡村产业兴旺实现"不离土与不离乡"。很长一段时间内第一代农民工作为乡村大量青壮年人口,大量流向城市,造成与家人长时间的分离并形成留守人口的问题。现在是第二代农民工在接力式城镇化中能够选择在县城买房,但男性却依旧要去大城市打工。发展县域产业,带动作为再生性要素的人口变化,让流动的人能够安居,就地实现城镇化。

县域产业的发展能够以城辐射乡村,带动乡村的发展。乡村当下的主要问题是如何实现巩固拓展脱贫攻坚成果同乡村振兴的有效衔接,产业选择与发展是关键层面。产业扶贫与产业兴旺虽然各是两个阶段的目标,但又具有发展一致性,不过产业扶贫因其短期目标而呈现出精准性、特惠性和任务紧迫性,后者因乡村振兴战略而具有整体性、普惠性以及任务的长期性与阶段性。这一过程需要注意产业扶贫项目的后续延伸与扩展,更强调在产业扶贫基础上从县域经济发展高度进行产业兴旺的统筹谋划与优化升级。发展县域产业,依托地域特色产业和优势资源的持续发掘利用来推动产业的合理布局与优化升级,另一方面通过产业链条的横纵延伸有效建立起城乡与农工的联结机制。"乡村振兴的战略目标是以县域振兴带动农业农村现代化和农民城镇化"[1],县域产业有效推动城乡要素的双向流动,尤其对乡村形成明显的带动与扩展作用。

二、县域产业推进城乡融合的实施路径

在长期发展过程中,城乡之间生产要素呈现出由乡村向城市单

---

[1] 杨华:《论以县域为基本单元的乡村振兴》,《重庆社会科学》2019年第6期。

向流动的趋势，且要素流失的乡村无力支撑乡村产业的发展。乡村振兴战略提出后，经济发达区域可以通过资本下乡、要素回流等方式推动城乡要素双向、平等的交换，以此为乡村产业注入活力。作为欠发达地区的通榆，其发展并不能立刻形成平等交换的优势，因此其县域产业发展有两个路径：一是通过产业转移或本土企业的培育促进县域产业升级，带动县域内劳动力就业；二是围绕农业进行扩展融合，拓宽农业功能，延长农产品产业链并积极发展农业全过程社会化服务。

（一）以城带乡：县城产业的带动引领

城市相较于乡村有着明显的集聚优势，既是社会生活、行政制度的区域中心，更是经济活动的集聚之地。县城产业以其完备的产业结构和丰富的产业内容而能够成为县域经济的主体，其中的工业与服务业居主导地位。现代社会是以工业化的方式将人引入新的组织形式，并以社会分工的机制改变人的联结状态。县域经济具有多重复合特征，其一便是工业与农业的复合，东部沿海区域的县城便是通过工业化获得快速发展。贺雪峰认为，如果县域经济尤其是县域工业化难以发展起来，那县域经济尤其是县城经济就是消费性的，而非生产性的，县域必定缺乏就业机会。即使农民进入县城买房，县城也不是农民可以安居之地。[①] 另外，县城也更有优势去将新兴技术转化为新产业、新业态，创造新的经济产业或者对原有产业进行改造以畅通货品流通。

1. 承接产业转移，形成支柱性产业

产业转移一方面是制造业等行业在市场配置资源下，主动选择

---

① 贺雪峰：《区域差异与中国城市化的未来》，《北京工业大学学报（社会科学版）》2022年第5期。

转移到土地资源充足、劳动力价格较低的区域；另一方面也是经营性的地方政府主动选择的过程。县城工业化的推进直接改变当地的产业结构，活化产业要素。长期以来，通榆工业基础比较薄弱，为弥补工业弱项，通榆大力引进外来工业企业，并持续推动发展项目的落地。

第一，形成"资源换项目"的发展理念。在完成脱贫攻坚任务后，通榆县转换思路，不仅着力推动和支持乡村特色产业向前后链条延伸，而且也积极创造并优化营商环境，强化项目建设和县域工业的拉动力量。一是在组织动员层面，通榆将2021年确定为招商引资年，开展招商引资百日攻坚活动，党政主要领导和各部门负责人成立22个招商引资领导小组，到各地开展招商引资活动。2021年，"通榆县共谋划500万元以上重点项目50个，总投资217.6亿元，年度计划投资155.5亿元"[1]。二是在项目落地过程中注重项目服务建设。通榆成立项目中心，不仅为每个项目配备专班进行针对化服务，同时还依托中心统筹各部门信息共享、联审联批、同步推进，极大缩短项目审批时间。在吸引项目入驻过程中，通榆形成"资源换项目"的招商理念，其本质被通俗地归纳为"与其让地里长草不如长'项目'"。通榆最显著的资源优势是土地资源丰富，土地资源中还有大量未利用也无法利用的盐碱地、甸子地、坨子地等荒地，所谓"资源换项目"理念之一便是将荒地作为引进项目用于建设工厂或产业园区的建设土地，让项目低成本落地。

第二，着重发展清洁能源及相关产业。清洁能源产业是通榆未来规划的重要支柱产业，也是现阶段大型工业项目建设的重点。其一，通榆光伏建设项目在后续谋划中还将在全县172个行政村覆盖

---

[1] 戈驰川、尹雪：《通榆重点项目添新彩：打造东北最大陆上风电装备制造基地》，《吉林农村报》2021年5月22日第2版。

建设村级分布式光伏电站，保证每个村达到 200 千瓦装机规模。其二，2021 年通榆将风电项目纳入发展规划，着手实施 5 万千瓦到 10 万千瓦的风电项目，所得收益用于开展乡村振兴工作；同年 4 月通榆县与华仪风能有限公司签署 90 万千瓦的风资源开发合作协议，计划投资开发良井子、边昭、苏公坨三个风电场。其三，通榆生物质能以农作物秸秆转换利用为主，年产量约 200 万吨，目前已引进善能、润雨两个 30 兆瓦生物质热电联产项目。最终通榆要打造"风能产业一柱擎天，太阳能生物质能两翼伴飞"的百亿级新能源产业体系。

第三，除清洁能源的生产外，通榆还引进一批风电装备制造企业，在县域内形成生产、组装、销售一体化的链条式生产格局。通过招商引资，东方电气（通榆）新能源装备制造基地落地通榆，建成投产后年产值达 50 亿元以上，年纳税约 1.5 亿元，倾力打造我国东北最大陆上风电装备制造基地。同时还有远景 500 台（套）风机制造项目，年产值达 35 亿元；加亿 10 万吨风电塔筒制造项目，年产值达 10 亿元。其他项目还包含了三一通榆风电智能制造产业园（二期）项目、水发能源通榆县 500 兆瓦风电场项目、中航 3 万千瓦风电储能电站及风电场开发项目等。风电企业的进入为通榆的工业产值增长提供巨大动力，截至 2021 年 6 月，规模以上工业增加值增速为 50.5%。

通榆县没有被动地接收从发达区域转移而来的污染企业，在其对本土资源优势做出细致研判后，主动进行招商引资，改变"工业弱县"的局面；选择的转移而来的产业均在技术上具有先进性，能适应国家能源结构转型的新要求，这些清洁能源相关的制造业迅速成为通榆县域经济的支柱。

2.壮大劳动密集型产业,吸纳本地劳动力就业

虽然县域劳动密集型产业的技术水平、创新能力等均显不足,但其存在可以带动本地就业。县域产业薄弱,无法吸纳农村剩余劳动力进入县城就业,这些人便只能流向大城市。县域内劳动密集型产业的出现才能够有效地解决此问题。通榆县本土产业尤其是制造业发展先天不足,更多地需要借助产业转移。本地产业仍旧围绕农业展开,尤其随着新型农业经营主体的大量出现,农民呈现出明显地从自我经营、自我生产向雇佣生产的转变。"大力发展县域范围内比较优势明显、带动农业农村能力强、就业容量大的产业,推动形成'一县一业'发展格局。"①此种发展路径更适合通榆县的本土企业带动就业。

脱贫攻坚以来,通榆农牧业发展形成明确规划并带动一批产业项目落地。从宏观来看,通榆县在进一步推动地域农牧业发展,打造畜牧业全产业链。通榆作为畜牧业大县,其在立足积极扩大各类畜禽养殖规模的基础上,促使养殖龙头企业拓展养殖上下游产业链,将生产、加工、销售的各个环节全部落在通榆。牧原集团是通榆引进的大型生猪养殖集团,截至2021年全县生猪存栏量60万头,牧原集团占全县生猪饲养量的75%。现在牧原集团已经建有自己的规模化饲料加工厂,即将竣工的牧原集团的屠宰厂,可以进行400万头生猪的肉食品加工,年产值可达120亿元。随着吉林省"秸秆变肉"工程的推进,通榆肉牛养殖规模不断扩大,吉林省吉运农牧业股份有限公司(以下简称"吉运公司")作为当地肉牛养殖的龙头企业,不仅建设大规模肉牛养殖基地,还通过土地流转种植有苜蓿等饲料作物,建成饲料加工厂和有机肥生产基地,进一步推动养殖业

---

① 资料来源:《中共中央 国务院关于做好2022年全面推进乡村振兴重点工作的意见》。

全产业链发展。通榆畜牧业的发展思路主要是充分利用当地的土地资源，承接畜牧业相关项目，进而形成规模化的产业园区，将产业增值留在县域内并形成规模经济，尽可能地吸纳当地劳动力就业。

在脱贫攻坚中，通榆通过创办扶贫车间和增强新型农业经营主体就业吸纳能力的方式来推动贫困户的就地就近就业。扶贫车间作为一种制度性的就业供给方式在贫困治理中发挥了重要作用。通榆目前共创建10个扶贫车间，从2016年至2020年扶贫车间累计带动就业268人，其中贫困人口81人。①龙头企业、合作社和家庭农场等新型农业经营主体也为当地村民提供了灵活多样的就业方式。借助丰富的农畜资源，通榆县域内已经形成多家农产品加工企业。2018年统计，全县共有规模以上工业企业54户，其中农产品加工企业26户，占全县规模以上工业总数的48.1%。②但当地农产品加工企业的特点是大而不强、多而不精。通榆后续规划便主要集中于做强农畜产品加工产业，打造杂粮杂豆深加工产业，形成县域内绿色有机食品生产基地。作为辣椒生产的龙头企业，通榆县天意农产品经贸有限责任公司（以下简称"天意公司"）自有基地在辣椒种植和采摘过程中每次平均用工人数为60人，时间2个月，人均收入8000元。③在辣椒加工过程中，天意公司还有两个工厂用于辣椒分拣、初步加工和腌制，这些均靠人工把关处置，没有技能要求，由此吸引周围的中老年村民来打工。除龙头企业外，规模化、多样化经营的家庭农场与合作社等也在延会家庭农场的示范下，每年带动附近村屯60多人务工，蔬菜大棚雇佣长期工人15—20人、短期工

---

① 资料来源：《通榆县脱贫攻坚五年工作总结》。
② 资料来源：通榆县工信局《全县农产品加工精细调查》。
③ 资料来源：《通榆县天意农产品经贸有限责任公司带贫减贫工作报告》。

人近百人。①

贫困地区产业基础薄弱，弥补产业体系不足需要经历县域产业升级的过程。县域产业的发展单靠乡村发力难以破除结构性困难，但以城带乡、以工促农的实现需要县城中有强有力的工业支撑，因此在贫困地区，首先需要在以农业为主的产业现状中发展更有县域带动能力的工业企业，进而形成完备的县域产业体系，然后通过提供就业直接解决农村人口的就业问题，同时也为后续乡村振兴提供持续动力。

3.培育电商打造服务新业态

县城对乡村的带动也包括技术或社会化服务的提供，电商是通榆重点发展的领域，其作为一二产业的重要配套支撑，在拓展市场、推动区域资源要素流动方面发挥着关键的连接和扩散作用。通榆县不断探索电商改造农业销售经营模式，实施"'互联网+'农产品出村进城工程，推动建立长期稳定的产销对接关系"。②

电商的兴起在进一步拓宽农产品销售渠道与提高市场影响力方面发挥了重要作用。通榆在2016年建设县级电子商务公共服务中心，致力于为县域农产品龙头企业、合作社等开辟网络营销渠道，推动销售农产品线上线下全渠道模式的普及，截至2021年9月底，已有69家企业、合作社及家庭农场的216款产品上线销售，同时电子商务交易额也达到15.49亿元，实现网络零售额2.02亿元。③借助电商的渗透粘合作用，线上销售模式铺展到各种规模性农产品经营主体中，更多的农业经营主体建立起与外界市场的连接渠道。不

---

① 资料来源：《乘精准扶贫好东风　做劳动致富新农民》。
② 资料来源：《中共中央　国务院关于做好2022年全面推进乡村振兴重点工作的意见》。
③ 资料来源：《通榆县电子商务发展情况报告》。

仅如此,通榆还深入推进电商与传统产业深度融合,注重当地"通榆豐"品牌的打造,推动农产品及其制品的商品化并增加品牌优势。与此同时,依托技术优势配套建立全媒体营销网络,建设"直播电商+现代农业""直播电商+休闲农业"的营销模式。这在复兴村已经有所实践,复兴村的电子商务服务站已经形成完备的规章制度与直播带货流程,在各个视频平台开始直播销售。复兴村作为县域样板村已经进入常态化运营阶段,为其他乡镇电商运营提供借鉴。

围绕县域电商发展,通榆县形成一系列有效的制度机制。其一,通榆建立县域电商发展体制机制,包括动员部署机制、全员参与机制、政策支持机制和强化考核激励机制,并组建通榆电子商务发展中心和县级电子商务公共服务中心。其二,通榆搭建起电子商务培训平台、全网营销平台和物流配送平台。培训平台是将电商与脱贫攻坚、乡村振兴工作相结合,培育新型农民和致富带头人,全县已经打造了农村电子商务人才培训、通榆馆E网商创业培训、网创培训三个电子商务培训基地和一个中智汇通榆线上培训平台。全网营销是通过"互联网+"促进三产融合的重要渠道,其着重支持知名电子商务平台与本土网商的合作、营销模式的升级。物流配送平台的打造是电商运行的基础支撑,通榆县建设的物流集配仓储中心、物流分拨点和电商服务站,实现了乡村两级电商双向物流的全覆盖,提高了物流配送效率。

通榆县尤为注重服务业的数字化、网络化,以电子商务及其配套基础设施建设促进产业融合和新发展,从而为县域经济发展注入新动能。新技术的进入与新业态的形成,先是在县城形成运行中心形成相关配套设施和组织体系,而后不断向乡镇、村庄扩展。

通榆县在脱贫攻坚时期对区域产业体系进行构建和升级,通过挖掘和引入的资源、技术、人才、资金等要素,不仅为地区贫困治理提供了有效的资源，同时为后续县域经济的发展奠定了产业基础。而从通榆当前的实践和规划来看，"抓大不放小"的产业建设思路能够在乡村中形成以农牧业为基础的特色产业，以及在县域范围内构建出综合性的产业体系，建设工业强县。通榆县产业发展意图使乡村特色产业与规模化工业齐头并进。通榆县努力补齐工业发展短板，持续推动光伏、风电、物流、电子商务、旅游等产业发展是改变原有的薄弱基础，形成支柱性产业以实现产业结构多元化应有之义。同时继续壮大本土的农业龙头企业，夯实乡村特色产业基础，以此充分利用当地资源优势。在通过形成城乡互通的产业体系以达到"强县"的目的之外，县域产业发展不能忽视发展成果的共享。县域产业解决就业问题需要政策辅助，落实农民稳岗就业政策，强化职业技能培训，提高农民进城的就业素质和能力。

（二）以乡融城：乡村产业的创造性转化

中国传统的小农经济的重要特征便是种养结合，并且在小农家庭组织内部也存在农业与手工业的互为补充。这种局面随着"三次产业分类"被广泛承认和使用而改变，在城乡二元结构理论的形塑下，乡村可供发展的产业也被简单地理解为农业。同时发展主义的产业观念简单地将农业功能局限在农产品尤其是粮食的供给，而远远忽视农业该有的多元功能和可以扩展的效用价值，但实际乡村产业的价值远远超过第一产业的价值。乡村产业是县域经济的基础组成部分，同时也是大部分县获得发展的凭借。乡村产业获得创造性转化直接繁荣乡村经济，进而将乡村的繁荣转化为县域发展的优势。以县域为单位发展乡村产业，需要更注重发挥乡村的主动性，激发乡村发展活力，建立可持续的内生增长机制，遵循"小规模起步,小切口进入,小尺度在地化"①的发展路径。

农业在县域产业体系中处于基础性地位,同时通榆"农业大县"的现实背景以及东北商品粮基地建设的目标也要求其农业稳定发展。但是,环境脆弱地带的地理区位现实要求通榆的农业发展不能延续传统粗放式的经营方式,避免生态破坏与农业生产的恶性循环,建设美丽生态宜居的生活环境需要转变农业生产方式,逐步形成现代农业经营体系。现代农业体系既包含了经营形式的提升,也强调生产理念的转变,农村生产关系的变革需要适应生产力发展的水平,吸纳与创造更多新的要素与模式,在社会结构性转换过程中不断调整。

1. 小庭院,大产业:扩展农业特色经营

农业生产经营是大部分农民的收入来源,通榆县产业同样以农业为主,激活农民现有的农业资源优势,实现农业经营生计策略的转换是提高农业经营收入的有效途径。通榆县基于农户庭院面积大的优势,灵活性地推出"庭院经济"项目,借助政策实施与项目补贴激励农户开发庭院,扩大耕种面积并实现多样化经营。

在实施中,通榆县首先针对贫困户、贫困村进行试点,尝试打造"一村一品",将2017年的覆盖范围从90个贫困村逐步扩展到全县172个行政村,并计划在各乡镇建设典型示范村。庭院经济收入包含政府奖励补贴和作物售卖营收两方面,同时政府推动农业生产相关配套设施建设,实施"一块园"打井配套水泵项目。截至2021年,通榆庭院经济发展总面积为74848.5亩,涉及总户数为32593户,基本实现"一乡一业""一村一品",庭院经济发展模式也探索

---

① 吴重庆:《超越"空心化":内发型发展视角下的县域城乡流动》,《南京农业大学学报(社会科学版)》2021年第6期。

形成自主经营模式、"龙头企业（合作社）+农户"订单模式和委托经营模式。庭院经济对于支持农户收入提升作用明显，政府也形成一套更为细致的补贴实施方案。根据2020年发布的《通榆县2020年发展庭院经济产业须知》，通榆县针对建档立卡户已经将庭院经济补贴的种植品种扩展到香瓜、小麦复种蔬菜、中草药、藜麦、黄菇娘、蔬菜、辣椒、马铃薯、甜菜、覆膜豆类、覆膜西瓜、覆膜打瓜、花生、小麦、谷子等，其中前九种为非建档立卡户可补贴的种植品种。补贴标准与范围也做了细致规划，对于建档立卡户，每户庭院种植面积在200平方米以上且为同一品种的，小麦复种白菜、辣椒、中草药、黄菇娘每平方米补贴1.5元，其他品种补助1元，最多每户补贴3000元。至于非建档立卡户：所有品种每平方米补贴1元，最多补贴1000元；同时也对"一乡一业"特色乡镇与"一村一品"特色村提高一定补贴标准。

通榆"十四五"规划则进一步将推动庭院经济向规模化、特色化、品牌化、订单化方向发展，将实现农民增收致富作为重要的目标。规划中对任务做出具体要求，要在2025年实现16个乡镇庭院经济全覆盖，种植面积发展到81500亩。庭院经济后续发展将不再局限于种植，而是规划两种类型：专业型和综合型。专业型包括种植蔬菜、果树、花卉、苗木、药材和食用菌等经济作物的庭院种植业；养殖各类珍禽和皮毛类、观赏类小动物的庭院养殖业；加工农副产品和从事编织、小工艺品项目的庭院加工业；利用自然资源、特色产业和文化民俗发展的农家休闲山庄、农家乐项目等庭院旅游休闲业。综合型是将农户庭院作为基本单元，以沼气建设为纽带，种植、养殖、加工多业并举，立体开发，达到资源循环利用、多级转换。其包括将日光温室、畜禽舍、沼气池和厕所结合在一起的"四位一体"庭院生态农业模式；畜禽舍、沼气池、果园三者资源循环的"三位一体"庭院生态农业模式。庭院经济作为通榆乡村特色产业的关键支撑,在之后的发展中也越发趋向多元化,走向各类农村小产业的融合发展和循环经济的打造之路。同时对于县域经济,则是提高农业资源在空间和时间上的配置效率,提升农业产业的整体竞争力,并在三产融合中为特色农牧产品加工业提供充足原料。

庭院经济激发了小农户生计实践的积极性,庭院经济依托地域农业生产独特优势,将政府资源补给与小农户家庭经营模式有效结合。这不仅重新激活家庭经济的主体性与积极性,更在多样化、集约化的种植经营中综合性地提升贫困人口应对风险的能力。通榆县种植高附加值作物的庭院经济得以铺展开来,关键之处是:这并非是"急赶快上"地扎堆搞同质性的项目,而是对本地可利用资源的再开发。黄宗智提到中国经历一场"隐性农业革命",其表现便是农业生产"从低值的谷物生产转向越来越多的高值肉禽鱼、蛋奶和(高档)蔬菜与水果的生产"[1]。这既在改变农民的农业经营收入结构,同时也在促进农村与城市的互通。

2.经营扩展:产业链条纵向延伸

三产融合是六次产业的集中体现,它包括加法效应和乘法效应,前者是"通过产业之间的连接,促进了乡村产业供给能力的提高",后者侧重"同一产品产业链的不同环节向同一个市场主体集中的过程"[2],两者往往共同存在,相辅相成,目的在于拓展农产品的多重功能与价值。单纯的农业种植,包括粮食种植和高附加值的瓜果蔬菜等种植始终是在限制农产品价值,三产融合是未来乡村产

---

[1] 黄宗智:《中国的隐性农业革命(1980—2010)——一个历史和比较的视野》,《开放时代》2016年第2期。
[2] 刘守英、程国强等:《中国乡村振兴之路——理论、制度与政策》,科学出版社,2021,第113页。

业发展的重要指向。

通榆县推进"三产融合",首先要不断进行农地提升,推进农业现代化,努力形成完备、立体的农业产业体系。其一,壮大农业种植规模,推进特色多样化种植业经营。通榆对农田耕地发展目标的定位是"在基本稳定全县耕地面积的基础上,合理调整粮经饲结构,强化'退粮进特',加快高标准农田建设,缩小广种薄收耕地面积,提高生态脆弱地带农业空间生产效率和质量"[①]。通榆种植面积大且种类多样,其中粮食种植面积489.89万亩,包括谷物、油料作物、瓜菜、饲料等近30种作物。其二,提高农业生产能力和技术水平,推进农业现代生产。通榆注重用现代技术服务农业,提高农业机械化、科技化、信息化水平。通榆尤其是依托高校的科研技术改造传统的作物、生产技术、生产方式,提高生产能力和现代农业的建设水平。其三,通榆还重点推动农业基础设施改造完善以提高农业综合生产能力。通榆大力推动高标准农田建设,提高大规模农田的有效利用率以提高农业综合生产能力。截至2020年,在全县540万亩耕地中建成高标准农田28.2万亩以及膜下滴灌160万亩,着力解决了农民耕种过程中的灌溉和作物产量提升问题,后续"争取在2025年建成高标准农田和对膜下滴灌项目区进行提质更新的农田总面积达到300万亩,保证农田工程的有效利用"。

在龙头企业与小农户之间形成"生产—加工"的合作关系中,产业链条得到延长,普通的农产品由此能够远销海外,通榆县龙头企业的代表天意公司便是如此。天意公司是通榆县内知名的以辣椒和白菜等蔬菜为主的集种植、加工、销售、研发于一体的全产业链农产品加工企业,其在延长农产品产业链、增加其附加值,带动小农户

---

① 资料来源:《通榆县国民经济和社会发展第十四个五年规划和2035年远景目标纲要》。

增收致富以及推动通榆特色产业体系建设等方面发挥着重要作用。

第一，"公司+农户"模式构建联农带农机制。天意公司春季低价为农户提供辣椒苗，免费提供机械化栽植服务，秋季按市场价格回收，在育苗、供肥、管理、回收、加工、销售等环节实行统一供种，统一育肥，统一田间管理，统一回收，统一加工，统一销售的管理模式。2015年以来天意公司每年与4000户左右贫困户、非贫困户1万户以上签订辣椒种植合同，每年辣椒种植面积达3万亩以上，并高于市场价回收，使得户均增收1.5万元。① 基于辣椒产业的繁荣发展，通榆以瞻榆镇辣椒产业的优化升级为依托，并深入谋划了开通镇、边昭镇等六个乡镇辣椒基地建设项目。在这期间，公司与农户建立信任关系，形成长期合作。天意公司在2008年便开始与农户签订辣椒收购合同，但"公司+农户"合作模式的运行往往是以双方信任关系建立为基础，由此才能形成长期合作关系。首先，注重村庄社会关系的利用。外来企业推广辣椒种植，农户如何接受并实践是关键问题，天意公司每到一个村都会先选择能够接受的几个农户进行一年的试种，形成示范效果，同时在农户不信任的情况下，找来村中熟识的人作担保，通过村社熟人强关系建立有效信任。其次，实行让利合作。在2017年市场辣椒价格波动，农户出现经营风险的时候天意公司仍决定每千克支付农户的收购价标准不变，从而获得广大合作农户的信任。为激发农户种辣椒的积极性，天意公司又在回收的销售利润中每千克拿出0.2元作为奖励基金，用于奖励那些在质量、标准等方面的指标达到公司标准的种植户。最后，对于个别困难农户，天意公司能够为其免费提供种苗种植，帮助其暂时渡过难关。目前，与农户有着十多年订单合作的天

---

① 资料来源：《通榆县天意农产品经贸有限责任公司带贫减贫工作报告》。

意公司已经成为联农带农的典范龙头企业。

第二,科技创新推动深加工。产业化发展的农产品要想形成市场竞争力,科技创新元素的融入助力往往是关键。天意公司的蔬菜精深加工有赖于对口帮扶单位吉林大学的技术支持,2018年张铁华教授便与天意公司合作,通过调查确定了天意公司后续应从辣椒产品初加工向辣椒酱、辣椒色素、辣椒碱等精深加工领域转变的方向与策略。在2020年,张铁华教授团队经过科研攻关最终解决天意辣白菜、酸菜的核心配方问题,同时天意鲜椒酱、天意豆豉辣酱和天意牛肉辣酱等超级单品也陆续上市。2021年在张铁华教授的帮助下,天意公司新扩展的五谷杂粮煎饼充分利用当地杂粮杂豆生产的优势,逐渐发展成地区特色品牌食品。

第三,公司提高产品品质扩大国外市场。得益于当地的气候与土壤,通榆辣椒品质高,天意公司早期主要是将辣椒初级加工制成品销往韩国,由此打开海外市场销售渠道,但早期初加工品的附加效益往往较低。2020年8月,天意公司首批50吨辣白菜出口韩国,进一步扩大了其海外市场份额,目前天意公司对韩国每天保持24吨的辣白菜出口量。不仅如此,天意公司与吉林大学食品科学与工程学院合作研发的乳酸菌酸菜发酵技术,突破了传统工艺的技术瓶颈,目前酸菜已通过日本300余项检测,成功打入日本市场。

以加工企业为龙头,以小农户为基础的纵向连带模式,由不同主体通过产业链之间的功能联系而实现集聚效应和附加值提升,为龙头企业整体能力的提升以及纵向一体化中农户利益的维护提供基础。此种利益共享的长期合作关系的维护不仅需要合同契约的约束,而且本土农产品企业与农户长久互动形成的信任关系等社会文化因素也发挥着重要的作用。对农产品进行深加工以延长农业产业链的难点不在如何加工经营,而是如何让龙头企业在与小农户的合作中能够建立起稳定的联系。天意公司与小农户合作的模式体现了乡村产业的村社特征，天意公司从关系性、共赢性的角度联农带农，以合作的方式将分散的农民与现代农业经营联系起来。

3.组织整合：新型农业经营主体联农带农

党的十八大报告提出："培育新型经营主体，发展多种形式规模经营，构建集约化、专业化、组织化、社会化相结合的新型农业经营体系。"新型农业经营主体的出现是对"统分结合"的更深入的探索，"统的层次形成了集体经济、合作社、社会化服务组织、龙头企业等多元化、多层次、多形式的经营服务体系，分的层次形成了普通农户、家庭农场、专业大户等多元经营主体共存局面"[1]。新型农业经营主体的出现适应了城乡人口流动加速和农村新产业、新业态显现等趋势，能够在乡村产业发展中形成规模优势，活化乡村资源并且在发展中与农户建立利益联结机制。

通榆注重新型农业经营主体的培育以及农业社会化服务体系的建设，提高农业经营集约化、组织化、规模化、社会化、产业化水平。其一，大力培育家庭农场和农民专业合作社。通榆积极引导具备条件的小农户发展家庭农场，强化对家庭农场的社会化服务，探索"龙头企业+合作社+家庭农场""互联网+家庭农场"等发展模式，推进家庭农场规模化、规范化发展。不仅如此，通榆还进一步培育农民专业合作社并规范农民专业合作社的发展。截至2020年，通榆注册农民专业合作社2711个，农民入社总数12701户、入社经营耕地面积18.3万亩。新型农业经营主体的培育改变着县域农业及农产品加工业的经营格局，相较于传统农户，其在聚集资源与资金、推进产业协作分工方面具有显著的优势，能更好地适应农业

---

[1] 张红宇：《关于深化农村改革的四个问题》，《农业经济问题》2016年第7期。

产业化、市场化需求。其二，农业产业化的深入推进也进一步提升了对农业社会化服务支持的需求。通榆计划根据服务对象的需要，提供单环节生产托管，多环节生产托管或包含产前农资代购、产中耕种防收机械服务和产后销售等服务的全程生产托管。新型农业经营主体不仅要提高农业的现代化、规模化水平，更要带动小农户发展与现代农业有机衔接，将分散农户进行组织整合。

通榆不仅有天意公司在"生产—加工"的纵向合作领域进行联农带农，在畜牧行业也出现龙头企业和养殖农户进行横向合作。吉运公司主要从事安格斯牛的全产业链经营，除公司自养外，吉运公司主要与养殖合作社和养殖散户开展肉牛的合作养殖，并探索出支持与小农户合作的"五位一体"养殖模式。

"五位一体"养殖模式是"政府+企业+合作社（养殖户）+金融+保险"多元主体与多重政策体系支撑的肉牛养殖模式。其中，政府不仅负责标准化肉牛养殖园区规划建设，还组织成立了肉牛产业领导小组与"乡村振兴产业监督指导办公室"以强化组织保障。企业在模式中居主导地位，面向合作社或养殖户提供全链条技术服务。一是统一供种。吉运公司筛选一批适宜的合作社或养殖户与其签订3年期养殖合同，统一提供优质纯种安格斯基础母牛，每头价格为24500元。二是统一服务。吉运公司为农户提供饲料、防疫、疾病治疗等技术服务，并通过肉牛繁育管理系统、种牛基因溯源体系，提供统一接种及产后保健服务。三是统一回购。依据3年期合同，前3年养殖户的基础母牛繁殖的犊牛长至260千克以上，由公司统一回购，每头价格为10800元。3年后，养殖户可与公司续签合同，也可自行销售犊牛。

合作社或养殖户自愿灵活参与。合作社和养殖户的传统养殖牛种为当地常见的西门塔尔牛，在疫病防控和日常管护上缺少指导，因而养殖病死率较高。通过与吉运公司合作,目前形成了两种典型的养殖模式,一是托管养殖,二是自主养殖。托管养殖是养殖户自愿将从公司购买的基础母牛托管给养殖合作社,进入政府建设的养殖园区集中养殖,每年向合作社交付饲养及托管费用,从犊牛出售所得中扣除。农户每头牛大致需要交付5000元,而每头牛获得收益为5800元。自主养殖即农户向吉运公司购买肉牛在自家圈舍中养殖,若是贷款买牛,在扣除饲料、利息、保险、监管等费用后,每头牛净收益为7300元。

金融与保险政策是吉林省推广"千万头牛工程"予以实施的优惠政策。为解决合作社和农户合作养殖初期的投入大、融资难问题,金融机构推出相应贷款项目。一是"活牛贷",以农户饲养的活牛为抵押物,即利用有养殖保险兜底的活牛进行抵押贷款,每头牛可贷款1.8万元。二是"红本贷",主要针对养殖数量低于10头,未达到"活牛贷"授信门槛的养殖户,由多家银行提供最高15万元的养殖"红本贷"。在通榆,除吉运公司外,其他金融助农的方式还有吉林省兴牧助农科技集团有限责任公司施行的"金融+科技"的做法。给单个养殖户进行贷款,由兴牧集团作为第三方对养殖户牛群进行养殖科技监管和信用背书,有效解决了养殖户扩大养殖的资金压力问题。为避免意外出现,保险机构则通过组合式保险兜底风险:一是保额为每头1.5万元,保费为500元,农户承担20%其余由政府承担的政策性保险;二是保额为每头0.5万元,保费100元,由养殖户自行承担的商业保险。

"五位一体"肉牛养殖模式是在吉运公司主导下的与养殖户合作养殖的横向上委托代理互益合作关系模式。养殖户在与公司的合作中可以获得更好的肉牛品种、技术与管理经验;企业统一回购又确保了畅通的市场渠道,保持养殖收益稳定;贷款与保险则是对养殖户的政策性支持，便于风险规避与合作达成。

在农牧产业化发展中，传统的农牧业生产方式与现代的产业运行之间往往会出现衔接错位。龙头企业带动小农户既是通过利益联结实现"延长产业链、保障供应链、完善利益链，将小农户纳入现代农业产业体系"的重要方式，也是推动乡村生产要素充分整合，以实现乡村发展转型的重要路径。

乡村产业的创造性转化关键在重新定义农业和农村，当下农村已经被简单地理解为进行农业生产活动的区域，而忽视其带有的地理、社会和秩序等属性；农业更是直接被视为粮食生产。乡村产业的创造性转化便是要突破对农业和农村的狭隘认识，发现农业的多重功能。只要是围绕着土地和有生命的动植物打交道而与自然进行协同生产的都可被称作农业，而农业作为人的生产活动，其价值并不限于农产品产出之后，农业全过程的生产活动以及农业种植所形成的独特生态环境都可以被挖掘并对其赋予价值，从而成为乡村产业多样化扩展的有利途径。当然，乡村产业的创造性转化，在城乡融合中形成面向市场消费的现代乡村产业体系就需要对乡村产业及其条件进行改造，克服小农经营的低技术、小规模、任意性等在对接现代产业时出现的不适宜问题，技术的进入，产业管理理念的提升以及农民组织体系的形成等等都关系到产业能否落地、能否创新。

三、县域产业发展的经验讨论

部分地区本土县域产业选择具有盲目性，接纳的产业转移也可能出现与当地生态、社会不适应之处，基于本土的县域产业发展路径应当是以人为中心的，能够满足人的多元选择，同样这样的县域产业也是嵌入县域社会的结构，产业能够满足区域结构性的功能需求，符合当地的文化传统、生态环境，从本土获得内生性的发展力量。

（一）县域产业发展应当以人为中心

县域产业推动城乡融合，其发展的核心目的既非是产业增长，亦非县城与村庄在城乡格局中地位的凸显，而是人民生活水平的提高和现实获得感的增强。因此，在城乡融合背景下，县域产业发展一方面要让留在村中的农民能够继续从土地中获得可观的收入，另一方面通过提高县域产业支撑能力，稳定扩大县城就业来促进人的城镇化，满足农民安家落户的需求和县城居民的就业需要。

首先要因地制宜通过多种方式带动小农户发展。习近平总书记在 2013 年明确指出："一要搞大农业，走农业科技化工业化道路，还要考虑碎片化的一家一户的农业，两方面都要考虑。既要搞设施农业，也要考虑个体农户，因地制宜。"小农户不仅在未来很长一段时间是农业的主要经营者，而且他们也是乡村社会的生活主体，一个没有小农户经营的农业可以由其他经营者代替，但一个没有农民的村庄却难以维系。基于此，推动小农户与现代农业发展有机衔接便有其政策必然性。通榆带动小农户发展的方式一方面是重视小农户自身能力的提升，积极支持小农户发展多种经营，让其在充分发挥集约化、多样化的生计策略的同时增加农业经营收入。另一方面是重视在县域三产融合中支撑农户发展，采取合作经营、企业带动、股份合作、委托管理、承包租赁等多种形式在有效培育和壮大了地方特色优势产业的同时，给予小农户与现代农业发展有机衔接的机会。

县域产业发展也要为人的城镇化做支撑，让农民能够在县城安居。过去的城镇化是以大城市为主的城镇化,它带来的便是人口大规模地从乡村流向城市,出现一次次的"离乡"打工浪潮,当下有2亿多人在城乡之间流动,但并非所有人都能"体面"地留在大城市,县城则可以成为他们的扎根之地。县城为难以留在大城市生活的人提供了期待的现代生活,也让他们能够与村庄和社会关系继续保持频繁的互动而不至于脱离。有序推进农民往县城定居,推动其就地城镇化便需要发展县域产业,为县城内企业吸纳农民就业建构有利的经营条件,或者优化公共服务供给,使更多人愿意留在县城生活。因而县域产业的营造不仅要考虑经济增长或地方财政增加,更要重视产业落地运行后带来的社会效应,其突出的社会面向便是就业。若县域产业能够提供合适的就业岗位,便能够以人的城镇化为契机改变区域的社会结构。

(二)县域产业功能定位与社会意涵

县域业已成为最经常的活动范围。传统乡土社会中,农民生活相对封闭,其日常活动范围不会超过村庄,乡镇企业蓬勃发展时农民的流动被称为"离土不离乡",当下随着生活水平提升与交通便捷化,人们的生产生活半径已经得到极大扩展,"社区从过去以村社为范围转变为现在以县域为范围……县域已经属于一个中观系统,可以彰显整个社会的许多现象和属性"[1]。当县域成为人们日常生活系统时,县域产业既需要利用县域结构性社会基础又要观照社会基础的再生产。因此,乡村产业兴旺需要推动多重价值的实现。乡村整体性振兴要求产业发展不能仅追求经济价值,产业不仅关涉人们日常生产生活,同时更嵌入县域社会总体结构体系。乡村产业便承

---

[1] 王春光:《对作为基层社会的县域社会的社会学思考》,《北京工业大学学报(社会科学版)》2016年第1期。

载着生产功能、生态功能、生活功能、文化功能与教化功能。[①]这对产业政策提出新的要求,王思斌提到要发展"经济—社会政策",其指的是"具有社会性价值的经济政策,或者是能产生直接的社会效益的经济政策,也是具有经济效益追求的社会政策"[②]。具有社会性价值的经济政策需要注意到产业选择与农业经营在农民生活中的作用,避免其失去生活保障;联系到县域产业发展嵌入到县域社会关系中,产业发展应当使人们在经营中能够在县域内生产与再生产出自身的社会关系,维系其共同体的联结与价值;在实践中尊重主体习性和扎根于社会文化土壤中的地方性。县域产业发展需要综合统筹产业发展多样功能与村社农户的生产生活基础。一是需要进一步做好产业发展与生态保护的协调统筹,如通榆位于生态脆弱地带,其在后续发展过程当中不只要考虑产业的经济效益,更要重视其潜在的社会效益与生态效益。二是推动乡村产业发展需要进一步关注农户传统生计的价值,围绕农户庭院打造深化特色产业发展模式,在保持农户原有生活环境基础上适度推进规模经营与产业项目以增加收入。三是努力实现产业发展成果共享,通过基层公共权威主体的重塑与治理服务能力的提升,为城乡居民营造美丽的人居环境与保持稳定的社会关系联结。总而言之,县域产业发展必须立足于城乡居民生产生活世界的重塑与完善,在县域有机整体多重要素的合理组配和联结中推动有效衔接与全面振兴。

（三）走向县域内生式发展道路

强调全面推进乡村振兴中的"内生发展动力",其目标在于破

[①] 朱启臻：《乡村振兴背景下的乡村产业——产业兴旺的一种社会学解释》,《中国农业大学学报（社会科学版）》2018年第3期。
[②] 王思斌：《乡村振兴结构与以经济社会生活振兴为本的政策发展》,《河北学刊》2022年第1期。

解乡村振兴发展中内生动力不足这一世界性发展难题。众所周知，工业化城市化背景下的城乡关系的逆转，以及由此而衍生出来的乡村衰败，是一个世界性的现象和治理难题，无论是发达国家还是发展中国家，都无法回避此问题的挑战。具体表现为，伴随着工业化和城市化的进程，以乡村为中心的传统文明结构开始发生根本性改变。乡村人口不断流向城市，城市的人口密度越来越高，而乡村尤其是那些偏远村落，则成为人口稀少的过疏地域。社会资源、人口等经济发展要素也不断向城市集聚，呈现出"都市过密""乡村过疏"的变化特征。在这里，我们之所以特别强调乡村内生发展的重要性，主要是因为在乡村走向衰败的背景下，其内生发展力也必然走向式微。乡村发展内生力被破坏，导致其发展动力和发展持续性的严重缺失。正是面临如此挑战，在乡村振兴背景下，乡村的内生式发展得到关注，外生式发展强调通过外部力量自上而下地干预、支持、投资来推动乡村发展，内生发展则是将乡村视作发展的主体，强调通过乡村内部力量在其内部寻求发展的源泉和根本动力，自下而上地谋求发展，而非简单地依借外力或直接从外部移植过来。整体来看，内生式发展的要点有：区域的发展应该建立在自身的结构要素之上，植根于本土；区域中的居民参与决策和实践的过程；发展的整体性和各系统、要素之间的协调有序；文化传统等价值标准在发展中十分关键。当下比照村庄，其内生式发展的诉求明显更强烈，当将县域视为一个发展单位时，我们可以发现不论是在现实发展实践还是在理论的推演中，县域的内生式发展同样具有适切性，而县域的内生式发展首先是在县域产业的选择中体现出来的。

通榆县的县域产业能够形成发展特色，重点是充分挖掘本地的资源优势，围绕清洁能源、土地、农产品等资源选择产业项目，尤其是在尊重农民原有的农业经营习性，并且通过生态资源产业化达到生态与经济的协调。这也证明在系统思维的指引下，乡村产业振兴必然不会仅是几个特色产业村的振兴，县域已经成为经济发展的基本单元，乡村产业振兴应该在空间系统中形成产业分布梯度格局。同时县域产业一定是在地的，与文化、社会和环境等密切联系，县域经济因其地方特点而生。但回顾以往的县域产业发展，在大中城市发展的城市化战略下，中西部地区县城出现明显的劳动力向外流动的现象，资本、技术的产业发展要素同样不会向中西部县城集中，这些县城在发展中表现出对城市的不平等的依附地位，自身主体性不仅没有凸显反而县域产业发展越发困难。以县城为重要载体的城镇化在补充城乡之间的县城短板，县城类型化的提出则表现县城主体性地位的提升，以往的县城评价中往往以经济发展水平论高低，类型化则明确不同的县域有着不同的价值指向与功能定位，县城的差异性得到关注，其发展路径的选择也更加突出自身条件。内生式发展的重点是实现地域活性化，包括通过地域企业经营和市场性活动提高地域居民的就业的"经济的活性化"，以及地域居民积极参与地域社会事务的"社会的活性化"。[1]地域活性化并非是区域经济社会活动的封闭化，县域经济同样需要走向开放，超越绝对的"内—外"二分，并采取"上下联动，内外共生"[2]的新内生发展模式。

---

[1] 田毅鹏:《新发展社会学体系构建中的"城乡向度"》，《社会发展研究》2022年第1期。
[2] 文军、刘雨航:《迈向新内生时代：乡村振兴的内生发展困境及其应对》，《贵州社会科学》2022年第5期。

第四章
以农业科技创新助力城乡融合发展

城乡融合发展是新时代乡村振兴战略的重要目标，也是加快推进农业农村现代化、构建新型工农城乡关系的必然选择，而城乡间发展能力的最大差别在于掌握和运用先进科学技术的能力，因此，为乡村注入科技要素使之具备创新发展的内生动能，成为弥补城乡发展差距、推动城乡融合发展的重要路径。吉林通榆县曾由于农业科技投入长期不足等因素，县域内科技创新水平明显落后于城市，严重影响城乡经济社会一体化发展进程。如何破解城乡二元分割结构、实现科技要素在城乡间的双向流动与相互融合，成为解决当地发展的关键一环。通榆县立足实情，利用县域这一重要的城乡融合切入点，发挥其在连接城市科技资源、服务乡村农业发展过程中的重要作用，以"政府引导、高校支撑、龙头企业/合作社搭台、农户主体"政校企农紧密合作为基础，在科技赋能产业融合、推进城乡人才要素双向流动及创新政产学研协作机制三大板块合力创新推进城乡协调发展方面，取得了良好效果，有效实现了以科技创新助力城乡互补、全面融合的发展目标。探讨通榆县科技助力城乡融合发展的经验模式，能够为我国其他地区城乡一体化工作提供借鉴与启示。

一、科技创新促进县域内城乡融合发展的必要性

作为促进城乡融合高质量发展的重要途径与根本动力，科技创

新不仅对城乡劳动力和土地等传统生产要素影响巨大，同时也左右着城乡融合发展的未来方向，已然成为当下推动现代农业发展、实现乡村振兴战略的重要着力点。历史经验表明，缺乏科技创新势必阻碍城乡一体化发展进程。因此，必须高度重视科技创新在促进城乡融合发展中的支撑引领作用，把握其发挥作用的内在机理，这有助于进一步深化城乡协调发展，推动共同繁荣。

（一）缺乏科技创新严重阻碍城乡融合发展进程

科技创新作为农业发展的重要动力，如果缺乏将科技作为核心投入要素融入农业生产的过程，则难以实现农业持续性内生增长。通榆县地处吉林省西部，曾由于土地大面积盐碱化、区位闭塞、人口过疏化而一度成为我国扶贫开发工作重点县和吉林省深度贫困县。自脱贫攻坚战打响以来，通过产业扶贫、科技扶贫等方式，该地农业现代化水平有了大幅提升，粮食产量、人均收入等均获得巨大提升。然而，虽然成绩显著但城乡间差距依然明显，传统二元分割结构导致的要素流动不顺畅、资源配置不合理等问题仍然严峻，尤其在科技方面与城市的差距更为明显，严重影响城乡融合的扩展与纵深进程。调研组通过考察发现，造成当地科技发展落后的原因主要有以下几个方面：

第一，农民对粗放式农业生产传统存在路径依赖，对先进种养技术缺乏认识，科技创新意识不足。通榆县土地广袤，人均耕地面积 27 亩，居吉林省第一位，大多数家庭具有面积偌大的庭院，这导致长久以来当地农民对以土地广阔为基础而发展出的粗放式生产传统存在路径依赖，这种强惯性使农户普遍不愿在土地上投入，仅靠过往简单的经验从事生产经营，对新技术、新成果的认识和接受能力有限。此外，当地气候干旱少雨、土壤多为集中连片盐碱土和沙漠土等恶劣的自然条件使得以科技手段对生产进行改变存在周期长、见效慢的巨大困难，导致农民更不愿增加转化科技成果所需要的前期生产成本，一定程度降低了农民对土壤治理和绿色农业技术学习的行动积极性，从内心接受科学种田的意愿不强。

第二，县域内区位交通闭塞，受制于地理条件等因素影响，产业融合发展层次不高，多数企业科技创新动力不足，且缺乏能够与大城市科技资源密切链接的管道。通榆县域内高速铁路、机场等交通基础设施一度匮乏，这种相对封闭性以及对既有模式的路径依赖，导致多数企业缺乏内在创新动力，总体上习惯于依靠土地扩张、劳动力集聚来实现外延式发展。此外，县域内企业普遍缺乏能够与高校、科研院所科技资源密切链接的管道和机制，导致高效生产与深加工技术匮乏，企业产业链较短、产品科技含量较低，一二三产融合较为落后。

第三，县域内人口过疏化严重，乡村科技人才供需失衡，且缺乏系统性人才培训体系，农村科技人才队伍亟待加强。毫无疑问，科技创新的根本源泉在于人，科技助力城乡融合发展离不开掌握着先进科学技术和知识技能的科技人才。然而，近十年来通榆县人口外流严重，导致农业科技人才十分匮乏。第七次全国人口普查数据显示，截至2020年11月通榆全县总人口为28万余人，与2010年相比减少7万余人，这意味着十年间人口总量大幅减少约25.53%，年平均增长率为-2.25%，且流失的人口多以青壮年劳动力为主。[1]从人口文化程度上看，全县常住人口中拥有大学（指大专及以上）文化程度的人口为19633人、拥有高中（含中专）文化程度的人口为34472人、拥有初中文化程度的人口为121486人、拥有小学文

---

[1] 资料来源：《通榆县第七次全国人口普查公报（第一号）——全县人口情况》。

化程度的人口为89410人^①,文盲人口(15岁及以上不识字的人)为4404人,15岁及以上人口的平均受教育年限仅为8.91年。^②不难看出,全县常住人口受教育程度普遍偏低,整体科学素质不高,导致接受新科学技术成果的能力弱、意愿差,使基层农业科技推广工作以及培育农村科技人才工作难以有效实现。此外,县域内缺乏有效、系统的人才培训制度,县农牧站教学资源十分有限,内生性乡村科技队伍的严重匮乏无法满足农业生产对科技人才的大量需求。

第四,县域内对农业科技的投入不足,缺乏有效的科技推广服务机制。通榆县对于科技科研的投资力度低于大部分乡镇,与城市农业科研投资强度的水平差距更大,由于科技项目成本高、见效慢,导致科研活动短期行为突出,缺少系统化工程方案,不利于科技成果的持续产出与长期有效供给。此外,当地缺乏有效的科技成果推广与服务机制,导致成果很难落地推广。正是基于上述原因,通榆县农业科技水平落后,科技进步贡献率较低,与城市存在巨大差距,严重阻碍城乡一体化的发展进程。

(二)科技创新助力实现城乡融合发展的作用机理

一般认为,城乡二元分割格局形成的主要原因在于城乡之间在发展能力上的差别,这种能力主要体现在聚集各类要素并有效形成生产力上。在这一意义上,科学技术作为生产力中最活跃的因素,成为城乡之间发展能力差别的最直接体现。作为弥补城乡发展差距、推动城乡一体化发展的重要支撑,科技创新对城乡融合发展的影响机理主要表现为对人、对产业及对城乡关系变革三个方面,具

---

① 以上各种受教育程度的人包括各类学校的毕业生、肄业生和在校生。
② 资料来源:《通榆县第七次全国人口普查公报(第二号)——人口年龄构成及教育情况》。

体而言:

第一,现代化农机设备、田间管理技术的不断创新与普及,刺激农民逐步改变以往"靠天吃饭"的耕作意识,对如何能与现代农业有机结合、增长科学生产知识的兴趣和需求不断增长,逐渐使农业经营主体具有开展创新、提升自身知识与技能的内生动力,具有成为科技创新主体的欲望,从而使城乡间信息的传播和交流更加频繁,进而促使城乡间知识、技术、人才、资本等要素的快速双向流动成为必然,有助于实现城乡高质量融合。

第二,农业科技的不断升级,不仅加速了农业向一二三产业融合的方向发展,同时使各类要素不断聚集,拉近了城乡间距离,成为城乡产业经济一体化发展的"加速器"。农业农村部在《2021年乡村产业工作要点》中提出:"打造农业全产业链,构建现代乡村产业体系,把产业链主体留在县域,让农民更多分享产业增值收益,为乡村全面振兴和农业农村现代化提供有力支撑。"科技创新在城乡融合发展进程中,一方面通过研发新技术、开发新产品等形式促进城乡产业发展向合理化、高质量转变,从而不断缩小城乡居民收入和消费差距,进而实现乡村的开放发展;另一方面,通过科技创新的实践应用逐渐形成新兴产业,如物联网、人工智能、大数据等技术,产生了乡村互联网经济产业、共享经济体等,能够进一步提高乡村居民就业率和就业水平,实现城乡共享发展。

第三,技术变革能够推动城乡关系不断演进。从历史角度看,每一次重大的科技变革都凭借重新塑造特定阶段城乡关系赖以存续的物质基础和劳动分工体系,促使城乡关系发生演化。从原始社会到奴隶制社会,巨大的生产力变革使劳动分工从仅限于家庭内部逐步向大机器工业化分工演变,其结果是直接引发城市和乡村社会生产过程出现分工。而到了封建社会,生产工具的变革使城市在社会生产分工中越来越侧重于发展手工业和商业，农村则更集中于发展农业生产，以此为城市工商业提供足够的农业剩余，其结果导致财富逐渐向城市聚集，城市在城乡关系中占据主导地位。如今，科技革命正在逐步降低三产融合的难度，交通运输和互联网基础设施投资也正在使城乡边界逐步缩短，互联网平台推动着技术与知识下乡，促进着人才的进一步融合。可以说，科技创新引发的生产力变革正在不断突破旧有城乡二元分割的关系束缚，为实现城乡融合的进一步纵深发展奠定生产力基础，创造有利条件。

二、通榆县科技助力城乡融合发展的经验模式

县域作为城乡融合发展的重要切入点，在强化统筹谋划，加快打通城乡要素平等交换、双向流动，实现县乡村功能衔接互补方面发挥着重要作用。如何能够进一步发挥小城镇连接城市、服务乡村的作用，实现城乡高质量融合发展，通榆县立足实情，以科技创新为抓手，通过与高校科研院所进行科技项目合作促进产业融合、不断健全城乡科技人才要素双向流动机制、创新政产学研合作模式等方式，促进外部创新资源进入乡村，壮大县域经济，助力实现城乡融合发展。

（一）科技创新赋能县域内三产融合

促进农村三产融合发展，是以习近平同志为核心的党中央针对新时代农村改革发展面临的新问题作出的重大决策，是实施乡村振兴战略、加快推进城乡融合发展的重要举措，是实现农业生产繁荣的重要途径。作为农业现代化发展的关键要素，科技不仅参与生产过程，而且有助于对现有生产要素进行重新配置与优化组合，促进

三产融合，进而达到缩小城乡居民收入差距的目标要求。因此，利用科技手段赋能农业产业化发展业已成为实现农业质量效益和竞争力提高的客观必然，也是激发乡村产业内生活力、缩小城乡差距并推动农业现代化的必然要求。

1. 对作为生产资料的贫瘠土地进行持续改良

土地作为重要的农业生产资料之一，既是连接城市与乡村的空间契合点，也是农业发展的根本性要素，其利用率的高低直接影响着农业现代化的发展进程。就通榆而言，其地处典型半干旱地区，而20世纪90年代末期遭受的重大旱灾导致全县开始大量开垦耕地并大力发展畜牧业，过度开垦和放牧导致既有农、牧生态系统遭到严重破坏，植被稀疏、生态脆弱等现象直接影响当地耕地及草地质量。不仅如此，而且当地土地多为集中连片的盐碱地及退化草场，土壤以黑钙土、风沙土及碱土为主，因此土壤十分瘠薄，养分有效性低，导致粮食亩产达不到吉林省平均产量二分之一。2000年以后，政府虽然尝试对盐碱地进行治理，但由于生态环境的治理技术存在一定局限，导致实施效果具有迟滞性，土壤改良效果并不理想，东部盐碱化、西部沙漠化的态势仍然十分严峻，贫瘠的土地成了制约通榆县农业发展的重要障碍。如何挖掘盐碱地开发利用潜力，在关键核心技术和重要创新领域取得突破成为其最为关切的问题，通榆县通过与吉林大学密切合作，开始大规模利用科技手段对贫瘠的盐碱地开始进行整治。

在定点帮扶通榆县的过程中，吉林大学化学学院高岩教授率团队发现，通榆县盐碱地属于Ⅰ型盐碱化土地，即产生盐碱化现象主要是由于地层结构及气候条件所致，而当地还有大量秸秆和禽畜排泄物难以得到科学处理，对此，高岩提出利用生物质改良盐碱土壤的思路，以"快速液化农业废弃物改良盐碱土壤综合利用技术"为依托，利用水在临界状态下具有酸碱自催化的作用，不使用任何化学药品，将秸秆和禽畜排泄物等污染物在近临界水的作用下转化为液体和颗粒有机肥料，2—16小时秸秆和畜禽排泄物等生物质可实现全部转化，最高有机质转化率为90.13%，剩余物为高活性炭黑，产物含有机物质200多种，富含促进植物生长的氮、磷、钾及钙、锰、铁、锌、硼、硫、镁、钼等微量元素，pH值为3.5—4.2，与秸秆和畜禽排泄物等自然腐化的产物腐殖酸成分非常接近，可实现液化产物直接还田改良盐碱地土壤，促进农作物绿色生长。此外，这一技术按质量比，对盐碱土壤添加25%的液化生物质产物，可将pH值在10左右的盐碱土壤改良至中性，盐分降低20%—50%，土壤密度降低5.5%—7.2%，保水能力提高8%—15%。[1] 据统计，2017年，通榆县向海乡四井子村在碱度为7.8的地块种植玉米，通过施用每亩100斤的秸秆液化液，每亩增产101斤，增产率为17.44%。2018年，施用秸秆和畜禽排泄物混合物液化液，双岗镇绿海村玉米产量19722斤/公顷，增产3265斤/公顷，增产率为19.8%；同年，边昭镇五井子村高粱增产5703斤/公顷，最高增产43.7%。良好的增产效果吸引了当地龙头企业的关注，2019年天意农产品经贸有限责任公司在其辣椒产业园1218亩辣椒示范田中使用了该有机肥，使辣椒每亩增产20%以上[2]，边昭镇边昭村高粱增产75%。

总体而言，该近临界水技术共累计引入扶贫资金1500万元，已实现改良盐碱耕地4000多亩，使农作物每公顷净增收入达1000元以上，不仅带动了农民脱贫致富，同时还解决了燃烧秸秆、畜禽粪便等环境污染问题，有效整治了盐碱化土地。习近平总书记强调，

---

[1] 资料来源：《高岩：变废为宝，我要让盐碱地冒出一片新绿》。
[2] 资料来源：《吉林：科技助力让辣椒产业更"红火"》。

开展盐碱地综合利用对保障国家粮食安全、端牢中国饭碗具有重要战略意义。[①]通榆县通过引入高校科技资源,实现了改良盐碱地、建设生态农业、循环农业、低碳农业的目标,促进了农业可持续发展和农民增产增收,将"藏粮于地、藏粮于技"的理念融入统筹城乡建设的过程之中。

2.依靠科技加快农业结构调整

长久以来,通榆县农村产业融合主要面临一产不强、二产不优、三产不活的多重困境,产业结构不合理造成的农产品附加值较低、联农带农效果不佳等问题一直制约着当地经济社会的发展。通榆县迫切需要依托科技创新发挥农村产业融合的"乘数效应",提升农村的经济、生态价值。为此,通榆县以农牧结合、循环发展为导向,优化调整种植与养殖结构,加快发展绿色农业,进行了如下举措:

第一,大力发展种养结合循环绿色农业。通榆县以往主要养的小尾寒羊肉质差、市场价格偏低,利用吉林大学动物科学学院张明军教授团队设计的"种养结合养殖模式示范推广应用"项目,通过引进优质种羊,利用高效快繁技术,扩大优质种羊养殖规模,再利用优质种羊与广泛养殖的小尾寒羊杂交,改良肉质,提高了肉羊单产效益,解决了肉羊品质低、饲料转化率低等问题。该技术主要内容包括:其一,引入符合当地饲养环境的乾华肉用美利奴羊进行定向培育,并利用自主研发的肉羊种用性能评定、繁殖调控激素制剂、卵泡高效诱导发育技术等高效快繁技术,进行快速扩种,扩大优质肉羊养殖规模及完善规范养殖体系,提高养殖效益;其二,研发并推广非粮食饲料科学饲喂技术,降低养殖成本;其三,研发有机粪肥低成本无害化处理技术,将作物副产品加工为饲料,提高饲料转

---

① 资料来源:《咬定目标脚踏实地埋头苦干久久为功　为黄河永远造福中华民族而不懈奋斗》。

化率，减少化肥使用，并利用生物发酵技术生产生物活性高、无害化的有机肥，通过推广有机肥在经济作物中的运用，提高土壤生物活性，强化作物抗逆性。[①] 以上三种技术不仅科学处理粪肥，减少环境污染，将粪肥无害化还田，还将中小养殖户养殖成本进一步降低，同时提高了农产品品质，直接增加农民收入（养殖肉羊增收320元/只），发展了绿色农业。此外，该团队通过与当地企业和养殖合作社合作，在边昭镇建立边昭牧业小区、天意养殖小区等示范养殖和有机肥生产基地，将该技术面向通榆三个乡镇进行示范推广。

第二，加快农业结构调整的另一重要方面则是建设现代饲草料产业体系，推广优质饲草料种植，促进粮食、经济作物、饲草料三元种植结构协调发展。面对通榆县部分鲜玉米加工公司加工成品的损失率为60%的现实困境，吉林大学动物科学学院王鹏教授率领团队以"农产品加工副产物高效饲料化及其在草食动物养殖中的推广示范"项目为依托，通过利用现代青贮发酵技术对其中未被有效利用的高水分副产物的品质和营养特性进行研究，组建生产线，完成了发酵饲料的生产，并在肉羊或其他草食半草食家畜生产中应用示范。[②] 该科技项目在当地创立了无抗养殖新模式，提高当地农户对鲜食玉米种植的积极性，促进农民增收，同时提高了企业加工副产物利用率，减少饲料资源浪费，通过与当地鑫域米业有限公司和向海飞蛾养殖合作社合作，促进当地产业振兴和节约型社会发展。

第三，发展乡村特色产业，离不开引进优良品种，推广适合精深加工的作物新品种，加强农业标准体系建设。通榆县由于受土壤盐碱化和气候干旱少雨等条件限制，农作物广种薄收，导致产量不

---

① 资料来源：《2021年吉林大学定点帮扶乡村振兴项目——种养结合养殖模式示范推广应用》。
② 资料来源：《2021年吉林大学定点帮扶乡村振兴项目——农产品加工副产物高效饲料化及其在草食动物养殖中的推广示范》。

高，经济效益不佳。吉林大学植物科学学院崔金虎教授团队在通榆县边昭镇实施农业生产新技术工程，推广玉米、谷子、高粱、花生高产增效栽培技术，该项技术主要包括以下几个方面：其一，利用针对玉米、花生、谷子、高粱品种的优化技术，通过筛选试验，确定适宜边昭镇种植的玉米优质高产新品种3个、花生优质高产新品种3个、谷子优质高产新品种8个、高粱优质高产新品种4个、绿豆优质高产新品种2个，为种植结构调整提供技术支撑。其二，研发玉米、花生、谷子、高粱节本增效栽培技术，开展以减肥、减药、提高品质为目标的绿色生产技术和以提高产量和水分利用率为目标的抗旱节水高产栽培技术集成研究与示范工作，提高农产品产量与品质，增加农户收入。其三，采用玉米、高粱秸秆还田技术，通过春季秸秆粉碎、浅翻浅旋秸秆还田，播后滴灌（或坐水播种）的技术模式，集成出一套适合当地生产条件的玉米、高粱秸秆还田技术并示范推广，为提高土壤肥力、实现土地永续利用及解决秸秆焚烧带来的环境污染问题提供技术途径。通过科学种植、新品种新技术的示范与展示，玉米高产增效栽培技术推广6500公顷，涉及3000户，其中贫困户1700户，平均公顷产量达到9000千克，单产提高1倍，公顷最高产量达到12255千克；谷子轻简化高产增效栽培技术推广2000公顷，涉及1200户，其中贫困户800户，平均公顷产量达5018千克，比一般生产田增产43.1%，公顷最高产量达5536千克；花生高产增效栽培技术推广800公顷，涉及1500户，其中贫困户635户，平均公顷产量达3009千克，比一般生产田增产22.6%。苏公坨乡天利泰村流转946公顷耕地、边昭镇五井子村流转48公顷耕地，共投入近700万元进行玉米生产，安置了67位村民就业，每人每年工资2万元。目前开始农业技术推广工程2.0版本，未来自筹经费在边昭镇哈拉道村建立10公顷吉林大学作物优质、高产、高效栽培技术试验示范基地,示范面积300亩,为提高农民种植收入、加快脱贫步伐提供技术保障。未来继续研发推广玉米、花生、谷子、高粱新品种,实现合理轮作,集中展示节水、低成本、高效新技术,打造优质高产高效栽培技术示范田,为稳定增加农民收入、缩小城乡差距提供了强有力的科技支撑。

3. 强化农业产业链延伸的科技支撑

以科技助推农村产业发展,重点是要在纵向上打造农业全产业链,推动农业产业向上下游延伸,并由政府、企业、科研机构等多方主体共同协作,挖掘农业的多种功能,彰显农村产业的多元价值,才能更好地实现农村一二三产业融合发展。长久以来,通榆县农业产业融合处于较低水平,很多当地人简单地认为农村产业融合就是农产品生产业、加工业和销售服务业的直接相加,导致对农业多种功能的开发程度不高。在城乡融合过程中,当地政府、企业和农民通过与高校、科研院所的合作慢慢改变了以前这种片面的认识。

在有效衔接时期,通榆县委、县政府按照"方向不变、力度不减"的原则,继续为巩固与吉林大学和当地龙头企业天意公司的合作搭建平台,探索将初级辣椒进一步深入加工,构建特色加工业的机制。吉林大学食品科学与工程学院张铁华教授率团队以上游技术研发为突破点,根据当地丰产辣椒和白菜的资源禀赋,研发采用天然多酚类物质技术将初级原材料进行深加工,生产出新型辣白菜、辣椒酱等产品,并远销海外。该技术一方面改变了以往在辣白菜加工过程中由于无法采取巴氏杀菌造成的胀袋、持续发酵导致酸度过大现象;另一方面,通过利用天然多酚类物质提高辣白菜常温保存期限的方法,延长了产品跨区域外销的半径。新型辣椒酱也在设计工艺路线及生产线、制定产品质量及控制标准等方面有了新的突破，改变了以往该企业以辣椒仓储、初加工、缺乏新品种研发的瓶颈，有效实现了将辣椒产品初加工向辣椒酱、辣椒色素、辣椒碱等精深加工领域转变。2020年5月，该技术帮助天意公司实现首批辣白菜上市销售，当年8月首批50吨辣白菜便出口韩国；同年10月天意鲜椒酱、天意豆豉辣酱、天意牛肉辣酱等产品陆续上市；同年12月辣椒转化生产总量已超过500余吨，其中出口韩国300吨、国内销售200余吨，单项净利润达100余万元。目前，天意公司保持每天24吨的韩国辣白菜出口量，农民也实现了增产增收。2020年10月科研人员利用当地丰产白菜的优势条件，自主研发能够筛选降解亚硝酸盐、降解生物胺、产酸快、风味好的菌株技术，以及高密度增菌发酵剂制备技术，为天意公司实现1200吨乳酸菌直投发酵酸菜的生产，从此，酸菜项目在通榆落地生根。2021年7月，天意公司生产的酸菜通过了日本检测，实现了酸菜出口日本。诸多科学技术为天意公司延伸了产业链条，创造了过亿元的产值。[1] 天意公司进入吉林省百强企业名录，并获评为吉林省五星级扶贫龙头企业。在此基础上，通榆县政府规划并设立了瞻榆镇辣椒产业种植基地、种苗培育基地、农业科技孵化园等多个产业园区，涵盖了物流配送、精深加工等多个领域，还陆续出台了开通镇、边昭镇、新发乡、八面乡、乌兰花镇、鸿兴镇等乡镇辣椒基地的建设规划。

就企业方面而言，在依托科技创新提高农产品质量与价值的基础上，天意公司还进一步扩展了产品的生产和销售业务，辣椒产业带动了当地辣椒种植、加工、销售等上下游产业的共同发展。该公司常年用工增加200人，旺季增加100人，带动种植户2000户，确保户均增收5000元，对助力乡村振兴起到推动作用。后期，通榆县将开展以技术入股为导向，推进"科技+企业+资本"的轻资产

---

[1] 资料来源：《吉林大学定点帮扶工作进展（2021年1至10月）》。

农业科技服务体系建设,通过鼓励科技人员入股企业的方式开展创新创业工作,推动自身价值与企业发展同步增长。

纵深推动产业链的延伸一方面使农户在庭院经济模式下增强了种植的信心,另一方面也使得辣椒产业在种植、生产、收购、加工、销售等环节能够不断稳步发展,开发了农业的多种功能,并有效带动小农户。因此,要在确保粮食安全和保障重要农产品有效供给的基础上,通过延伸农业产业链、开发农业多种功能能够带动产业调整升级,激发农村产业的内生发展动力。

4. 依靠科技打造农业生产新型业态

农村三产融合的本质强调以农业和农村元素为基础,通过技术革新等方式,催生新业态、新产业、新模式,以培育农业发展新的经济增长点,进而促进农产业价值增值。通榆县在推进城乡融合发展过程中十分重视利用科技手段扩展产业范围、提高自身产业发展潜能。依托在高校定点扶贫工作中建立起来的与城市科技资源的连接,当地依据自身草场资源充足、适合发展畜牧养殖业的特点,立足于强化农业科技和装备支撑,利用现代农业信息技术建设了一批具有智慧化、规模化特点的养殖场,打造了现代农业的新模式。

长期以来,由于通榆养殖场羊圈、牛圈设备较为原始,农民管理方式落后,每天需耗费大量人力进行牛羊饲养、清点、观测等;同时由于养殖过程缺乏技术支持,牛羊繁衍率降低等问题一度也成为制约养殖业发展的关键。吉林大学通信工程学院于银辉教授率领团队根据这一实际县情,通过"大学+合作社"的模式,将智慧农业物联网技术下沉到通榆县双岗镇林海村养殖场,对其养殖展开全面智能监控与调控,该技术主要包括:一是以无线热释电防盗技术解决半夜牛羊经常被偷的养殖困境,使12000平方米的羊圈、牛舍得到24小时安全防护;二是根据养殖场需求,采用嵌入式系统中控设计,结合高性能传感器对养殖环境进行检测,并设计安装了养殖环境温湿度和有害气体监测传感设备,该系统具备手机App端查询与反控功能,只需登录手机App就能实现对数据和现场画面的实时获取,而当超过阈值发生报警时,系统可自动完成控制开窗、遮阳、通风、增湿等一系列操作,有效避免因圈舍潮湿而引发的羊皮肤病等问题;三是研发羊群GPS定位功能,能够对牛羊运动轨迹进行实时监控和回放,有效防止牛羊丢失。此外,利用地秤设备,每当牛羊走过时,电脑可以自动记录和统计每只个体体重信息,并及时计入系统数据库,提醒养殖户哪只牛羊可以出栏。通过智能管理与环境监控,种羊的繁殖速度由原来的每年2次变为每年3次,每次2—3只;而肉羊的出栏速度也由原来的每年3次变为每年4次,实现了肉羊迅速增肥;不仅如此,丢羊率也由以往每年的1%降低为0,羊群患病率由原来的4%下降为2‰。目前这套"养殖场管家"物联网技术已在通榆三个大中型养殖场内成功安装并运行,依靠推进现代信息技术应用于农业生产、经营、管理和服务,通榆县畜禽养殖进行了较大的物联网化升级。

(二)实现城乡人才要素双向流动

城乡融合发展离不开人才要素的流动,人才双向流动能够为城乡融合发展带来突破,如何盘活城乡两端人才资源,有效将城市科技人才要素向落后的县域持续延伸与覆盖,进而带动产业、资本等要素在城乡之间良性循环,通榆县从加快建设县域人才培训体系和建立城乡人才合作交流平台两方面着力解决,激活了内生性人才队伍建构机制。

1. 加快建设县域人才培训体系

（1）加快培育创业致富带头人，利用其辐射链接小农户

通榆县深刻认识到人才是第一资源，科技必须落实到对小农户主体性的链接上，只有真正辐射落实到小农户身上，才有可能实现其内生性发展。为落实这一思路，通榆运用典型示范的工作方法，以加强培育创业致富带头人的创业和带贫能力为具体目标，颁布《关于进一步加强贫困村创业致富带头人培训工作的通知》等政策文件，结合职业技能行动，大力开展致富带头人培训计划。

第一，在培训模式方面，实行"一点两线，分期分类"的培训方式，即以扶贫产业布局为立足点，以生产服务技能和创业带动水平提升为两条主线，采取"短期集中培训+长期服务辅导"相结合的方式，分类型、分层次有针对性地组织培育对象进行培训。短期集中培训注重培育致富带头人的带贫益贫责任意识、创业能力、市场营销能力、政策和法律学习能力，尤其在大田农作物优质高产栽培技术、庭院种植技术、病虫害防治等方面重点对致富带头人进行培训，利用他们带动身边群众掌握相关技能。长期服务辅导主要组织培训基地专家、科技特派员和驻村工作队对培训对象开展长期创业跟踪服务和培育指导，将理论授课与实践教学相结合，培训时间按省、县计划执行。

第二，在培育过程方面，坚持与市场需求相结合，与学员带贫益贫方式相结合。通榆县通过选拔有创业基础或意向，并且具有一定创（领）办村级产业项目实力和能力，志愿在贫困村和有较多贫困人口的非贫困村履行带动贫困人口脱贫致富、服务贫困村产业的人员为重点培育对象。创业致富带头人培育主要分为"发展带动型"和"创业技术型"两大类，以村支两委干部、村级后备干部、农村

党员、集体经济负责人、小微企业主、农民专业合作社负责人、农业产业化企业负责人、种植养殖大户、家庭农场主、企事业单位愿意回贫困村创业人员为主体,重点在返乡创业人员、从事种植养殖的农村劳动力、复转军人等人员中选拔培育对象。"发展带动型"的培训内容着重围绕扶贫开发战略思想和脱贫攻坚系列政策举措,基层组织能力和创业带贫益贫专业技能的提升,培训采用"专家授课+案例教学+经验交流+现场考察+项目设计"五位一体教法。"创业技术型"主要开展农村产业技能和创业能力提升的分类精细化培训,一方面按产业和专项技能围绕蔬菜大棚种植技术、农牧业种养技术和电商技能等进行培训,另一方面学习乡村振兴政策体系、党建基础知识,增强带贫益贫责任感、服务群众意识,培训采用"专家授课+实地操作+现场考察+专业考试"四位一体教法。

第三,农业与科技融合必然带来城乡间相关利益主体合作模式、利益联结机制的创新。通榆县鼓励致富带头人在贫困村领办创办产业项目,与壮大村集体经济有机结合,吸纳贫困人口稳定就业,建立密切利益联结机制;鼓励致富带头人立足自然条件和资源禀赋,采取多种产业化帮扶模式,发展传统种植养殖和电商、旅游等相结合的新兴业态产业,通过延长产业链、加强运营管理、优化利益分配等方式,把脱贫人口嵌入致富带头人创办的项目产业链,打造脱贫人口与带头人的利益共同体。截至2020年底,共培训351名致富带头人,确保每个贫困村至少有3名致富带头人。过渡时期,通榆县继续做好摸底排查工作,按照每个脱贫村至少要培育3名以上致富带头人,每名致富带头人在脱贫村领办创办产业项目,带动3户以上脱贫户(原则上不低于一年度)的原则,查看其是否具备带头作用。同时,按照每年每名致富带头人至少接受一次培训的原则,结合县情实际和致富带头人特点,尝试利用互联网开展微课、慕课、翻转课堂等"互联网+"创业培训活动,有针对性开展培训,提高致富带头人带户增收能力。

(2) 实施家庭农场培育计划

一般而言,家庭农场以家庭成员为主要劳动力,以家庭为基本经营单元,从事农业规模化、标准化、集约化生产经营,是现代农业的主要经营方式。通榆县采取有限承租流转土地、加强技术服务等方式,鼓励有长期稳定务农意愿的乡村本土能人、有返乡创业意愿和回报家乡愿望的外出农民工、优秀农村生源大中专毕业生以及科技人员等人才创办家庭农场。同时,编制培训规划,在农村实用人才带头人等相关涉农培训中加大对家庭农场经营者的培训力度,依托涉农院校和科研院所、农业产业化龙头企业、各类农业科技和产业园区等,采取田间学校等形式开展培训,使家庭农场经营者的至少每三年轮训一次,并鼓励农业科研人员、农技推广人员通过技术培训、定向帮扶等方式,为家庭农场提供先进适用技术,支持各类社会化服务组织为家庭农场提供耕种防收等生产性服务,着重在应用先进技术、实施标准化生产、纵向延伸农业产业链价值链以及带动小农户发展等方面对其进行针对性培训,培育一批规模适度、生产集约、管理先进、效益明显的农户家庭农场,引导农户家庭农场结合实际发展情况,采用先进农业科技和生产力手段在种养结合、生态循环、产业融合等方面致富,培养了一批懂技术、善经营的青年农场主。

2018年3月,通榆县易地扶贫搬迁示范村乌兰花镇陆家村成立博元家庭农场,该家庭农场采取"家庭农场+农户"的用工模式带动本村劳务用工,雇用贫困户和农户合计达到20户近30人,年用工量近1000人次。2020年该家庭农场新建大棚150栋,占地面积56000平方米,头茬种植香瓜,二茬种植美葵,目前每年雇工约50

人，长工 6 人，户均年增收 5000 元。

2. 建立城乡间人才合作交流平台

城乡人口要素双向流动是城乡融合发展的基本动力，近年来，随着新型城镇化的推进，城乡人口流动呈加速趋势，但乡村人才不足仍是制约城乡一体化发展的重要短板，"从乡到城"的流动过度与"从城到乡"的流动滞后现象在通榆十分明显地存在，怎样解决农村人才规模萎缩、优质劳动力缺失及其造成的乡村产业发展后劲不足等问题？通榆县从体制机制入手，始终将人才培育放在重要位置，坚持产业发展与人才培养相结合的实践路线，积极推进各类乡村振兴实施主体的科技素质和职业技能提升，摸索出一条由过去单一化向外"借资源"的路子逐步升级为一套由内向外培育乡村科技人力资源的工作体系，切实加强了城乡间人才的交流与对乡村实用科技人才的培育，其亮点之处主要由科技特派员"1+N"制度、创业致富带头人和家庭农场主培训以及"三区"人才下沉农村等工作机制构成。

（1）推进科技特派员"1+N"制度模式服务带动小农户

鉴于通榆当地农业科技资源和科技人才双重不足的现象，为了增强农村科技创新能力和科普服务能力，长期以来，政府积极争向通榆县下沉科技特派员，并鼓励其与农民群体紧密连接，成为其提升乡村人力资本的核心抓手与关键举措。城市下乡的科技人才通常拥有扎实的理论知识，对乡村问题有着独到的思考和观察，他们的智慧、经验和价值，将为乡村振兴和城乡融合发展带来独特的社会经济效益，而科技特派员作为党"三农"政策的宣传队、农业科技的传播者、科技兴农的重要力量，对于科技要素极为匮乏的通榆来说具有重要意义，其打通了农业科技成果转化的"最后一公里"。近年来，在保证既有政策连续性、稳定性的基础上，通榆县积极探索创新举措，其具体措施主要集中在以下几个方面：

第一，施行小农户科技需求"订单式"对接机制。在继续深入推行"1+N"科技特派员制度［即一名科技特派员服务于若干贫困村（3—10个村不等）］的基础上，通榆县工信局组建一支由当地农业领域相关学科科技特派员组成的"科技特派员助力乡村振兴技术专家组"，县农业站、牧业站各派出45名科技人员下沉到村一级，在田间地头开展农牧业技术指导工作，实现了科技特派员在全县90个贫困村"一对一"帮扶全覆盖。科技特派员通过定期收集和汇总基层农户、新型农业经营主体等对科技服务及科技成果的需求，立足通榆各村不同的资源禀赋，重点在玉米、水稻、花生等农作物栽培技术与病虫害防治、畜禽养殖与疾病防治等方面，以实际需求为导向自下而上地形成"订单式"需求对接机制，为小农户提供技术支持和信息服务，帮助其研究发展具有地方特色的新品种、新技术、新产品，培育壮大优势特色产业。

第二，强化施行以"科技人员直接到户、良种良法直接到田、技术要领直接到人"为原则的农技推广新机制，并发挥示范典型的辐射效应。科技特派员到村屯后，首先以村干部和边缘户为主要培训对象，确保这两类群体技术培训全覆盖，并以此扩大先进适用技术的覆盖面，开展实用知识、适用技术培训，提高农牧民生产技能和经营水平。以集中授课、视频互动、田间地头现场交流等方式，线上线下相结合，从生产理念、产业信息、主导品种、关键技术等方面广泛开展农业科普知识宣传和农民科技培训工作，培养当地技术骨干力量及本土化人才。在疫情期间，通过16个微信群，以线上培训的方式指导农民春耕生产。以合理调整种植业结构、减药减肥绿色环保、提质增效为主题，培训玉米、高粱、绿豆、谷子及其他杂粮和庭院高产高效栽培技术，解决贫困户生产经营中遇到的问题，共计培训贫困户和农民 2000 人次以上，解答农民提出的问题 650 多个。吉林大学的科技特派员通过举办专题讲座、集中办班、田间技术指导等方式，对边昭镇农业生产管理人员、农业技术推广人员及农民进行技术培训，扩展农业生产管理人员与农技推广人员知识面，提高农民科学种田水平。团队共举办 6 期培训班，培训人员达 750 人次之多，同时以点带面，以每村 1 户抓 10 个贫困户为重点，每村 10 户扶持 100 个贫困户，每村 100 户带动 1000 个贫困户，最后辐射通榆县 10000 个贫困户，建立推广新品种、新技术的示范展示田。

第三，与当地企业和农民建立利益共同体。科技特派员采取项目、技术、资金等多元化投入方式，通过创办、领办、协办企业和合作社及家庭农场等新型经营主体，与当地企业和农民建立利益共同体，开展农村创新创业活动，为农业农村培育新的经济增长点。在衔接时期，通榆县支持科技人员以科技成果入股农业企业，建立健全科研人员校企、院企共建双聘机制，实施股权分红等激励措施。

（2）坚持推进"三区"科技人员培训小农户机制

除了科技特派员"1+N"这一机制外，为了扩大城乡人才合作交流渠道，加快城乡融合发展进程，推进城乡双向联体建设，在政府引导下，通榆县积极配合"三区"人才定期服务乡村工作，拓宽了城市人才入乡渠道，形成了入乡支持长效机制。通榆县以前的技术服务主要来自县、乡两级科技服务团队，"三区"科技扶贫强调以农户为基础，动员农民主动参与到学习先进技术和提高农业技能的过程中，吉林省农业科学院、吉林农业大学以及吉林大学等单位先后派出"三区"人才科技人员先后赴 16 个乡镇围绕种植及畜禽科学养殖大力开展试验示范、指导咨询和技术培训等科技服务工作，在肉牛规模化养殖技术、杂粮杂豆新品种示范推广、向日葵病虫害防护以及测土配方环境保护技术等方面进行了有针对性的技术服务及交流推广。借助吉林大学定点帮扶，通榆县还举办了"庭院经济"科技培训班，吉林大学植物科学学院专家传播教授了水稻高产高效栽培技术以及微生物与绿色农业、农产品质量安全、农业转基因知识等。此外，通榆县依照《吉林省科技发展计划2020年度项目指南》有关要求，进一步加大科技帮扶力度，扩大了人才构成，工信局2个事业单位法人也作为"三区人才"到新兴乡新茂村开展驻村帮扶。[1]越来越多的农业经营主体承担科研机构的田间试验项目，创造发明实用技术与农机具，发挥农业的科技创新功能。

概而言之，通榆县根据自身特点，以多元协作模式，将科技融入农业发展，努力升级土地资源、特色产业以及农村人力资本等要素，探索出一条有效推进城乡人才要素双向流动的融合之路。

（三）健全政产学研合作协同创新机制

利用科技支撑引领城乡融合，需要通过体制机制创新激发融合的新动能，其中，引导建立产学研用合作创新平台，以"县校合作"和"科技小院"为典型模式，通榆县实现了城乡间要素的交流与深度融合，有利于提高农业现代化水平，推动农业高质量发展。

1. 强化"县校合作"模式

"县校合作"通常是指县级地方政府部门与高等院校进行合作，通过将高校科技、人才资源的集聚优势与地方自然禀赋、特色产业等资源相结合，建立稳定的长效合作机制，使科学成果能在当地进行集成、示范、推广与应用，将高新技术迅速转化为现实生产力，

---

[1] 资料来源：《通榆县工业和信息化局2021年上半年工作总结》。

带动地方主导产业发展和经济的提升,从而带动农户致富。近年来,通榆县与吉林大学、吉林农业大学等高校和科研院所均展开了密切合作,2013年吉林大学接受教育部"定点扶贫吉林省通榆县"工作任务,以"智力帮扶"和"科技扶贫"为核心,进行整体部署、精心谋划,其主要路径包括:强化技术源头供给、以科技项目为纽带助力产业融合发展、强化协同创新机制等。通过校地合作,将先进的科学技术转化为实际支柱性产业及现实生产力,促进了传统模式向农业科技创新支撑的持续型现代化生产模式转变,扶持提升了小农户发展现代农业的能力,有利于实现小农户与现代农业发展的有机衔接,夯实了城乡融合发展的目标基础。

(1)集中优势资源锁定目标,强化科学技术源头供给

由于各地自然资源和人文条件千差万别,农户经营能力和需求也不尽相同,因此必须根据贫困地区科技需求,因地制宜地选择特色产业进行助力,开展技术攻关,解决制约区域产业发展的关键共性技术难题。科研院所与高等院校作为承担科技项目的主体和成果供给的主体,科学分析通榆资源禀赋、生产基础、产业现状、科技实力及新型经营主体带动能力等问题,以市场为导向,准确锁定特色产业和领域,集中力量推动特色行业或产业的技术发展。例如,就种植层面而言,根据通榆县土壤瘠薄、盐碱化程度重且干旱缺水等实际情况,将科技助力的目标聚焦于适合这类水土条件的高粱、谷子、辣椒、花生等作物新品种种植和培育。就养殖层面而言,依据该县地广人稀、草场资源丰沃较为适宜放牧的特点,重点针对肉羊、肉牛等产品繁殖技术的研发与推广,并根据当地牧业粗放管理等问题,设计智慧农业技术系统解决牛羊丢失、患病等制约生产发展的问题。

(2)以科技创新项目为纽带,助力产业融合发展

新技术应用与推广,科研成果迅速转化为生产力,这是依靠科

学技术促进生产发展、繁荣经济的重要环节。通榆县依托吉林大学、吉林农业大学等高校院所的科研优势和人才资源，推动人才资源的集聚和科技创新能力的提升，加快农业科技创新和成果转化。推进农业科技进步，夯实农业生产能力基础、培育乡村发展新动能。吉林大学在帮扶通榆的过程中共计开展 20 余项科技项目，共投入科技扶贫项目资金 700 余万元，表 4-1 体现了吉林大学在深度调研通榆县资源禀赋与产业发展的基础上，设计并成立的科技扶贫项目，以科技源头供给的方式实现科技助力通榆乡村振兴。

表 4-1　吉林大学帮扶通榆县科技项目表

序号	项目名称	负责人	实施单位
1	种养结合养殖模式示范推广应用	张明军	动物科学学院
2	向海飞鹅高效生产关键技术集成与示范推广	张永宏	动物科学学院
3	优质草原红牛繁殖技术研究	张嘉保	动物科学学院
4	农产品加工副产物高效饲料化及其在草食动物养殖中的推广示范	王鹏	动物科学学院
5	杂豆杂粮系列产品精深加工及产业化	张铁华	食品科学与工程学院
6	乳酸菌直投发酵酸菜及衍生产品产业化技术服务	叶海青	食品科学与工程学院
7	辣椒酱及辣白菜保鲜技术及系列产品开发研究	王翠娜	食品科学与工程学院
8	高产优质多抗广适水稻新品种示范与推广	都兴林	植物科学学院
9	玉米、高粱、花生、谷子、绿豆优质、高产新品种与高产栽培技术展示与示范	崔金虎	植物科学学院
10	吉大豆系列新品种推广示范及深加工产业一体化项目	王庆钰	植物科学学院
11	果蔬新品种筛选与绿色节本增效栽培技术研究	郭庆勋	植物科学学院

续表

序号	项目名称	负责人	实施单位
12	基于大数据的智慧农业"养联网"研发与产业化融合	于银辉	通信工程学院
13	新型有机肥料应用通榆县增产增收示范	高岩	化学学院
14	利用淤泥生产精制有机肥料技术研发及其应用示范	赵玉岩	地球探测科学与技术学院
15	藏香猪规范化养殖技术推广应用	金永勋	动物科学学院
16	降解有机磷农药乳酸菌筛选和在酸菜中的应用	孙春燕	食品科学与工程学院
17	高粱、谷子新品种筛选与栽培技术示范推广	赵磊	植物科学学院
18	鲜食玉米复种秋白菜栽培技术示范与推广	李世鹏	植物科学学院
19	基于玉米—飞鹅为载体的种养结合节本增效生产技术示范推广	王洪预	植物科学学院
20	主要农作物节本增效轮作栽培技术集成与示范推广	李秋祝	植物科学学院
21	藜麦示范与推广	韩俊友	植物科学学院

其中，在政府与学校的共同支持下，高岩教授牵头组织吉林大学化学学院、植物科学学院、动物科学学院及通榆县新洋丰现代农业服务有限公司，成立了吉林省生物质改良盐碱土壤及现代绿色农业工程研究中心，依托这一平台，高岩的创新项目产业链扩展延伸至涵盖秸秆、畜禽排泄物制备绿色液体肥料、商品有机肥、有机果蔬营养液和盐碱土壤改良领域，解决了传统有机肥生产周期长、占地面积大、受气候因素制约等问题，同时引领农民和涉农企业积极利用技术，自发参与盐碱地治理，带动了农户种植适应该区域水土条件的农作物，2017年该中心被吉林省发改委认定为省级工程研究中心，成为落户通榆县的首家省级科技平台。良好的示范效果撬

动了民间资本,当地龙头企业新洋丰公司为项目扩展提供厂房等资源,长春吉米农业投资公司利用这一技术,在通榆县什花道乡金宝村实施872公顷盐碱地改良,项目计划投资超1亿元,大安市200公顷盐碱地改良项目业已开始规划。通榆县天意公司与4660户签订种植合同,通榆县清阳种植合作社2000亩冰小麦种植项目也采用了这一新技术。

此外,依托此平台,包括"优质品种肉羊高效扩繁新技术应用""基于秸秆和沸石改性的盐碱土改良剂制备项目""打瓜功能饮料开发及产业化项目""优质草原红牛繁育技术""高产优质作物新品种(大豆、水稻)培育项目""养殖管家"等11个科技项目在内的产学研结合活动陆续开展,北华大学等多家企事业单位也纷至沓来,加入其中。2020年,依托中心成立的"启航农民培训学校"开班,开展了5期345人现场职业农民培训,疫情期间,中心利用网络平台培训农民3800人。由此可以看出,"县校合作"模式通过高校、科研院所与县区联动,推进了多主体协同攻关,使农业企业、科研机构之间探索形成了以利益联结为纽带的协同攻关模式,实现了农业与科技深度合作、利润共享,有助于推动城乡融合发展。

2. 健全多主体联动的"科技小院"模式

要实现科技要素在城乡间双向持续流动,需要依靠机制体制上的不断创新。为解决过去以行政为主导的单一化科技研发与服务思路,构建多主体联动、协同创新的多元化模式,通榆县在政府主导下,将涉农高校、科研院所、龙头企业、种植大户及当地小农户等多元主体紧密结合起来,鼓励建立技术转移机构和技术服务网络,形成了"大学+政府+帮扶单位+涉农企业+种植大户+贫困户"六位一体的工作经验,成功打造了通榆"科技小院"模式,实现了科技要素在城乡间的自由流通。一般而言,"科技小院"是指建设在农村生产一线,集农业科技创新、示范推广和人才培养于一体的基层科技服务平台,以高校科研人员驻村工作零距离、零门槛、零费用和零时差服务于农户及生产组织为特色,力求建立作物高产、资源高效利用和农民持续增收的新型产学研用合作机制。通榆县"科技小院"在政府引导下,以"建好一块示范田、培树一个好典型、抓好一座微工厂"为路径,促进县乡村科技资源统筹配置、功能衔接互补,主要有三个方面:其一,将高校、科研院所具备的高科技资源通过"科技小院"的平台引入县域,尤其在育种、新型作物品种研发、质量把控等方面与吉林大学、吉林农业大学等机构密切合作,成立"吉林大学吉林省生物质改良盐碱土壤及现代绿色农业工程研究中心""吉林大学国家大学科技园"等机构,能够依据当地实情,有针对性地进行项目攻关、研发相关产品并及时通过这一平台向乡村渗透;其二,与当地龙头公司进行合作,通榆新洋丰现代农业服务有限公司为种植大户提供新型作物品种、健康肥料,由科技专家进行种田技术指导,例如举办种植与田间管理跟踪指导会、田间现场观摩培训会等,并与农民同吃同住同劳动,推动科技走进田间地头,再以种植大户带动小农户的方式进一步推广科学技术和新型作物品种,形成辐射效应,增强农民内生动力,促进农民增产增收;其三,在教会农民如何科学种田的同时,科技人员以合作社和家庭农场为实践基地,立足县情深入自身课题研究,利用实践完善理论成果,将理论与实践紧密相融,进一步实现城乡优势互补。

"科技小院"最初以边昭镇五井子村为试点,近年来在县政府主导下共选出2100多户建档立卡贫困户,建成示范田2.1万亩,覆盖全县16个乡镇172个行政村的600多个自然屯。在此基础上,2020年10月,通榆县杂粮杂豆现代化农业产业园园区启动建设,预计到

2025年末，全县杂粮杂豆播种面积达到245万亩，产量达到50万吨，产值达到18亿元。①在政府政策的引领下，通过构建"科技小院"的平台，将政产学研有机结合起来，推动种植模式从传统的劳动力导向转变为科技、资源、人才多元化导向。高校、科研院所是原始性创新、科研专利发明的主力军，但以往科技下乡活动一般没有固定场所，存在"走过场"的弊端，难以与乡村深度融合。利用学校与当地企业共建平台，一方面使科技人员有了固定的工作场所，另一方面使各类科技资源更易向农村持续性渗透，推动科技资源与当地实际进行有效链接。与此同时，企业在吸收了科技成果的基础上，向农户发放种子及肥料，并与之签订回收订单合同，为当地农户增收提供了保障。可以说，这种链接充分融合了政、校、企、农等各类主体在技术创新中的作用，以当地县情和企业具体技术需求为目标，以项目为纽带，着力提升农业产业化发展水平，实现了城乡优势互补、互惠共赢。

三、经验与启示

通榆县的经验表明，加快构建促进城乡融合发展的科技支撑体系，需要以农业农村发展的新需求为科技创新的目标导向，在利用好外部资源的同时激发乡村内生创新活力，与高校、科研院所保持密切联系，根据农业农村职能与需求变化创新科技推广模式，促进城乡人才、知识、资本等要素自由流动、平等交换和合理配置，方能加快形成工农互促、城乡互补、全面融合、共同繁荣的新型工农城乡关系。

（一）以科技创新助力县域内产业融合发展

一是大力引进科技项目将城市科技资源落地乡村，依据当地资

---

① 资料来源：《通榆科技小院助推乡村振兴》。

源禀赋和生产基础,锁定有限目标,依靠科技进步提升产品市场竞争能力,促进产业兴旺和经济效益的提高。通榆县直面农业发展亟需解决的土地贫瘠、杂粮杂豆种植短缺等问题,将科技助力准确聚焦锁定于特色产业,充分发挥通榆县庭院经济的巨大优势,重点选择辣白菜、草原红牛等特色产业进行开发,取得了巨大的经济效益。二是依靠科技加快农业结构调整,利用区位优势和产业基础、环境资源等既有条件,推进县城产业配套设施提质增效,促进县乡村功能衔接互补,推动城乡要素跨界配置和产业有机融合。三是强化延伸农业产业链的科技支撑,通过研发新技术、开发新产品等形式促进城乡产业发展向合理化、高质量转变,尤其是通过科技创新能够实现乡村产业升级发展,从而不断缩小城乡居民收入和消费差距,进而实现乡村的开放发展。四是依靠科技大力发展农业新型业态。利用新技术、新模式同乡村本土优质资源相结合,为乡村传统产业注入新内涵、提升附加值,为乡村与农业多功能性提供更多价值实现途径,并依托乡村环境优势吸引创新产业与创新主体向乡村转移,同时发挥龙头带动功能和技术溢出扩散效应。

(二)推动实现城乡人才要素双向流动

完善小农户与科学技术之间的连接机制,强化农业科技人才支撑,提升小农户发展能力,缩小与城市的差距。解决农业科技人力资本薄弱问题,一是要借助城市注入乡村的新资源,激发乡村内生创新活力,充分发挥高校和科研院所的人才助力作用,建立"专家+农业技术员+科技示范户"的技术培训模式,推动科技创新进村入户以培养爱农业、懂技术、善经营的现代新型农民,并在农户中着力培育一批科技致富带头人,以典型示范效应带动更多小农户。二是建立完善城乡人才合作交流机制,建立以"科技专项+任务清单"为主要内容的科技特派员制度及完善"三区"人才下沉乡村制度，鼓励科技特派员等科技人才与农户结成利益共同体，探索构建城市人才入乡分享红利渠道等有偿准入机制，吸引城市人才扎根乡村，最大限度发挥城市人才入乡建设的积极性。三是城乡融合发展既要充分利用外部资源，也要积极培育乡村自身的创新力量，激发乡村内生创新活力，因此，应加强农村实用型科技人才培养，在为人才创新提供专项资金支持、搭建人才交流平台的基础上，针对农民教育水平和生产基础的不同，积极探索多维式、手把手式精准化培训，避免供需错位。

（三）不断创新政产学研协作模式

将科技、知识等资源向乡村延展的力度仍需加大，需进一步完善县校合作模式，搭建城乡协同的政产学研创新平台，构建农业科技创新共同体。城乡融合发展需要突破既有的单向技术传播路径，推动科技推广体系变革，实现创新主体多元化。一是以市场为导向，围绕农村科技需求，建立以政府为主导、高校及科研院所为支撑、龙头企业/合作社搭台、农民为主体的协同创新组织体系。积极深化"县校合作""村校合作"的体制机制。通过成立"专家工作站""技术研究中心""校企共建实验室"等科技阵地，将科技助力有效衔接落到乡村振兴实践一线。二是重点推广普及"大学+政府+帮扶单位+涉农企业+种植大户+小农户"六位一体的多方联动的"科技小院"平台机制，发挥其链接资源、科技创新、产业发展和连接农户的多重功能，并探索形成合理的利益共享机制，落实鼓励科研人员技术入股等激励创新政策，调动其积极性、创造性，增强科研人员获得感。三是制定科学的规章制度以规范协同创新行为，发挥政府在资金投入、利益分配及日常管理中的监督协调作用，推动人力资源、财力资源和创新资源等要素的合理分配与使用,使人才、技术、知识、资本等要素能够在城乡间实现自由双向流动与相互融合,全力推进城乡深度融合发展。

第五章
优化村落空间布局　营造宜居乡村社区

作为县域内城乡融合的重要环节，统筹村庄分布空间布局是优化农村居住环境和乡村振兴的关键举措之一。在推动公共资源在县域内实现优化配置政策要求下，规划和建设宜居乡村社区既是统筹县域产业、基础设施、公共服务及农村人居环境整治的重要载体，又是实现提高农房水平质量、城乡交通一体化、乡村能源工程建设、乡村数字化治理及污水处理等乡村振兴具体内容的必然途径。

《乡村振兴战略规划（2018—2022年）》指出："强化县域空间规划和各类专项规划引导约束作用，科学安排县域乡村布局、资源利用、设施配置和村庄整治，推动村庄规划管理全覆盖。"在通榆县的特殊性自然社会环境下，统筹村庄分布空间布局与作为专项规划的易地扶贫搬迁工作及相应的乡村社会建设具有政策内容及空间上的契合性，因此通榆县将县域村庄布局调整与扶贫搬迁工作相结合，通过易地扶贫搬迁的政策路径完成了村庄布局的统筹规划调整。

在国家的高度重视和省、市、县各级政策的指导下，根据2016—2018年易地扶贫搬迁三年规划，在全县15个乡镇31个村（25个贫困村）实施了21个易地扶贫搬迁项目，涉及常住人口13589户29035人。面对规模性的安置区社区建设工作，通榆县政府因地制宜，通过统筹县域资源配置实现了政策配套和机制创新，建构了社会保障体系及社会融入体系,大幅降低了搬迁社区农民的生活成本,生活稳定性收入持续提高、基础设施逐渐完善,社会融入渠道畅通有效,逐渐营造成宜居的乡村社区。

在以人为本的乡村振兴建设及优化县域乡村居住环境的具体要求下,如何统筹县域乡村布局,规划、施行及完善搬迁及后续工作,合理规避"上楼致贫"及"上楼返贫"的风险,在优化村落空间布局的基础上营造宜居乡村社区,理应成为县域城乡融合及乡村振兴建设的重要方面和特殊关切点。

一、易地扶贫搬迁的政策背景与政策展开

(一)优化县域村庄布局的政策背景

集生产、生活、生态、文化等多种功能于一体的传统村落是人类活动与自然环境交互的载体,也是乡村社会发展和交往的基本单元,其形成和发展受到亲缘关系、文化传统、自然环境、经济发展及政策引导等多重因素的影响。因此,传统的乡村分布系在符合村民农业生产生活及社会交往便利性基础上,形成的具有多样性和历史性的自然化村落格局。

改革开放及户籍制度改革以来,在城乡经济发展不均衡的背景下,城乡基础设施、就业收入、发展预期、公共服务等方面的差距导致大量农村户籍人口流入城市。根据国家统计局的人口普查数据,仅在城市化后期阶段的近十年间,城镇人口数量从2010年的66557万人增加到2020年的90199万人,农村人口数量相应从67415万人减少至50979万人,大量的农村劳动力外流导致农村人地关系及社会面貌发生了剧烈变革并产生了一系列社会问题:一是大量人口外出带来的农村宅基地闲置现象,使农村产生了宅基地荒废的空心

村问题、一户多宅的土地资源浪费问题；二是农耕收益相对降低带来的农村耕地资源浪费及分散农户承包耕地的碎片化问题；三是随劳动力外流而产生的乡村的留守儿童和留守老人及相应的教育医疗等问题。

对此，2014年中共中央、国务院印发的《国家新型城镇化规划（2014—2020年）》制定了"四化同步，统筹城乡""优化布局，集约高效"等基本原则，并为城乡的宏观人地关系及产业布局调整提供了指导思路和实施方案。而针对其中的乡村布局调整问题，2018中共中央、国务院印发的《乡村振兴战略规划（2018—2022年）》中提出了面向乡村的县域布局优化指导，"强化县域空间规划和各类专项规划引导约束作用，科学安排县域乡村布局、资源利用、设施配置和村庄整治，推动村庄规划管理全覆盖。综合考虑村庄演变规律、集聚特点和现状分布，结合农民生产生活半径，合理确定县域村庄布局和规模"，并在此基础上提出了"集聚提升类村庄""城郊融合类村庄""特色保护类村庄""搬迁撤并类村庄"四种村庄类型及分类推进乡村发展的地区差异性指导政策。

针对其中的搬迁撤并类村庄，《乡村振兴战略规划（2018—2022年）》进行了详细的规范化描述："对位于生存条件恶劣、生态环境脆弱、自然灾害频发等地区的村庄，因重大项目建设需要搬迁的村庄，以及人口流失特别严重的村庄，可通过易地扶贫搬迁、生态宜居搬迁、农村集聚发展搬迁等方式，实施村庄搬迁撤并，统筹解决村民生计、生态保护等问题。拟搬迁撤并的村庄，严格限制新建、扩建活动，统筹考虑拟迁入或新建村庄的基础设施和公共服务设施建设。坚持村庄搬迁撤并与新型城镇化、农业现代化相结合，依托适宜区域进行安置，避免新建孤立的村落式移民社区。搬迁撤并后的村庄原址，因地制宜复垦或还绿，增加乡村生产生态空间。农村居民点迁建和村庄撤并，必须尊重农民意愿并经村民会议同意，不得强制农民搬迁和集中上楼。"该政策指导对自然环境脆弱的村庄布局调整及后续社区营造提供了规范引导和制度约束。

（二）通榆县村落布局调整的必要性

自然原因及其衍生的一系列社会原因造成了通榆县复杂的贫困问题，通榆县也因此成为国务院扶贫开发工作重点县、大兴安岭南麓集中连片特困地区县份、吉林省深度贫困县。而通榆县部分地区正因存在"一方水土养不起一方人"的地域性自然环境严重制约而被纳入了县域村落布局调整中的移民搬迁的划分区域。

通榆县不宜居不宜业的自然环境是造成地域性贫困的根源性因素。通榆县降水量减少，水资源短缺，水质恶化造成的土地沙化和盐碱化问题导致该地区耕地灌溉需求量大且粮食亩产量相对较低。特别是，由于生产技术的落后，早期通榆县农民采用传统的粗放式农业经营模式，因而需要进行大规模耕种和放牧以维持生计，而土地的过垦问题又反过来使得该地区的土地盐碱化情况逐年加剧，每年新产生盐碱土地的速度大大超过土地治理的速度；过度放牧使得草场退化，甚至沙化，严重影响了农作物的产出，降低了农民的整体收入，阻碍了农业经济的发展。另外，自然环境恶劣、生存条件差，使得贫困地区地方病问题突出，陷入"病一个人贫一家人"的因病致贫风险困境。因此，在以土地盐碱化为突出特点的自然环境制约，以及农牧业粗放生产方式造成农业效益低下、农民收入水平普遍较低的同时，因病致贫成为通榆县域贫困的重要原因。

与通榆县的整体自然社会环境相比，部分深度贫困村落，更具有显著的地域性发展限制：一是土地贫瘠、荒漠化，特别是特殊的地质条件造成地表浅层水质中氟化物含量偏高，村民容易受到氟中毒影响，其主要症状是氟斑牙和氟骨症，氟斑牙表面粗糙、着色、缺损，并容易脱落；有些地方砷及砷化物含量较高，含砷过高可导致皮肤色素脱失、着色、角化等全身性的慢性中毒，给群众生活和健康带来较大影响；二是村屯比较分散（屯与屯间隔几公里以上），交通、水利、电力、通信等基础设施，以及教育、医疗卫生等基本公共服务设施十分薄弱，十分有限的县级财力不足以支付上述工程复杂且高成本的项目；三是部分村屯原址低洼易涝，已连续多年遭受洪涝灾害，不仅影响农业生产，更给人民群众的生命财产安全造成严重威胁。四是由于自然条件限制，这些村屯空心化问题非常突出，组织结构崩解，面临地域性社会解组的风险。

另外，作为处于全国人口外流问题显著的东北地区中自然资源匮乏的贫困的县区，通榆县村落中人口外流及人口老龄化现象更加突出，在通榆县乡村内绝大部分青壮年劳动力选择外出务工，由此带来的宅基地搁置甚至耕地浪费现象也相对严重，大部分村落呈现出老龄化、空心化和过疏化景象。

因此，基于上述自然社会条件考虑，在县域村落布局规划中，通榆县将自然条件严酷、生存环境恶劣、发展条件严重欠缺且建档立卡贫困人口相对集中的农村贫困地区划分为易地搬迁区域，并与易地扶贫搬迁政策相结合。

（三）通榆县村落搬迁的政策适配

在村落布局调整过程中，通榆县搬迁地区的地理和社会条件与相关的国家扶贫政策中的易地扶贫搬迁政策和土地政策具有高度的契合性，其中政策核心便是土地增减挂钩政策及其与扶贫政策的结合。

1.土地增减挂钩政策背景

在"一方水土养不了一方人"的深度贫困现实状况下，通榆县在县域村落布局调整过程中结合县域特点和村落自然社会状况，因地制宜地选择了走易地扶贫搬迁脱贫一批的创新性道路。易地扶贫搬迁并非是完全以政府的扶贫资金投入来帮助农民建造并迁入新居住区，实际上，易地扶贫搬迁涉及资金中，财政支出的扶贫专项投入占比有限，而其中的主要资金来源需要变相通过出售迁出的宅基地土地指标来获取，即向需要进行城市扩张的城市地区出售搬迁移民的宅基地复垦面积指标，其政策核心是土地增减挂钩政策。土地增减挂钩政策即"城镇建设用地增加要与农村建设用地减少相挂钩"，该政策最早于2004年提出，系国家为解决以往在"占补平衡"制度引导下整理耕地造成的生态破坏和耕地劣质化现象，引导地方政府通过整理农村集体建设用地获得建设用地指标，提出的作为农民居住形式变迁核心推动力的关键政策。《国务院关于深化改革严格土地管理的决定》（国发〔2004〕28号）首次提出，"鼓励农村建设用地整理，城镇建设用地增加要与农村建设用地减少相挂钩"。2006年4月，国土资源部（今自然资源部）又下发《关于天津等五省（市）城镇建设用地增加与农村建设用地减少相挂钩第一批试点的批复》，部署在山东、天津、江苏、湖北、四川等5省（市）开展城乡建设用地增减挂钩试点工作，随着试点工作的成功推进，2008年、2009年国土资源部又分别批准了19省份加入增减挂钩试点。至此经获批的城乡建设用地增减挂钩试点省份扩增至24个，吉林省也被列入了土地增减挂钩政策的试点范围。

2.易地扶贫搬迁政策与土地增减挂钩政策的有机结合

作为通榆县域村落布局调整选择和采取的重要模式，易地扶贫搬迁同时也是实现全面建成小康社会国家重大战略目标的重要途径。为确保到2020年中国现行标准下农村贫困人口实现脱贫，贫困县全部摘帽，以习近平同志为核心的党中央创造性地提出"易地扶贫搬迁脱贫一批"的精准扶贫政策。2015年10月、11月，习近平总书记在十八届五中全会和中央扶贫开发工作会议上对易地扶贫搬迁工作提出明确目标要求；2015年11月，李克强总理在中央扶贫开发工作会议上明确政策措施、资金渠道；同年12月，李克强总理在全国易地扶贫搬迁工作电视电话会议上专门作出批示；2015年11月29日，国家发改委等5个部门联合下发了《关于印发〈"十三五"时期易地扶贫搬迁工作方案〉的通知》；在中央级政策的统摄下，2016年2月18日，吉林省脱贫攻坚领导小组下发了《关于印发吉林省"十三五"易地扶贫搬迁实施方案的通知》等一系列省域内的易地扶贫搬迁政策。

在上述一系列易地扶贫搬迁的政策背景下，对通榆县易地扶贫搬迁起到最大政策推动作用的文件当属国土资源部在2015年发布的《关于下达2015年城乡建设用地增减挂钩指标的通知》，其中提出：根据国家扶贫开发有关要求，《中国农村扶贫开发纲要（2011—2020年）》确定的11个连片特困地区和其他国家扶贫开发工作重点县，以及纳入国家相关规划的生态移民搬迁地区，在优先保障本县发展用地的前提下，可将部分增减挂钩节余指标在省域范围内挂钩使用，增加返还农村资金。这一政策的推行，使通榆县易地扶贫搬迁进行宅基地复垦所结余建设用地指标可以突破通榆县或白城市界域，还可以被流转到长春市（到2018年末国家政策甚至放开了土地指标的全国流转，意味着宅基地复垦指标可以售予以深圳为例的发达城市），这意味着宅基地复垦的收益将大大提高，市县政府将获得更丰厚的财政收入以投入易地扶贫搬迁或维持财政良性高效运转。这一政策使土地增减挂钩政策指导下贫困地区的指标流转拥有了特殊性优待,促成了易地扶贫搬迁与土地增减挂钩政策的有机结合,也极大地促进了通榆县易地扶贫搬迁政策的推行。

基于上述政策背景,易地扶贫搬迁成为通榆县县域村落布局调整的重要举措。概括而言,通榆县布局调整的贫困村落适用易地扶贫搬迁政策的优势因素,在于其地理和社会条件与土地增减挂钩政策具有高度的契合性:一方面,与土地面积狭小造成的贫困问题不同,通榆县农村户均宅基地0.2公顷,人均超过800平方米,经过移民搬迁农民搬入新居后,其宅基地复垦面积巨大,县级政府可由此获得大量建设用地指标并出售,以获得大量财政收入,进而推进易地扶贫搬迁政策的落地实施。另一方面,地域性贫困背景下农民的搬迁成本和房屋建造成本较低,搬迁所涉及的财政支出较少,且农民搬迁上楼的意愿较高,为易地扶贫搬迁提供了良好的社会环境。

(四)村落搬迁的布局规划与实践展开

移民搬迁工程因复杂程度高、政策性强的特点而在执行过程中易产生诸多政策矛盾和社会问题,而通榆县以其民意导向的政策出发点以及具有科学性、渐进性和完善性特征的工程推进方式成功避免了相关社会问题的产生,并高效高质量地完成了县域村落布局调整下的易地扶贫搬迁工作。

1.村落搬迁工程的常见问题

在土地增减挂钩政策的省域流转带来的巨大财政收入的驱使下,村落搬迁容易发生"民生导向"到"政府财政导向"的动力偏转,由此产生亟须关注的一系列问题:其一,由对搬迁必要性评价是否恰当而引发出的过度搬迁问题。部分地区为扩大和增加政府财政收入,从而产生了扩大移民搬迁范围以获取更大范围的土地增减挂钩指标的政策执行倾向，引发与社会现实不符合的过度搬迁问题。其二，出现追求政策指标完成而强迫贫困农民搬迁的违背农民意愿的问题。由于政府宏观设计的规定和约束，在财政收入和上级部门的政策要求下，政府工作人员的强势态度往往导致农民理应握有的搬迁选择权被忽视，从而产生农民"被自愿"移民搬迁和"被上楼"的社会问题。其三，由于片面追求政策推进速度而引发的损害农民利益的问题，部分地区为追求指标业绩完成速度和短期成效，出现了未进行全面计划筹备和基础设施建设尚未完善的情况下，就迫切安排房屋建筑和农民迁入，这直接对农民的利益造成了损害。上述问题也是通榆县易地扶贫搬迁过程中需要迫切关注的核心问题。

通榆县村落搬迁工程则在实践过程中制定和遵循了一条科学规划、循序渐进、因地制宜、尊重民意的政策路线，从根本上规避了上述问题，保证了绝大多数农民的利益，减少了移民搬迁工程推进过程中伴生的部分负面副产品，保证了脱贫攻坚工作的平稳高效完成。

2.规划先行、精准施策的通榆易地扶贫搬迁方案设计

为确保县域村落布局调整中整村搬迁项目有序推进，通榆县制定了任务明确、责任明晰的2016年度与2017年度《易地扶贫搬迁工作实施方案》，从多个方面对移民搬迁工程进行了规划和安排。

（1）宏观设计与理念方针

为充分挖掘脱贫攻坚和土地增减挂钩的政策红利，通榆县坚持"高站位、宽视野、大格局"的基本理念，确立了"12345"的基本方针。"立足一个目标"，即坚持以脱贫攻坚统揽一切，出发点和落脚点是实现覆盖贫困人口整体脱贫，同步实现随迁人口致富奔小康。"促进两个结合"，即将易地扶贫搬迁城乡建设用地增减挂钩与

新型城镇化相结合，与乡村振兴战略相结合。"瞄准三个方向"，即以项目为载体，通过全方位改变农村人居环境、生态环境、生产生活方式，努力实现农民转富、农业转型、农村转美。"坚持四个原则"，即"政府主导、政策引导、村民自愿、村民自治"的基本原则，真正做到群众自己的事自己说了算，政府该做的事政府全力办。"实现五个统筹"，即通过项目实施带动村容村貌、民风民俗、村级组织建设、农村管理方式深刻转变，促进物质文明、精神文明、政治文明、社会文明、生态文明五位一体协调发展。

（2）精准到户的具体政策设置

其一，在搬迁对象方面，通榆县政府以农民的需求和意愿为第一导向，坚持以贫困村为主，特别是将政策倾斜向生态环境恶劣、饮水安全难以保证、危房改造困难、就医难、出行难且群众搬迁意愿强烈的村屯。对于村民同意率达到90%以上的村屯，由村级组织召开村民代表大会表决，通过后由所在乡镇报请县领导小组批准，领导小组综合考量贫困人口数量、就地脱贫困难程度、群众意愿、土地复垦条件及复垦规模，最终确定搬迁村屯。其二，在新建住宅选址方面，通榆县秉持五项原则：第一，充分尊重搬迁群众意愿；第二，行政村内选择靠近交通要道就近安置，包括乌兰花镇陆家村、迷仁村，兴隆山镇交尔格庙村，包拉温都乡半拉格森村、富民村，苏公坨乡农牧村、乔围子村，向海乡大房村、回民村，瞻榆镇丰盛村，双岗镇林海村；第三，依托交通要道建设移民新村，新华镇强胜村，团结乡胜利村、前屈村，新发乡联合村、永胜村；第四，在交通便利、基础设施较好的城镇中心安置，包括兴隆山镇林茂村，新华镇大有村，团结乡民主村，向海乡向海村，边昭镇铁西村、五井子村、腰围子村，八面乡明兴村，新发乡六合村，新兴乡新兴村、新茂村，什花道乡襄平村；第五，依托即将建成的长西铁路鸿兴东站，建设鸿兴镇兴东村、东风村、明月村。其三，在住宅设计方面，通榆县严格执行政策并充分尊重村民意愿，在不增加建档立卡贫困人口搬迁负担前提下，根据农户的调研反馈，按照一人户至多人户需求，设计35平方米（使用面积24.4平方米）、50平方米（使用面积40平方米）、60平方米（使用面积49平方米）、80平方米（使用面积68平方米）、100平方米（使用面积87平方米）等5种户型供搬迁户选择，满足贫困人口的多样化需求。

（3）双向资金筹集及双重安置政策

在资金筹集及使用方面，通榆县根据国家和吉林省关于易地扶贫搬迁的支持政策，积极争取两个方面的政策资金。一个是中央和吉林省预算内资金，建档立卡贫困人口1.7万元/人；另一个是省融资平台统贷统还资金，建档立卡贫困人口5万元/人。两项资金累加后，建档立卡贫困人口可获得政策资金支持6.7万元/人，据统计，通榆县有9418人获得政策资金支持，共拨付6.31亿元。通榆县根据实际情况和群众需求，采取以集中安置为主、货币化安置为补充的搬迁方式，制定了相应的搬迁补助标准。一是集中安置。建档立卡贫困人口建房补助人均3万元（安置房售给搬迁户的价格：1200元/平方米×25平方米=3万元），其余3.7万元政策性资金用于安置区配套基础设施建设。若建档立卡贫困人口建房补助超出购得住房实际价款，超出部分资金专户存储，严格按照上级文件要求使用。二是货币安置。在建档立卡搬迁户提供去向及住房证明的基础上，参考通榆县商品房平均售价给予搬迁户购房补贴每人6.7万元，具体为7万元（全县商品房均价2800元/平方米×25平方米=7万元），群众自筹3000元。

3.循序渐进的政策试点与实践推广

从2015年项目研究开展至2019年项目基本完工,通榆县易地扶贫搬迁工程从项目讨论、实地考察、试点调研、总结经验到最后的推广展开的各个流程,精准施策,稳步推进,践行了一条循序渐进的科学化的县域村落布局调整道路。

(1)搬迁初期的计划部署

2015年12月22日,通榆县召开全县村落搬迁项目申报及土地增减挂钩工作会议,研究部署扶贫项目申报及土地增减挂钩工作如何开展。会议要求每个乡镇选1个村或1个屯实施城乡建设用地增减挂钩项目,全县计划分三年申报项目。会后各乡镇结合实际,完成了初步申报工作。2015年12月末至2016年2月,县委、县政府根据乡镇上报村屯情况,并开展研究讨论工作,初步选定乌兰花镇陆家村、八面乡明兴村、兴隆山镇交尔格庙村作为易地扶贫搬迁试点。为促进通榆县村落搬迁工作科学有序进行,2016年2月27日,通榆县政府组织考察组赴长岭县太平川镇、公主岭市范家屯镇、河北省昌黎县等地考察学习。2016年3月,通榆县委、县政府最终决定选择乌兰花镇陆家村作为搬迁试点;同年4月26日,经县政府常务会议研究决定,同意陆家村开展增减挂钩推动精准扶贫攻坚工作试点,并通过《陆家村易地扶贫搬迁实施方案》,由此全面启动了陆家村易地扶贫搬迁的试点项目。

(2)陆家村的试点推进及其成效

陆家村于2016年2月启动村落整村搬迁试点,5月完成拆迁补偿,6月开工建设新村工程,10月完工,年底228户村民便搬迁进驻新村,形成了升级版乡村社区的新形态。上述工作的顺利高效推进有赖于多方面的综合努力。其一,在资金筹集方面,通榆县政府发挥政策效力，积极用好"土地增减挂钩、占补平衡"政策，破解了整体易地搬迁的资金瓶颈。通过把陆家村宅基地复垦与长春新区用地指标挂钩，全村原有宅基地改造为高标准水田，陆家村节余建设用地指标1545亩，县市政府将指标全部出售给长春新区用以增加建设用地，获得充足资金，保证了易地搬迁投入需要，从而顺利完成了高标准新村及配套设施建设。在这一过程中，易地扶贫搬迁项目用地指标交易收益、政策性资金等收入共计16326.6万元，支出工程投资、现金补偿、复垦土地费等支出共计11378.3万元，收支相抵节余4948.3万元。

其二，在住宅建设保障方面，陆家村以村集体成员生活水平不降低为底线要求，对陆家村的住宅建设和物业保障进行了详细规划。住宅规划设计有35平方米、50平方米、60平方米、80平方米、100平方米五种户型。依据户型抓阄决定楼层。35平方米户型作为公寓房，解决无房的贫困户和低保户住房问题；50平方米户型分给建档立卡有房的贫困户。小区物业管理安置11人就业，对所有入住新楼的村集体经济组织成员每户免收50平方米取暖费。85户建档立卡贫困户、25户无房户全部入住小区。

其三，在新社区基础设施方面，陆家村试点以"生态经济景观、生态经济城市"为理念，打造了"宜居、生态、文化"的陆家村多功能居住小区。规划设计了6栋居住楼占地17566.67平方米，1个公共文化广场占地6000平方米，12栋仓房占地4391.01平方米，综合服务中心楼占地1251.2平方米，幼儿园、敬老院占地1118平方米，以及供排水、供暖、供电等公共设施。一期工程包括5栋住宅楼、1栋公寓楼、8栋仓房和村综合服务中心楼、敬老院、幼儿园等。二期工程包括每户100平米的庭院经济区、1公顷农机服务园区，迷仁村（邻村）整村搬迁3栋住宅楼、4栋仓房，确保了每户有稳定的蔬菜种植地点、农机有固定的放置地点。这一工作突出了生态宜居，以新理念打造现代化新农村，实现了从居住区向功能区的转变。

总而言之，试点工作推进以来，陆家村充分利用国家支持国贫县脱贫攻坚的土地增减挂钩政策，将土地资源禀赋转化成村落搬迁资金和新村发展动能，推动陆家村实现散居屯向大社区转变、居住区向功能区转变，并在资金筹集、住宅建设保障和基础设施建设三方面积极探索出了易地扶贫搬迁的"陆家模式"。

（3）试点基础上的搬迁工程县域推广

在陆家村建设稳步推进的过程中，在2016年5月至9月，通榆县委、县政府又在总结试点经验的基础上作出了2016—2018年整村搬迁三年规划。2016年9月5日，通榆县委、县政府经多轮征求意见，初步划定在15个乡镇31个村实施整村搬迁工程；9月6日，通榆县易地扶贫整村搬迁工作领导小组召开会议，研究决定，一是批复13个村关于实施整村搬迁项目的申请，并作为2017年实施计划上报省发改委、省扶贫办（2017年上报搬迁计划5111人）；二是要求三年规划力争2017年底完成。2017年，通榆县在多方位借鉴"陆家经验"的基础上，全面开工建设剩余14个乡镇29个村20个整村搬迁项目。截至2019年，20个安置点全部通过主体验收并已组织回迁入住，20栋村级服务中心全部建成投入使用，配套建设的村级卫生室、道路绿化、道路美化、道路亮化、道路硬化、视频监控、污水处理、电采暖、燃气等附属工程全部完工并投入使用。

4.搬迁工作的问题破解与动态完善

在县域村庄布局调整的村落搬迁过程中，一方面，政府的总体社会目标指向和村民的个人利益导向难免发生矛盾；另一方面，在较大范围的移民搬迁工程建设过程中难免产生部分地区的建设或监管问题。与部分地区政府搬迁过程中违背农民意愿、急于求成的做法相反，通榆县政府对工程中产生的问题进行了适时调整，做到了既完成了工程指标，又最大程度上维护了搬迁住房分配的相对公平，满足了农民的意愿和需求，维护了农民的利益。

其一，对不搬迁户的精准统计及生活保障措施主要有：一是摸清弄准不搬迁户不同意搬迁的原因，对不搬迁户进行思想动员工作（建档立卡贫困户意愿改变132户239人），对确定不搬迁的给予取证存档，记录安全住房、安全饮用水以及脱贫指标情况，形成台账，做到一户一档。二是在安全住房方面，能够置换的尽量置换到交通便利、基础设施较好的拟拆迁房居住，不能置换且住房达不到安全要求的，由住建局进行危房改造。三是在安全饮用水方面，为不搬迁户没有安全饮用水的全部安装净水设备，确保达到安全饮用水标准。县政府成立专门的整改工作领导小组，统筹落实搬迁村安全饮水问题整改工作。由领导小组牵头，组织成立5个工作组，对存在问题的村屯逐户入户核查。按照工作组逐户排查结果，统一订购并安装净水设备。

其二，针对村落搬迁农户人均住房面积超标问题，通榆县按照国家和省发改委要求，通过对搬迁计划和搬迁补偿协议的比对排查，对人均住房面积超标的建档立卡贫困户，按照《通榆县易地扶贫搬迁住房按份共有产权实施管理办法（试行）》，签订了房屋产权按份共有协议，建档立卡贫困户在脱贫后，可根据自身经济条件进行回购。

其三，针对部分安置点基础设施配套不到位的问题，通榆县政府一是为保障新迁入社区环境，及时为21个搬迁安置点开展污水处理设施建设项目，完成工程建设并投入使用；二是协调供气公司为各安置点配建了燃气门站,使搬迁群众的生活更加方便;三是针对涉及通榆县8个两村以上联建安置点村卫生室重复建设的问题,通榆县在易地扶贫搬迁工程实施过程中将8个两村以上联建安置点的18个卫生室撤并为8个卫生室,分流村医1人,将腾退出的房屋678平方米安排给村里做公共服务用房。

其四,针对货币化安置群众后续跟踪管理不到位的问题,通榆县按照吉林省扶贫开发领导小组办公室文件(吉扶办〔2018〕103号)和吉林省发改委与扶贫开发办公室文件(吉发改代赈联〔2019〕300号)要求,及时整改,对每户货币化安置搬迁户建立"易地搬迁货币化安置安全住房证明档案",涵盖安全住房证明、去向、生活、居住、就业等情况和联系方式,并一个季度进行一次调度更新。

二、村落搬迁的潜在风险与通榆县的破解之道

(一)村落搬迁的伴生问题与潜在风险

对村落搬迁后上楼农民生计的关切,不应仅局限于对县域村落布局调整或易地扶贫搬迁工程的政策关注,而更应将该问题置于更大时空范围内的集中居住区建设和合村并居建设的农村社会变革之中。在农村城镇化和农业现代化的政策话语引导和土地增减挂钩政策的政府财政利益驱动下,近二十年来我国以山东、江苏等地为代表的多个土地增减挂钩试点省份开展了大规模的农民集中居住工程,大量农民在农业现代化的政策浪潮中完成了生产方式和生活方式的巨大变革,而这种居住方式、生产方式和生活方式的全方位变革对全国各地区农民生活带来了巨大影响,也引发了一系列伴生问题和潜在风险,对这些问题和风险的关注及解决是乡村振兴背景下促进县域城乡融合及保障农民主体地位权益的重要方面。

1. 生产与生活分离和生活成本提高

以"被上楼"形式进入社区集中居住状态的农民，其生活的直接后果便是村民告别了传统村庄院落居住形式，变为了集中化公寓式居住。这种"被上楼"的政策实施带来的居住和生活方式的转变造成了上楼农民"生产生活功能分离"。①"住房面积变小了，生产资料和生产工具无处存放；远离了田地山场，农业生产极不方便；丧失了发展庭院经济的条件，这部分收入没有了；生活成本和费用开支明显增加……"②农民由于失去了以往作为经济基础和生活来源的宅基地和农业耕作方式，从而进入了一个充满不确定性的风险社会，"随着'资本化和市场化'的集中居住房屋和设施建设单位保修期限到期退出，政府依赖性将更为明显，资金缺口会持续增大。单从'住'的层面寻求方案，不仅会使集中居住区陷入贫困化，也会使移居农民因生计网络断裂诱发经济风险。"③虽然上楼的部分农民已经实现非农就业，收入水平有所提升，但是因失去了原有的农业收入和庭院经济收入，以及水电费、物业费、食品支出费等新增生活费用的出现，农民开始面临前所未有的生计压力。另一方面，农民社会保障体系的不健全使失去土地和宅基地，转而进入社区的上楼农民并不能得到相应的社会保障福利支撑。

对于通榆县村落搬迁的上楼农民而言，生产与生活分离和生活成本提高的问题更具有现实性和迫切性。一是因为长期以来通榆县乡村农民拥有面积较大的耕作土地，耕作可以获得生活资料和较为可观的生活收入，长时间生于斯长于斯的生产生活经历，使农民观念

---

① 陈荣卓、李梦兰：《城乡关系视域下撤村并居社区的融合性治理》，《江汉论坛》2018年第3期。
② 刘奇：《"灭村运动"是精英层的一厢情愿》，《中国发展观察》2011年第1期。
③ 翟坤周、王国敏：《我国移居农民集中居住的实践逻辑与实证分析——成都实践检视》，《学习与实践》2016年第10期。

里形成了靠土地吃饭的惯习;二是因为通榆县村落特色的庭院经济和政府提供的按平米计算的庭院经济补助早已成为农民生活收入来源的重要组成部分,而搬迁上楼之后庭院便不复存在,并且当地又缺乏为农民提供足够就业岗位的产业集群,这便造成了"上楼即失业"的困境;另外,农民原有的零成本秸秆燃烧取暖方式被上楼后集中供暖所取代,其供暖成本增加也导致农民生活成本提高。因而如何应对"上楼致贫"的风险在通榆易地搬迁地区可谓焦点问题。

2.社会网络结构崩解与文化失序

中国传统乡土社会是基于关系网络的一种带有地方性的熟人社会,而在实行了农民集中居住的政策之后,被韦伯称之为"社群关系基础"[1]的邻人关系开始走向消解,邻里关系和交往环境都发生了较大幅度的变化,村民从"熟人社会"搬入了"生人社会"。随着原有的熟人交际网络的打破、交际圈的变化和流动人口的增加,基于业缘关系的社会网络逐步建立,"弱关系"的作用不断扩大,但是大多农民难以适应这种城市化、现代化的交往方式和社会组织形式,人际网络的拓展存在着多方面的问题:"尽管人际网络有所拓展,但基本上仍依赖于以前的基础。……人际网络固化有余而拓展不足。……目前人际网络的拓展主要集中在老年人层面,其他主体尤其是年轻人人际网络拓展比较滞后。……本地人与外地人之间缺乏人际交流。"[2]有学者从集中居住的住宅设计角度切入,发现了这种新型的住宅结构作为物理空间之外的社会空间,通过其现代性的设计理念,更加注重住宅的私密性的设计,使得传统民宅所具有的

---

[1] [德]韦伯:《韦伯作品集Ⅳ经济行动与社会团体》,康乐、简惠美译,广西师范大学出版社,2004,第265页。
[2] 宋言奇:《农民集中居住社区建设个案研究》,《城市问题》2008年第9期。

公共空间功能基本被去除，导致人们之间的亲密关系难以形成[1]。

在全国新迁入农村社区普遍面临社会网络结构崩解与文化失序风险的背景下，通榆县村落搬迁社区的此类社会性问题也较为突出，不容忽视。通榆县传统村落虽然人均土地面积较大，人均宅基地面积也相对较大，但农民居住仍是相对集中，农民之间的日常生活沟通或合作相助相对频繁，甚至存在多户联户一同养牛的村落合作现象，各户村民对周边邻里乡亲也较为熟知，维持着一种传统的乡村熟人社会组织结构。然而县域村庄布局调整下的村落搬迁之后，邻里之间搬到了不同的楼层，进入了具有设计私密性的房间，其相互走动合作和交流必然会减少，村落内农民原有的户户日常走动相见的村落风貌被打破，如何化解上楼村民关系的松散化和陌生化问题，重建农村社区共同体，塑造新型乡村社区文化，增强搬迁上楼农民的文化连接、社区融入成为通榆县在乡村振兴阶段村庄布局调整后营造宜居乡村社区的重要环节。

（二）多措并举营造宜居乡村社区

为切实提升搬迁安置区农民生计水平和生活幸福感，维护农民利益，以及推动乡村振兴背景下公共资源服务领域的县域内城乡融合，通榆县出台了一系列政策，从多方位确保了农民生活成本不提升、生活收入有保障、生活环境有改善，并采取了多项措施促进安置区农民的社区融入和文化融入。

1. 构建保障体系，稳定农民生计生活

（1）生活保障：安置区多元生活补贴体系

在村落搬迁村民的后续扶持过程中，对上楼农民的基础生活补

---

[1] 李飞、钟涨宝：《农民集中居住背景下村落熟人社会的转型研究》，《中州学刊》2013年第5期。

贴是预防"上楼致贫"问题的最首要和最直接的举措。在对安置区农民生活的补贴方面，为保证安置区农民收入水平的提高，通榆县政府制定了村落搬迁安置区屋顶分布式光伏扶贫电站项目实施方案，利用国家易地扶贫后续扶持资金11818万元，根据易地搬迁安置区现场核算，计划并投资1.2亿元用于21个安置新区屋顶总面积27.6万平方米建设分布式光伏电站建设工程，总容量约2万千瓦。经县政府带领县能源局、县发改委与省能源局、国家电网进行协调推进并申请后，于2020年9月—2021年6月基本建成各安置区屋顶光伏发电设施，项目预计年收益资金约1386万元[①]。该工程目前已经基本完成，项目资金收入全部应用于搬迁安置区的电采暖补贴、安置区公益岗位资金、安置区管理费用补贴等，为安置区农民缴纳了安置区管理费用和采暖费用。此外，为减轻村民上楼后经济负担，县政府要求各村集体结合本村集体收入情况，利用光伏补贴和村集体土地流转或经营等集体收入为本村农户统一减免50平方米取暖费和物业费（每户约1500元），此举在很大程度上降低了上楼农民的生活成本。

如在边昭镇三村搬迁安置区，村委会在政府的指导下盘活村集体财产，合理持续使用村集体资金，实现了新复垦土地、机动地统一发包，光伏项目持续收益。随着村集体经济壮大，资金使用管理也被提上议程，村集体约定，所有村集体收入全部用于村集体各项公益事业，其中最首要环节便是要提高居民福利补助标准，如小区物业费和部分取暖费由村集体代交，切实降低搬迁群众的生活成本。

（2）生计延续：农牧业园区建设与预留菜园

为减轻村民上楼后经济负担，降低生活成本，在通榆县政策引

---

① 资料来源：《通榆县人民政府办公室关于印发〈通榆县易地扶贫搬迁安置区屋顶分布式光伏扶贫电站项目实施方案〉的通知》。

导下，各安置村结合具体村情，在安置区附近的农田中为每户搬迁村民预留50—100平方米的预留菜园，此项举措一方面保留了原有农民庭院经济的部分收入来源，切实节省了上楼农民的日常生活开支；另一方面也一定程度上保护和维系了农民原有的生产方式和生活习惯。

此外，为保障农民继续原有耕作生产方式的选择权利和硬件配置要求，减少农机具自然损耗，延长机具使用寿命，保证农业机械在停放期技术状态完好，解决易地搬迁后农机具无处存放的难题，通榆县政府积极研究贯彻落实中央《关于印发"十三五"时期易地扶贫搬迁工作方案的通知》以及吉林省《"十三五"易地扶贫搬迁实施方案》的文件精神，以坚持科学发展观为统领，结合农机保有情况和农机发展趋势，按照既要满足农机停放、维修保养需要，又不浪费土地，合理解决农机园区建设用地问题的设计要求，以政府专项财政资金农机园区建设资金预算为主，投资3000万元，在双岗镇林海村、苏公坨乡农牧村、包拉温都乡半拉格森村、新兴乡新兴村、瞻榆镇丰盛村等24个搬迁村落安置区共建设农机园区24个，每个村建设1个，每个农机园区占地面积为10000至25000平方米[①]，此举确保了农民进行农业耕作的硬件设施的存续性和安全性，确保了部分农民继续进行农作物耕种以维持生计和获取收入的可行性。

举例而言，陆家村集体牵头于2015年成立了通榆县新陆农机专业合作社，目前合作社成员总数达到14人，13个农户以现金入股1.9万元，村集体以农机设备入股662.85万元。2017年由白城市农业委员会向省农委争取到农机新型经营主体项目资金447万元，指导通榆县新陆农机专业合作社建设占地面积41000平方米的农机服

---

① 资料来源：《通榆县人民政府办公室印发〈关于通榆县易地扶贫搬迁农机园区建设工作实施方案〉的通知》。

务园区,其中农机大库建设面积1500平方米,建完后农机保有量达到53台(套),主要租给经营全村耕地的6个家庭农场。2017年,陆家村85%耕地实现全程灌溉,全程机械化率达到90%。搬迁安置区的农机园区建设和农机合作社建设为加快推进通榆县农业现代化建设步伐起到了明显的示范效应。

在畜牧业方面,为保障农民牧业养殖需求和原有牲畜养殖内容的延续性,推动现代畜牧业经济持续健康快速发展,通榆县政府按照省委、省政府"秸秆变肉"暨千万头肉牛工程建设的决策部署和通榆县标准化牧业小区"十四五"建设规划的要求,结合整村搬迁的实际,围绕国家草原生态保护政策和畜牧业发展方式转变扶持资金使用要求,按照"布局合理,规模适度,环境友好,产品安全,产业高效"的基本原则,充分发挥整合资金在畜牧业发展中的强力支撑作用,集中扶持并引导开展了整村搬迁牧业小区建设项目[1]。各搬迁安置村结合回迁户数,参照进入牧业小区饲养的家畜具体品种、数量,确定牧业小区建设规模,对牧业小区进行了申报,目前在政府财政扶持和引导下,安置社区中,政府投资8200万元建设的25个牧业小区和306栋棚舍业已建成,有意愿进行畜牧业养殖的农民可以到牧业小区继续养殖事业和扩大养殖产业规模,这一举措不仅保障了农民继续进行原有畜牧业养殖生活方式的基本权利,还推动了畜牧业养殖规模的扩大和现代化畜牧业经济的转型。

在搬迁安置区示范点陆家村,村集体依托建成的牧业小区,计划并参与了"100万头生态养猪项目",村集体牧业小区及养殖投入约50万元。八面乡也依托牧业小区成立了通榆县八面乡学忠羊养殖专业合作社,与延边、通辽等大型屠宰厂联系并建立了长期合作

---

[1] 资料来源:《通榆县人民政府办公室关于印发〈通榆县整村搬迁牧业小区建设实施方案〉的通知》。

关系，保证了育肥羊的销售价格和销售量，目前合作社运营良好，2018年羊存栏1019只，出栏1834只，年收益百万元以上，为入股贫困户656户分红资金总额达到26万元。

（3）产业转型：衔接农业产业化升级

在农牧业园区建设的农业设施技术之上，为促进搬迁安置区村落集体经济的发展和农业发展的转型升级，切实提高安置区农民的收入水平，推动现代化农业发展，加强可复垦新增耕地高标准农田建设，大力推进农村土地适度规模经营，通榆县政府积极推进迁出区种养业规模化、品牌化的政策引导和鼓励，鼓励和引导农牧业企业、合作社、家庭农场和农户集中流转耕地，建设规模化养殖场，积极组织规模化种植养殖的经营主体参加各类农牧产品展销交易活动，组织动员企业开展消费扶贫精准对接活动，金融部门积极运用扶贫再贷款资金、扶贫小额信贷、创业担保贷款支持搬迁后的农牧业发展。

在乌兰花镇陆家村搬迁安置区，2016年，由陆家村村集体牵头，成立了通榆县陆家村土地股份合作社，以土地经营权作价入股方式集中连片经营35公顷土地，作为先行试点。2017年初，实现了整村土地经营权流转，237个农户和村集体以1147.8公顷耕地经营权作价入股土地股份合作社，成为全市第一个完成集体耕地股份化改造村。2016年以30万元财政扶贫专项资金投入土地股份合作社取得土地规模经营试点成功，确保了10年内建档立卡贫困户每年人均分红800元的经济收入分成，加上2017年200万元财政扶贫专项资金投入6个家庭农场实施谷子、高粱等种植项目（人均可分红240元），2017年陆家村建档立卡贫困户人均分红1040元。

2016年乌兰花镇用财政30.4万元扶贫资金，与通榆县天意农产品经贸有限公司合作，购买"天意红"辣椒大苗，连片种植37公顷，天意辣椒合作经营种植项目带动陆家村移民搬迁安置区92户贫困户参与，并签订了《辣椒合作经营种植项目合同书》，合同期限3年，按投资额12%的投资收益，根据每个贫困户的具体投资额进行分配。2018年12月底到期后，经陆家村村民代表会议表决同意，继续续签《辣椒合作经营种植项目合同书》，续签年限2年，在贫困群众入股土地每年每公顷保障分红1000元（人均约800元）的基础上，为陆家村建档立卡贫困户80户162人叠加收入。

在边昭镇三村易地扶贫搬迁安置区，拆旧区复垦出400公顷高标准农田，为每个安置村增收60万元。通过土地确权和产权制度改革，册外地归村集体统一发包管理，80%收益用于村民分红，再加上高速项目实施等给村集体事业的收益，村集体经济不断壮大。边昭镇易地搬迁三村利用集体经济收入，加强了小区建设管理，实现了小区物业费全部由村集体代交，随着集体经济壮大，村集体还要进一步为小区内居民代交部分取暖费，减少小区居民的生活支出。而原有的三村农户共有耕地面积4500公顷，全部由村干部和种植养殖大户成立18个合作社进行集体经营耕种，截至目前三村共流转土地1500公顷，户均每人收益2000元。搬迁后的农村土地通过土地流转或土地入股等形式开始集约化经营，小型农机具逐渐减少，大型农机具派上了用场，农业生产力显著提高。

为提高村集体收入，促进合作社经济发展，通榆县政府发改局积极支持安置区建设棚膜经济示范园区。积极向上争取易地搬迁节余的政策性资金，向省发改委申请在5个两村以上联建安置区试点建设3栋温室暖棚和5栋日光冷棚；后续根据资金争取情况，继续在21个安置区配套建设棚膜经济园区，以提升村集体经济水平，扶持上楼农民劳动力园区就业。

在政策的支持和引领下，通榆县安置区种植大户和合作社经济发展势头显著。通榆县延会家庭农场由陆家村种地能手王延会于2017年申请注册成立。2018年建设的一期21栋大棚（共21000平方米），全部订单种植香瓜，并注册了"王牤子"商标。2019年，21栋大棚继续订单种植香瓜，第一茬香瓜产量16万斤，纯销售收入20万元；二茬西红柿产量1.5万斤，纯销售收入3万元，解决了农村剩余劳动力15—20人（长期工）就业问题，短期用工近百人次。2019年11月份，博元家庭农场自筹资金开工建设了150栋供棚，占地面积100000平方米，计划种植香瓜，目前已建设完毕。棚膜经济的示范引领将逐渐打破通榆县传统的靠天打粮的模式，设施农业已在通榆县应运发展并逐步展开。

（4）持续性收入保障：公益岗帮扶与就业培训引导

在移民搬迁村落农业现代化转型和集约化生产的背景下，为保证搬迁安置区农民更好地融入社区生活模式，获得持续稳定的生活收入来源，通榆县政府从两个方面对安置区农民的就业问题进行了解决。其一，通过光伏产业、社区合作社和社区物业管理等部分划分出一定数量的公益性就业岗位，结合实际适度开发保洁绿化、治安协管等非全日制扶贫类和基层公共服务类公益岗位，为有意愿参与就业的困难农户提供相对应的特殊就业岗位，解决了一部分安置区农民的就业问题。

其二，基于搬迁安置区缺乏可容纳安置区居民就业产业的社会现实，通榆县政府持续完善金融扶贫政策，通过以奖代补、筹工筹劳等措施，激活农户自我造血功能，对有产业发展意愿、有劳动力的农户进行扶持。通榆县农业农村局和人社局针对安置区开展了一系列就业培训和外出就业引导措施。在就业培训方面，通榆县人社局根据易地搬迁村的产业特点，积极开展适合产业发展、鼓励农民转型的特色培训。加快在易地搬迁村进行"扶贫车间"布点，按照

"一村一特色"的理念，开展有针对性的百姓家门口的实用技能培训。针对市场用工需求和劳动力特点，统筹各部门培训资源，采取订单、定向、定岗等培训方式，开展免费职业技能培训。针对留守妇女和老人开展了简单的柳编、针织等技能培训。鼓励企业和就业扶贫车间等经营主体开展在职培训、以工代训。在引导外出就业方面，县人社局积极拓宽安置区农民就业渠道，组织安置区线上招聘活动，帮扶安置区有就业意愿的劳动力尤其是生活困难劳动力实现转移就业。鼓励和引导企业、农业生产经营主体到安置区投资并优先吸纳贫困劳动力就业；支持有条件的安置区建设扶贫车间；鼓励优秀农民工等人员返乡创业。

在边昭镇三村联建安置社区，成立了劳务输出合作社，并由专人负责长期外出务工、就近就地务工、短期临时务工，畅通务工渠道，确保有劳动能力、有意愿的搬迁群众都能务工。如利用新建农村社区公益性岗位开发，引进劳动密集型企业建设扶贫车间，利用腾退出的土地进行高标准农田治理，发展棚膜经济等形式，拓宽农民就业渠道，让有劳动能力的、有劳动意愿的搬迁群众都有"活干"。保安、保洁、扶贫车间等用工，则优先安置搬迁村民就业，重点向困难户倾斜。边昭镇三村联建安置点和什花道乡襄平村安置点截至2020年末已带动166人就业，为他们提供了持续性收入保障。

2.完善基础设施，重塑社区乡风文明

（1）营造生态宜居的社区环境

为推进县域内城乡基础设施及公共服务的均等化，改善安置社区环境，提高安置区农民生活水平，使安置区农民享受到现代化社区的优质环境和崭新精神风貌，通榆县政府在21个集中安置点，建设了21栋村综合服务中心，以及文化娱乐广场、电采暖工程、天然气工程、污水处理设施和视频监控设施。同时推进社区绿化、美化、亮化、硬化工程，并配套建设牧业园区、农机园区、电商服务站等。在社区环境整治方面，通榆县从安置社区环境维护和基础设施维护两方面进行了详细的规划和分工：社区环境建设方面包含安置区道路、楼道、绿化及其他公共区域卫生。各安置区村民委员会在《吉林省物业管理条例》的规定要求下成立了各自物业管理机构，制定了安置区物业管理办法，并通过张贴海报、广播电视、微信公众号等形式进行了宣传教育。物业机构实行划片分区规范化管理，明确了管理范围及标准：分区保洁员每天定期清扫，业主委员会或网格长实行常态化监督、检查。物业机构具体对小区内部院落、道路楼道、绿化等公共区域进行管理保洁和监督，以保持社区环境卫生整洁干净，如定期对小区内环境和楼道内卫生进行保洁，对小区绿化进行日常修剪、浇水、去虫，及时制止小区道路上打场及晾晒农作物，制止村民在小区硬化广场及车位上堆放杂物、在树上晾晒衣物及禁止大型超载货车进入小区等。在安置区的公共设施和基础设施维护方面，在通榆县的整体要求和部署下，各安置村物业机构建立了专业的维修团队，做到了能对安置区公共部分的水、电、气、暖等出现的问题及时维修，以保证不影响群众正常生活。物业机构配有专人对小区进行定期巡视，可及时发现并排除隐患，以确保小区群众人身和财产安全。安置区村民委员会或业主委员会不定期对物业机构工作进行监督、检查。如二次供水设备每年春秋两季应进行清洗杀菌；路灯、监控等小区公共设施要做到日常检修保养；小区化粪池、下水井应及时清淘；供热前需对供热系统进行检修，停热后管道需保压蓄水等。

目前在21个集中安置点，通榆县政府已经建设了21栋村综合服务中心，配备了文化娱乐广场、电采暖工程、天然气工程、污水处理设施和视频监控设施,同时配套建设了新区绿化、美化、亮化、硬化道路,牧业园区、农机园区、电商服务站等。其中,双岗林海安置点主体工程和新区配套设施建设基本完成。其他20个安置点,项目建设基本完工(个别绿化项目未完成),具备综合验收标准;电采暖工程,2017年全部完工并于当年正常运行;燃气工程,各安置点内外网全部完成,其中,边昭安置点已完工并开始供气,陆家安置点正组织验收中;视频监控系统,21个安置点摄像机、监控杆及地埋光缆全部完成,安置点周边无死角全覆盖;污水处理设施,所有安置点均已完成选址、规划、设计,并完成了初试运行。

在通榆县几个典型的搬迁安置区,生态宜居的社区环境营造工作业已取得重要进展。如乌兰花镇陆家村的搬迁安置区以"生态经济景观、生态经济城市"为理念,打造了"宜居、生态、文化"多功能居住小区。再如边昭镇三村联建安置点在政策执行过程中,按照县委、县政府的部署要求,选择县鑫瑞城市基础设施建设有限公司作为投融资平台和建设单位组织实施安置区项目建设,通榆县易地扶贫搬迁领导小组办公室牵头协调、推进、解决在建设过程中的各类问题。为确保安置区工程质量,鑫瑞公司专门成立了工程技术部负责工程质量管理,聘请监理单位、镇村两级组建业主代表队伍全程跟踪监督施工,打造了群众满意、政府放心的优质工程。

(2)构塑新时代文明乡风与推进社区融入

为促进社区治理及文化服务等方面的县域内城乡融合,通榆县政府在乡风文明建设方面提倡以农村精神文明建设为主线,持续推进"四道"建设,以各类评选活动为载体,强化村规民约建设,持续推动移风易俗,着力培育文明乡风、良好家风、淳朴民风,发挥典型带动作用,用身边事教育身边人,推动自治、法治、德治相结合①。

在安置区的社区文化建设方面，通榆县政府积极打造新时代的乡风文明建设工程，建设安置区社区管理和公共服务平台，制定村规民约，推动移风易俗，规范小区居民行为，倡导文明新风；丰富搬迁群众的文化生活，通过挖掘文化资源、民间艺人，组建各类特色的文化队伍，引导鼓励群众参与，吸引各地各类文艺、文化宣传队到小区进行表演和宣传，富裕精神家园；成立民情理事会，抓好民事调解和乡风村风建设。如在边昭镇搬迁安置区，为解决搬迁群众短期无法适应城市生活及由此带来的社区管理问题，边昭镇党委、政府潜心研究，针对如何让搬迁后的群众能"住得乐，住得幸福"进行了一系列尝试。一是强化村级组织建设，组建联合支部，实施"网格化管理"，由优秀党员任网格长，实现全覆盖、全方位的管理服务。以基层党组织为堡垒，抓好"一个中心、三个平台"（即综合服务中心，公共服务平台、生产服务平台、生活服务平台）建设，多方面立体化服务群众。二是延续"智志双扶"，在安置区内变简单的"送钱送物"为倡导群众通过劳动创造价值，激发困难群众追求美好生活的内生动力。三是在精神文明建设方面，小区规定了"文明小区十不准"，成立了民情理事会，并定期开展"大美边昭人""四道评比"等评选活动，文明正能量蔚然成风。在陆家村易地扶贫搬迁安置社区，在试点工作队、村"三委"班子、党员干部的社区工作带动下，村民更加珍惜和热爱来之不易的幸福生活，其参与基层精神文明建设的主动性和积极性明显提升，2017年有30户评为"善道、孝道、富道、美道"模范家庭，全体村民有了强烈的获得感、幸福感、安全感，对安置区社区生活和村庄发展充满了

---

① 资料来源：《关于印发〈通榆县2020年脱贫攻坚后续帮扶计划及成效巩固提升工作方案〉的通知》。

自信心和参与感。

特别值得一提的是，通榆县因地制宜创新形式，在边昭镇整村搬迁小区昭福家园率先建成了"爱心超市"。鼓励和引导群众用实际行动和良好表现换积分，再以积分换取相应分值的物品，并将其应用于新时代文明实践所开展的各项活动，探索出以"爱心超市"兑换积分、以美德行为兑换生活物资的社区治理新模式，此做法被吉林省委认定为可复制、可推广的工作经验，成效更得到了中宣部的充分肯定。不仅实现了社会爱心捐赠与搬迁安置区贫困群众个性化需求的精准对接，而且兑换出新时代村民的文明新风尚。

三、县域村庄布局调整的"通榆模式"总结及讨论

对通榆县县域村庄布局调整典型经验的梳理总结与学理探讨，对促进县域内城乡融合及其背景下建设农村宜居社区工作具有重要意义：其一，通榆县村庄布局调整的搬迁工程在实践过程中遵循了一条尊重民意、因地制宜、循序渐进的政策路线，在维护农民的利益基础上减少了移民搬迁工程推进过程中的伴生问题或隐患，这一政策路线对其他地区村庄布局调整工作的高质量高效完成具有重要启示；其二，强化搬迁后续扶持工作是保证农民搬迁上楼生活水平提升的重要保障，保障农民主体的安居乐业是乡村振兴工作的重要内容和最终落脚点，对通榆县行之有效的搬迁后续帮扶经验进行总结反思，对其他村落布局调整搬迁地区做好搬迁后续安置扶持工作具有一定的启发价值；其三，在农业产业化发展需求和土地增减挂钩政策驱使下，大部分位于平原地区粮食产区的农村地区正在进行土地集约化和规模化生产以保证农业专业性和高效性，农民的集中化上楼居住也成为农村现代化发展的重要路线选择。从这个层

面上看，对通榆县村落搬迁的政策施行过程及后续扶持的模式进行提炼和总结，将有助于为其他地区乡村振兴过程中农村集中居住的政策推进提供借鉴。诚然，通榆县县域村庄布局调整及宜居乡村社区建设实践业已取得了重要进展，但这仍然是乡村振兴与县域内城乡融合过程中的初步成果，有待下一阶段持续探索与推进。

（一）立足民意因地制宜的布局规划

民意导向不仅应是村落搬迁的重要依据，更是乡村振兴政策实践过程的基本原则和出发点及落脚点。在部分地区的新农村建设和集中化居住建设过程中，存在着以政府财政收入和城市化建设为导向而漠视农民意愿的现象，导致部分农民在政策推行之初即被裹挟在政府集中居住政策的推行大潮中，最终接受"被上楼"的命运。有学者指出，为了整理出新耕地置换城市建设用地，许多村庄都大张旗鼓地进行着"土地变革"，农民的住房被拆迁甚至是强制拆迁，农民"被上楼"的现象层出不穷。[①] 面对该类政策执行中的风险或隐患，通榆县在政策执行过程中在政策设计、政策规划、政策推进及后续完善等诸多方面都做到了以民意导向为异地移民搬迁的重要依据，通榆县县域村庄布局调整的村落搬迁过程中对农民意愿的充分尊重集中体现在下述几个方面：一是选择集中安置与货币化安置结合的形式，东北村落是我国乡村空心化问题突出的地域，部分搬迁地区农民已在县城或城市定居，并不需要集中化安置为其提供生活住所，因而通榆县政府对这部分外地居住农民采取了定额的货币补偿机制，保障了该部分农民的基本利益；二是采取"先建后拆"模式，即首先对农民集中安置的住房数量需求、农民自行选择的住宅面积和户型需求进行精确统计，在此基础上对集中安置区楼房进

---

① 荆培才：《对中国式"圈地"运动的反思》，《安徽农业科学》2011 年第 7 期。

行统一的房型设计和建造方案制订，等待住宅楼建设及装修完工，基础设施基本完善后，再将自愿搬迁的农民进行集中化安置，从根本上破解了部分地区以"先拆后建"形式推进对农民生活造成的不利影响；三是遵循了绝对不强制原则，对部分说服无效的农民不选择采取强制搬迁或以断水断电断路等方式变相强制搬迁的手段，反而极力保障该极少部分农户的基本生活供给。民意导向的搬迁政策使通榆县易地搬迁工程获得了广大群众的支持和赞扬，此举在完成县域村庄布局调整工作的同时，也提升了农民的幸福感和政府的公信力。

通榆县村庄布局调整计划的周密主要体现在政策执行的科学性、渐进性和完善性。通榆县政府首先是在对多年来涉及易地搬迁的政策方案的指导话语进行集中的学习和研究后，确定了"高站位、宽视野、大格局"的基本理念和确立了"12345"的基本方针，从而对政策的执行建构起健全和科学的宏观指导体系。其次，在政策的推进执行过程中，通榆县政府并未直接进行全方位的政策铺展，而是先对周边地区试点进行实地考查并总结学习实践经验，在此基础上结合通榆特点，分析确定试点村落，并通过较长时间对试点单位进行政策实践，并在对其成功经验的提炼总结基础上进一步规划了更大范围的政策实践，从而以渐进性的方式为易地扶贫搬迁的政策在执行中打下了坚实的基础，避免了政策操之过急带来的一系列问题。最后，在政策推广的过程中，通榆县始终保持着不断完善和自我检讨的态度，对后续的一系列问题予以高度重视并及时逐一研讨解决方案。这种计划周密的搬迁政策在执行过程中不仅规避了一系列建设问题，同时也保证了移民搬迁工程的有序、高效、高质量完成。

通榆县村庄布局调整规划及村落搬迁成功过程启示我们，尊重农民意愿是乡村政策的出发点和落脚点，也是保证政策执行和提升政府公信力的重要保障，县域村庄布局规划调整不应以政府政绩、土地财政或者单一的经济效率为依据，而应与农民主体的切身利益和自身意愿相契合。在此基础上，村落搬迁的规划和执行应循序渐进，避免激进化和功利主义倾向，保证搬迁工作的高质量完成。

（二）构建体系化的后续保障机制

由于县域村庄布局调整指导下的村落搬迁工程具有自上而下的高政策性、高复杂性和高投入的特征，对应的移民安置区中农民生活环境发生了全方位的变革，其生产生活方式也于短期内经历了全方位的变化，因而极具不稳定性，易导致农民生活成本提高甚至"上楼致贫"的现象发生，针对该类问题通榆县建构了成功的体系化保障机制。

通榆县政府首先对安置区上楼农民生活水平降低的风险进行了规避并提供了基本的生活保障，即通过国家政策性扶持的光伏产业为切入点，在安置区农民住宅的房顶及部分空间建立了大量的光伏发电设施，以光伏收入为解决农民上楼生活成本的提高问题提供了可观的补贴。农民上楼消费增加最为直接的方面即是取暖费和物业费的收取，而通榆县以产业扶持的方式，利用光伏补贴为安置区农民免除了物业费和大部分取暖费用，从而最直观地为其降低了生活成本。对农民的原有庭院经济提供的粮食作物消失而导致的食品商品化造成的生活成本提升，通榆县的解决方案则是为每户农民在安置区附近预留了50—150平方米的预留地供其种植蔬菜或粮食水果，从而使农民可以在一定程度上继续享受食品自给带来的低成本生活方式。

在生活保障体系中更为重要的是通榆县政府为农民提供了持续化的生活收入来源体系。对于有意愿继续进行农耕或畜牧业生产活动的农民，通榆县政府为其在安置区建设了农机园区和牧业小区，不仅保证了农民可以选择维系原有的生产方式，保障其原有的生产资料的安全性和延续性，而且有助于其生产规模的扩大和生产方式的转型升级，促进现代化农业的发展。

而面对不选择继续进行农业耕作的农民，通榆县政府在推进村集体经济和合作社经济发展，扶持规模化现代化农业发展从而提高对该部分农民土地流转带来的周期性固定收益的基础上，为安置区农民提供了一系列就业引导措施：一是通过光伏产业、社区合作社和社区物业管理等部分划分出大量公益性就业岗位；二是针对安置区开展了一系列就业培训和外出就业引导培训；三是积极拓宽安置区农民就业渠道，组织安置区线上招聘活动，帮扶安置区有就业意愿劳动力实现转移就业。这一系列的生活保障体系不仅极大程度上保障了农民生活成本不提升，更保障了农民收入水平和收入稳定性的提高。

通榆县上述以生活保障体系构建应对农民搬迁上楼潜在风险的举措启示我们：针对搬迁后上楼农民的种种生活问题，一是首先需要进行直接性的政策扶持补贴以保障上楼农民初期的生活稳定性。农民上楼后由于失去原有低成本生活方式和需要新增缴纳取暖费、物业费或购置相关生活物品而消费大幅增加，这时亟须直接性的政策扶持来保障农民"稳得住"；二是为农民提供持续性的生计渠道，为部分农民提供继续和扩大农业生产的发展机会，为更多土地流转的农民提供就业帮扶和就业指导，保障农民"能发展"；三是为农民提供更长远的发展机会，促进农业集约化、产业化、现代化升级，通过产业扶持、技术引进、组织帮扶等方式推进农业合作化现代化转型，保障农民"能致富"。

（三）构建生态宜居的社会融入体系

对村落搬迁农民的社会融入体系构建是一个复杂化和系统性的问题，因为农民村落搬迁集中上楼意味着其生产方式、生活方式、社交方式的全方位变革，与农村脱贫攻坚工作的"扶上马再送一程"的比喻相比，村落搬迁及安置社区建设更像是扶上汽车，不仅要教会农民车辆原理和驾驶技术，而且要教会其复杂的交通规则和驾驶文明准则。通榆县的村落搬迁后续扶持工作不仅对农民的生活生计进行了全方位的保障，还帮助其建立了全面的现代化社会融入体系。

农民社区化居住后，在其生活保障和升级延续的基础之上，如何适应现代生活方式和生活节奏则是更应思考的重要问题。在现代化社会融入体系构建方面，通榆县政府从社区融入和文化融入两个方面促进了农民生产生活的现代化转型。

在社区融入方面，通榆县逐步将安置区打造成现代化宜居性社区，在每个安置点建立了村综合服务中心，建设文化娱乐广场，实施电采暖工程、天然气工程，配备污水处理设施和视频监控设施，同时配套建设新区绿化、美化、亮化、硬化道路、牧业园区、农机园区、电商服务站等；并特别从安置社区环保维护和基础设施维护两方面对社区环境整治进行了详细的规划和约束：在安置区的公共设施和基础设施维护方面，通榆县整体要求各安置村物业机构要有专业的维修团队，对安置区公共部分的水、电、气、暖等出现的问题能及时维修，不能影响群众正常生活。物业机构要有专人对小区进行定期巡视，及时发现和排除隐患，确保小区群众人身和财产安全。通过上述努力，通榆县为搬迁户上楼的社区融入创设了优良的环境基础、提供了完备的公共设施和物业服务体系。

在文化融入方面，原有的乡村乡土文明和熟人社会的交往格局被打破，农民新的精神寄托和文化寄托亟待形成，新的交往交流方式需要打造。针对这些问题，通榆县政府以创新社区治理统摄文化融入问题。通榆县政府在原有的社区基础设施建设中，为农民提供大面积供社会交流的文娱广场等硬件设施基础上，积极打造安置区新时代的乡风文明建设工程，制定村规民约，推动移风易俗，重建了原有的乡村乡土文化；在精神文明建设领域，县政府把精神文明建设作为全面建设小康社会的重要内容和主要抓手，破解直接给钱给物、"输血式"帮扶助长不劳而获的不良风气，设计并推行了"爱心超市"试点，以此为载体，大量农民连锁式地开展了社区精神文明建设活动，极大地促进了社区文化发展和社区居民的社会文化交往。

通榆县上述以社会融入构建衔接生态宜居社区建设的经验启示我们，农民的社区化生产生活不仅需要经济上的收入来源的稳定与提高，还需要增强对社区生产生活的参与感、生活幸福感及文化认同归属感，为实现此目标，我们一是要保证农民参与村庄农业现代化转型升级，农民易地搬迁后并非是通过简单的土地流转而完全改变农民身份及其生产生活方式。农民作为乡村振兴的主体，应全方面参与到村庄农业现代化转型的全过程之中，应通过鼓励有条件的农民主导或参与合作社生产或迈入现代农业岗位，推动农民真正融入村庄农业现代化发展格局。二是要保证完善社区基础设施建设和社区环境管理，农民迁入社区之后原有的乡土生活空间不复存在，其生活环境需要居委会或物业进行集中化管理，因而需要引导和保证居委会及物业能提供完善化的基础设施和打造整洁有序的社区环境，以此提升农民的生活幸福感。三是要引导新的社会交往方式和村落文化的形成，在农民原有文化格局被打破的背景下，政府需要引导安置区村落移风易俗和乡风文明及精神文明建设，构建与故土文化相勾连又突显新时代特色的新型乡土文化，提高农民的文化认同感和归属感。

（四）面向生态宜居社区的进一步对策建议

通榆县以践行民意导向，计划周密的移民搬迁政策道路以及构建全方位农民生活保障体系和现代化社会融入体系为亮点，创造了县域村庄布局调整的"通榆经验"，有效提升了搬迁上楼农民的生活水平，其体系化、科学性的后续帮扶经验具有重要价值。但这仍然是通榆县在乡村振兴过程中探索县域城乡融合内容的初步经验，具有一些待提升和深化之处，且"通榆模式"在推广性上也存在一些制约。

在促进移民安置区向生态宜居的现代化乡村社区体系建设的过程中，通榆县的后续帮扶政策还面临两方面问题：一是现代化乡村建设过程中对农民主体积极性的调动程度还有待提高，政策设计和推进更多是自上而下进行的，村民的主动参与能力有限；二是在乡村空心化的现实背景下，通榆县易地搬迁安置区的老龄化问题更为凸显，虽然通榆县对搬迁安置区留守老人给予了一定的政策倾斜，并开设了孝老餐厅，但在针对老年人的关怀和照料方面还有一定的提升空间。

通榆县具有人均宅基地面积大，人均耕地面积大的特点，宅基地复垦指标出售可为乡村发展，特别是搬迁区的建造带来丰厚的资金，而在人均宅基地面积较少导致搬迁带来的政府财政收入较少且安置区兴建成本较高的地区，如何克服阻力，做到农民意愿、社会效益和财政保障相统一值得深入探索。针对上述挑战，建议通榆县在现有成果基础上，进一步创新深化全面性的扶持体系和保障体系，促进移民安置区向生态宜居的现代化乡村社区提档升级。

其一，完善多元支撑的后续帮扶体系。"通榆经验"的核心在于建立起多方面的安置区生活保障和社会融入体系，化解了易地搬迁后续规模返贫的风险。建议以"通榆经验"为借鉴，完善多元支撑的村落搬迁后续帮扶体系。包括发挥各级政府作用，在政策上予以倾斜，实现精准帮扶，特别是发展县域经济激活帮扶的可持续性；发挥村级组织作用，在基层治理和服务领域为村民提供升级版的公共服务，并通过壮大村集体经济，提高村落自身保障能力；动员社会力量参与，将多元社会资本引入帮扶体系等。

其二，重视对安置区农民主体性的激活。农民的社区化生产生活并非是通过简单的土地流转而完全改变农民身份及其生产生活方式，而是在帮助新迁入安置区的农民实现经济收入增加和生活保障稳定提高的基础上，增强他们对新形式乡村生产生活的参与感、归属感。在易地搬迁安置区中，部分农民生产积极性较低，片面依靠政策性补贴和土地流转收入维持生计，由于与集体事务和生产活动的逐渐脱节，部分农民很容易失去对村集体生活的归属感和认同感。面对这类问题，各级部门应通过政策创新鼓励和引导农民参与村集体事务和农业现代化转型升级，保证作为村集体成员和社区主体的农民全方面参与，使农民真正融入乡村现代化发展格局。

其三，在政策保障体系中加强对老龄化群体的关注和照料。在城镇化大背景下，我国乡村普遍存在人口外流和"空心化""过疏化"现象，青壮年劳动力大量迁移进入城镇就业导致了乡村老龄化问题凸显，而在易地扶贫搬迁过程中，通榆县大量进城打工的青壮年劳动力选择"货币安置"的方式进入城镇，这就导致该地区安置社区中的老龄化问题更加严重，因此以通榆县为代表的空心化和老龄化地区，地方政府应在后续扶持工作中高度重视对老龄化群体的关注和照料。目前的通榆县搬迁安置社区对老年人的针对性服务虽有所开展，但还比较单一，在后续的安置区社区建设中应注重加强社区卫生所建设、日间照料机制建设，实现社区养老服务的体系化和完善化，并加强对老龄群体的文化活动和社交活动的场所提供与组织引导。

第六章
以乡村文化振兴助推县域内城乡融合发展

脱贫攻坚的全面胜利不仅显著提高了广大农民群众的生活水平，也影响了农民群众的价值判断和文化选择。但在乡村文化逐渐式微的背景下，如何推动乡村文化与时俱进、向现代化转型，满足广大农民日益增长的精神文化需求，已经成为一个亟待解决的现实问题，也是推动县域内城乡融合发展的核心议题。作为城乡关系演化进程中的新趋向，城乡融合不仅是要实现经济的融合、政治的融合、公共服务的融合，更重要的是将城乡居民的文化服务、文化资源融为一体，达到城乡间的文化融合，这是城乡融合发展的一个难点，也是其灵魂所在。党的十九大以来，吉林省通榆县不仅如期完成了脱贫攻坚的重要任务，更是把文化振兴作为乡村振兴的铸魂工程，从弘扬社会主义核心价值观、挖掘传统农耕文化、开展教育技能培训、深化移风易俗、推动文化产业发展等多个维度培育文化"软实力"，全县农村居民的精神风貌整体呈现出积极、健康、向上的发展态势，为城乡融合发展增添了新的精神动力，对于更好地实现以乡村文化振兴助推城乡融合发展有一定的借鉴和启示意义。

一、乡村文化振兴助推城乡融合发展的内涵与逻辑

无论是城乡统筹发展还是城乡一体化发展，在我国历史演进过程中，城乡关系的每一次转变必然会让整个社会风貌随之发生转变，而当社会风貌发生转变，农村的整体文化生态则首当其冲。因此，可以说乡村文化发展与城乡关系之间是存在一定耦合性的。党的十九大以来，城乡融合发展是党和国家围绕城乡关系发展的又一次理论与实践创新，如何在城乡融合过程中把握好乡村文化与城市文化发展的平衡性，可以说是一项重要的课题，而从文化融合的视角出发，探索以乡村文化振兴助推城乡融合发展的路径，可谓是一种解决之道。

（一）城乡文化融合发展的内涵探析

2017年，当"城乡融合"作为一个关键词出现在党的十九大报告中，标志了我国的城乡关系在新时代迎来了一个崭新的发展阶段。党的十九届五中全会明确指出，城乡融合的主要目标是"健全城乡融合发展机制，推动城乡要素平等交换、双向流动，增强农业农村发展活力"，在2021年颁行的《中华人民共和国乡村振兴促进法》中更是专门拿出单独一章来阐述城乡融合。5年来，习近平总书记围绕城乡融合发展作出一系列重要论述，强调"走城乡融合发展之路""加快建立健全城乡融合发展体制机制和政策体系"，充分体现了党和国家对这一新型城乡关系一以贯之的高度重视。

城市与乡村是由产业类型或一定面积上的人口密度来定义的概念，[①] 城市与乡村是一个有机体,城乡关系也是最基本的经济社会关系，城市发展需要乡村的助力，乡村的发展同样也离不开城市的

---

① 党国英：《城乡界定及其政策含义》，《学术月刊》2015年第6期。

反哺。[①] 1949 年以来，我国的城乡关系先后经历了从分治、统筹、一体化、再到融合的发展历程。"城乡融合"作为新型城乡关系的最新表述，强调的是通过城市和乡村之间要素的自由流动和公共资源的合理配置来解决我国长期以来城乡发展不平衡不协调问题。

习近平总书记指出，"文化的力量，或者我们称之为构成综合竞争力的文化软实力，总是'润物细无声'地融入经济力量、政治力量、社会力量之中，成为经济发展的'助推器'、政治文明的'导航灯'、社会和谐的'黏合剂'"[②]。作为城乡之间最为灵动的要素，文化及其所蕴含的潜力与创造力可以为城乡融合发展提供有力的精神支撑。正如部分学者所言，"城乡融合是实现乡村振兴的重要途径"，"文化融合将是城乡融合的必然趋势，也是它的终极价值"。[③]

"城乡文化融合"是由"城乡融合"主要内容衍生出的概念，即将城市和乡村这两个相对独立系统视为一个整体，并通过持续的双向互动达到让各类文化要素、文化资源、文化主体最终融合成一个有机整体的过程。需要注意的是，这种"文化融合"的过程并非是将城乡的文化元素进行机械性的拼凑，也并非是以强势的城市文化来"吞并"相对弱势的乡村文化，更不是消除城乡文化之间的发展差异，相反，城乡文化融合要在尊重差异的基础上让城乡文化相互渗透、相互促进，去其糟粕、扬其精华，最终实现既具有传统优秀文化的历史底蕴与又富含现代文明的精华的有机融合。

城乡文化融合的主要目标是让城市和乡村处于同等重要的位置，通过统筹布局，合理规划，实现城乡之间关乎文化发展要素的双向流动，减少城乡之间由于文化发展差距导致的失衡难题，保障

---

① 刘彦随：《中国新时代城乡融合与乡村振兴》，《地理学报》2018 年第 4 期。
② 习近平：《文化是灵魂》，《西部大开发》2012 年第 12 期。
③ 孙若风：《解读城乡融合的文化密码》，《中国乡村发现》2021 年第 4 期。

城乡居民享受同等的文化权益和公共文化服务，实现城乡文化产业的共同繁荣。需要指出的是，城乡文化融合需要与城乡经济、政治融合同步推进，因此是一个长期的过程，不可能一蹴而就。也正是由于城乡文化融合所具有的独特性，不少学者将城乡文化融合程度作为一个指标，用以衡量城乡融合发展的整体情况，城乡文化融合程度越高，表明城乡之间各要素流转程度和协调程度越高，反之亦然。

（二）乡村文化振兴与城乡融合发展的内在逻辑

城乡融合发展是我国破解城乡二元结构，构建新型城乡关系的一次伟大探索。党的十八大以来，伴随脱贫攻坚战取得的伟大胜利以及乡村振兴战略的全面推进，我国推进城乡融合发展的实施条件已经趋于成熟。党的十九大报告中提出的"城乡融合发展"是我国城乡关系演化过程中的一项重要战略部署，也是实施乡村振兴战略的根本保障。而从文化的角度来看，乡村文化振兴与城乡融合发展之间同样存在着深厚的内在逻辑联系。

1. 乡村文化振兴决定了城乡融合发展的深度与广度

由于长期受城乡二元结构影响，我国的城市与农村在经济、社会、文化等多个领域都长期处在一个不对称的发展状态。十八大以来，党和国家大力发展农村新业态和新产业，农业持续稳定发展，农村民生全面改善，农村改革深入推进，农村社会稳定和谐，农村的经济基础与各项社会事业发展开始有了明显提升，城乡在经济、产业、文化、公共服务等领域的差距也在逐年缩小。但同样需要注意到，农村在精神文化层面的发展显然没有跟上经济增长的步伐，农村精神文化发展要远远滞后于城市。因此，2018年3月8日，习近平总书记在参加十三届全国人大一次会议山东代表团审议时强调，要推动乡村文化振兴，通过践行社会主义核心价值观，传承发展乡土文化，改善农村基本生产生活条件，提升农民的精神风貌，提高乡村社会文明程度来推动乡村物质文明与精神文明的同步发展，实现城乡在精神层面的深度融合，体现出党中央对于农村精神文明建设工作的高度重视。可以说，农村精神文明建设工作在乡村振兴阶段的一个主要目标就是通过实现乡村文化振兴来解决农村文化发展滞后、文化资源匮乏、农民综合素质较低的问题，继而促进城乡文化的均衡发展，最终达到城乡文化融合发展的目标。因此，文化作为城乡融合发展的"软件"，与城乡劳动力结构、产业形态、要素流动方式、空间布局、公共产品配置等"硬件"相互支撑，共同构成了城乡融合发展的重要维度，更是直接决定了城乡融合发展的深度与广度。

2. 乡村文化振兴为城乡融合发展奠定了精神文化基础

城乡融合发展不只是经济社会关系的融合，更重要的是城乡精神文化层面的一次融合，因此这将会经历一个漫长的发展过程，不可能一蹴而就。文化振兴作为乡村振兴战略中的铸魂工程，不但为全面打赢脱贫攻坚战提供了强大的精神动力，也为城乡融合发展奠定了坚实的精神文化基础。城乡文化融合并非是对城乡文化进行一次简单的"物理整合"，而是将代表乡村的传统文化与代表城市的现代文化通过一系列的取其精华、去其糟粕的"化学反应"，最终实现二者深度融合的过程。在此期间，文化产业发展相对滞后的农村必定会在城乡融合的过程中承受来自于城市文化的碰撞与冲击，可能会出现乡土文化完全被城市文化湮没的问题，动摇我国五千年乡土文化发展的根基。因此，乡村文化振兴对于城乡融合发展的一个重要功能就是通过发展农村文化产业、建强乡村文化载体、传承优秀乡土文化，为城乡融合发展提供稳固的文化基础，保障城乡文化的"无损融合"。此外，由于城乡间经济融合发展相对较早，而农村的精神文明建设步伐相对滞后，导致农村居民的思想道德观念、科学文化素养，乃至于生产生活方式都难以在短时间内适应这种"城市化"带来的变化，于是我们注意到有部分农村居民放弃了"勤俭持家""吃苦耐劳"的中华传统良风美俗，落入到"消费主义"的窠臼难以自拔。而乡村文化振兴恰恰可以通过移风易俗推动乡村形成文明乡风、提升农民的精神风貌、重塑乡村公序良俗，通过发展职业教育不断提升乡村精神文明建设水平，为城乡融合发展夯实思想基础，避免歪风邪气侵袭。

二、通榆县推动乡村文化振兴的主要做法与成效

推动文化振兴是通榆县实施乡村振兴战略的重要一环。近年来，通榆县充分利用自身作为全国首批新时代文明实践中心建设试点县的优势，开展了一系列提升文明乡风的具体行动，其中既有对脱贫攻坚时期"志智双扶"措施的延续和提升，也有现阶段根据农民不同需求而采取的"新动作"。通过对乡村文化振兴道路的实际探索，通榆县取得了一些成果，也积累了一些独特的成功经验。

（一）以社会主义核心价值观强化农民思想道德建设

社会主义核心价值观是全面推进乡村振兴最重要的理论法宝之一，也是促进城乡文化融合的主要抓手。习近平总书记在党的十九大报告中指出，"社会主义核心价值观是当代中国精神的集中体现，凝结着全体人民共同的价值追求"。正是由于社会主义核心价值观同乡村传统思想道德文化在情感与内涵上有着共通之处，才

更容易与农民产生共鸣,对农民的思想观念和行为规范具有独特的指引作用。早在脱贫攻坚时期,通榆县就充分发挥新时代文明实践中心的宣传与行动引领作用,形成了培育和弘扬社会主义核心价值观、激发贫困群众脱贫内生动力的特色宣教体系。全面实施乡村振兴战略以来,通榆县深刻把握积极培育和践行社会主义核心价值观的重要性,以社会主义核心价值观为精神引领,从解决好群众反映强烈的乡风文明问题入手,不断强化农民思想道德建设,营造出浓厚的文明乡风氛围。

1. 创新宣教载体,内化核心价值

思想道德作为文化的重要组成部分,不仅关系到个人的全面发展,更是关涉到整个社会的进步与否。为此,通榆县进一步强化社会主义核心价值观宣传教育,从生活化的场景和日常化的活动入手,将社会主义核心价值观巧妙地融入农村居民的日常生活,一改利用数字为小区楼栋命名的传统方式,创造性地将"富强、民主"等12个社会主义核心价值观主题词作为全县21个易地扶贫搬迁安置小区、625个楼宇单元的楼牌和楼门牌名,让广大农村居民在出入之间牢记社会主义核心价值观的主要内容,培育与新时代相适应的积极向上的生活方式,这种独特的宣教方式有效消弭了乡土文化中与社会主义核心价值观相对立的元素,让广大农民群众自觉成为社会主义核心价值观的践行者。

2. 激活线上线下宣传矩阵,强化思想引领

为了强化社会主义核心价值观宣传教育,让广大农民群众能够更多地接触、了解以及学习社会主义核心价值观的主要内容,培育与新时代相适应的积极向上的生活方式,通榆县进一步创新党的思想理论传播方式,充分激活线上线下宣传矩阵,把社会主义核心

价值观植入人们生活的方方面面，确保社会主义核心价值观在每一位农民心中落地生根。在线下宣传方面，通榆县发挥每个村"新时代传习所"的"传""习"作用，利用每周一次的"农民夜校"，让"政策明白人""草根宣讲员"和贫困群众面对面宣讲社会主义核心价值观和国家"精准扶贫"的惠农政策。在"言传"之外，通榆县更加重视发挥党员干部对于贫困群众的"身教"作用。为此，全县组织1.2万名党员干部，组成172支驻村工作队深入各个村屯，在带领贫困群众脱贫致富的同时开展移风易俗工作，带头抵制村内的陈规陋习，宣传落实移风易俗，树立"勤劳致富""勤俭持家""孝敬父母"等良好生活理念，形成了以党风引领民风的典型示范效应。在线上宣传方面，通榆县利用QQ群、微信群以及新媒体传播工具在传播速度和覆盖范围上的优势，用图画、顺口溜等图文并茂，喜闻乐见的形式积极宣传党的主张，引导农民树立符合社会主流思想文化的价值观。

（二）以创新精神文明建设载体提升农民精神面貌

作为一个农业大国，在数千年的农耕历史中孕育出的以"勤、孝、礼、善、诚"为代表的优秀思想道德文化是中华优秀传统文化的重要组成部分，也是全面实施乡村振兴战略的思想道德基础。然而这些传统美德受到拜金主义、享乐主义、铺张浪费、人情攀比等不良风气的冲击和侵蚀，阻碍着乡村社会的进步。为引导人们崇德向善，形成良好的乡村精神风貌，通榆县以"爱心超市"为载体，激发广大农民群众勤劳致富的内生动力，通过搭建"孝老餐厅"，弘扬传统孝德文化，帮助农村居民重拾对道德的信仰，践行新时代道德规范，形成了乡村社会道德新风尚。

1."爱心超市"激活农村群众勤劳致富内生动力

自2015年脱贫攻坚正式拉开序幕,国家大量的扶贫资源倾泻式地投入到通榆县的90个贫困村,村干部与乡镇政府无微不至的关怀让每一位贫困户深刻感受到了来自党和政府的温暖。整个脱贫攻坚期间,通榆全县共有15个乡镇31个村开展了易地搬迁扶贫项目,涉及常住人口13589户29035人,其中建档立卡人口4799户9418人,随迁人口共计7812户19252人。[1] 搬迁对于传统农耕文明的安土重迁思想是一次巨大的挑战,尤其是将多个村屯彻底解体后再重新聚合,让部分农村群众对搬迁后的生活环境产生了诸多不适,也有相当一部分贫困群众习惯了政府"救济式"的帮扶方式,以戴着"贫困户"帽子,享受政府的扶贫待遇为荣,自己明明已经达到脱贫标准,但担心"摘帽"后得到的政府扶持减少,选择在扶贫干部到家里登记收入时故意"瞒地瞒产""装穷哭穷",寄希望能从政府那里获得更多的救助。

为了让这些易地搬迁居民一方面尽快重建邻里关系,另一方面摆脱对于政府的"依赖惰性",通榆县探索出以"爱心超市"积分兑换为代表的"志智双扶"工作新模式。2017年7月,通榆县在边昭镇的易地扶贫三村联建新区——"昭福家园"建立了吉林省首家"爱心超市",鼓励引导易地搬迁群众通过孝亲敬老、辛勤劳动、勤俭持家、爱护环境等文明行为和参与村里组织的公益活动赚取"爱心积分",再用"爱心积分"兑换日常生活用品,将过去单纯"送钱送物"的扶贫方式转变成让贫困群众通过劳动创造价值,极大地激发了居民勤劳致富的内生动力。这一模式也被吉林省委认定为"可复制、可推广"的"志智双扶"经验,其成效得到了中宣部的充分

---

[1] 资料来源:《通榆县脱贫攻坚五年工作总结》。

肯定，并在全国范围进行了宣传推广。通榆县的"爱心超市"之所以能够收获巨大的成功，其主要经验可以归纳为以下几个方面：

第一是以高规格的组织架构统领创建。通榆县从"爱心超市"筹备阶段开始就将其作为"一把手"工程来抓，通过出台具体实施方案，建立起由县委书记担任组长的"爱心超市"建设小组，明确细化了"爱心超市"的建设原则、资金来源、物资筹集方式、救助范围、管理机构等内容，各乡镇"一把手"成为各村的"爱心超市"第一责任人，这种"高规格"的组织架构为"爱心超市"的平稳运行提供了有力支撑。

第二是服务管理体系科学规范。通榆县的"爱心超市"实现了从积分申请、积分评定再到积分兑现全过程的规范化管理。村民积分卡的办理需要经过申请、登记、审核一整套严格的流程，为了让积分的评价和审核工作做到公平、公开、公正，通榆县建立了"小组监督＋奖罚并重"的评分机制，由下派的第一书记和驻村工作队人员组成积分评价审核小组，每周对全体农户进行评定，并通过微信群、村委会的 LED 显示屏和超市内的宣传栏等途径公示评分结果，堵死了个别群众动歪脑筋、走后门的想法。

第三是爱心积分管理赏罚分明。为了提高爱心积分的吸引力，通榆县不断探索贫困群众付出与收获的平衡点，为此制定了合理的动态积分规则。贫困群众可以通过发展产业、参与公益活动、带领村民脱贫致富，以及孝老爱慈、协调化解群众矛盾纠纷等具有延展性的十四个方面的活动获得相应的积分奖励。除"奖勤"机制外，通榆县同样利用"积分"起到"罚懒"的作用，建立了包括"散播谣言""违反村规民约"等两个大方面近 10 项内容的减分机制，并进一步将积分与村民福利挂钩，当积分低于负 3 分时就无法再享受由村集体提供的免缴水费、卫生费和物业费的待遇。^①这种依靠积分制度营造出的"竞赛"氛围,让各村参与积分兑换的贫困群众很快从最初几十人发展到百余人,在不知不觉间转变了贫困群众"等靠要"的思想观念。

第四是自我"造血"机制相对完善。为了保障"爱心超市"能够持续有效运行,通榆县不断拓宽资金来源渠道,采用集体土地流转、社会捐赠、产业项目分红等方式建立了长期稳定的资金保障机制。以边昭镇昭福家园的"爱心超市"为例,该村为"爱心超市"流转了近15公顷的土地用来打造"爱心菜园""爱心示范田",村民可以通过自耕自种的方式获得"爱心积分",田间创造的收益也全部用于采购"爱心超市"物品,一方面实现了"爱心超市"供应链的自我循环,减少了对于社会的依赖,另一方面也提高了贫困群众的脱贫热情。^②此外,通榆县充分发挥政社联动机制,将政府机关、企事业单位、社会团体与各界爱心人士的爱心捐赠源源不断地转换为全县"爱心超市"中的兑换商品。截至2019年底,全县21家"爱心超市"收到政府资金120万元、社会帮扶捐助资金87.14万元,社会捐赠衣物约1.2万件,"爱心超市"商品种类达到500余种,组织志愿服务活动400余次,共发放积分10万余分。可以说,通榆县的"爱心超市"项目作为独具地方特色的"志智双扶"模式,利用正向激励和反向约束,让贫困群众认识到贫困是可以通过自己的奋斗战胜的,做到了扶贫与扶志并行、物质脱贫与思想脱贫同步。

鉴于"爱心超市"在脱贫攻坚阶段取得了良好的淳化乡风效果,通榆县在全面推进乡村振兴战略过程中进一步将其上升为全县

---

① 资料来源:《边昭镇昭福家园"爱心超市"运行情况简介》。
② 资料来源:《"小积分"激活"大德治"开拓乡村振兴新局面——八面乡八面村首创村民自治经验介绍》。

乡风文明建设的一个品牌项目,并将"爱心超市"从服务对象、覆盖范围、积分体系与服务功能四个方面进行了全面提档升级,打造成"爱心超市2.0",使其在服务内容上更贴近乡村振兴的要求。在具体的做法上:

首先是进一步扩大了"爱心超市"的服务范围。鉴于"爱心超市"在脱贫攻坚阶段就已经在部分农村地区产生了"溢出效应",很多普通村民也想通过参与志愿服务获得"爱心积分",体验"以爱换物"的成就感。因此,为了让更多的村民能够享受到"爱心超市"带来的实惠与好处,同时进一步扩大村内志愿服务队伍的规模,通榆县将"爱心超市"的服务对象从脱贫攻坚阶段仅针对建档立卡的贫困户扩大到全体村民,鼓励所有人通过劳动和公益活动等方式赚取积分,兑换日常生产生活用品,降低生活成本。以八面村的"爱心超市"为例,该村面向全体村民发放"爱心超市"一卡通,而且为了扩大"爱心超市"的覆盖面,该村进一步将村级"爱心超市"提档升级为乡级"爱心超市",将过去仅在村内流通的"爱心积分"录入信息管理系统,村民可以使用"一卡通"在全乡任何一家"爱心超市"直接兑换商品,实现了积分的异地兑换。①

其次是将"德治"纳入积分体系。鉴于"爱心超市"在乡村振兴阶段的服务对象与范围都较脱贫攻坚阶段有了一定变化,通榆县也坚持与时俱进,根据乡村振兴阶段乡风文明建设的总体要求,将"爱心超市"的积分内容由原来的以脱贫致富为主,转变为以乡风文明带动生态宜居和治理有效。通过优化《"爱心超市"管理办法》《"爱心超市"积分细则》《"爱心超市"减分细则》,将超市各项相关工作进一步细化、量化,并且加入了"乡风文明""生态宜居"两个重要板块。在"乡风文明"板块中,通榆县通过制定《文明村

---

① 资料来源:《通榆县八面村提档升级"爱心超市"助力村屯自治》。

屯十提倡》《文明村屯十严禁》,将"德治"内容纳入积分体系。在"生态宜居"板块中,则是将"爱心积分"与环境卫生、垃圾清理、柴草垛治理等村屯环境卫生整治挂钩。以通榆县八面村为例,该村将全村公共区域划分成多个片区,要求每家每户在打扫自家卫生的基础上承担部分公共区域的卫生清扫工作,并为室内室外卫生情况均达到标准的村民提供20个固定积分。同时,该村每周还进行至少3次以上的集体劳动,按劳动量给予相应的动态积分,对于达到标准的农户一次性给予120积分奖励。此外,八面村每月开展一次"美丽庭院·干净人家"评定活动,设立"美丽庭院·干净人家"流动奖牌,获得流动奖牌的家庭给予一次性50积分奖励,每季度对"大美八面人"进行一次评定活动,在"大美八面人"评定和执行《文明村屯十提倡》中表现好的农户列入"德治积分榜",并给予一次性150积分奖励。根据计算,该村仅村屯环境管理一项,村集体每年需在"爱心超市"上投资16万元经费,相比于之前每年50万元的村屯环境治理经费减少了三分之二,更为重要的是,村里不仅人居环境有了翻天覆地的变化,而且村民的思想也有了根本转变,真正把生活居住的村屯当成了自己的家。[1]

最后是拓宽"爱心超市"的网络节点功能。总的来看,提档升级后的"爱心超市2.0"相较之前的"1.0版本"具备了更强的资源链接功能,其最大的特点就是拓宽了"爱心超市"在乡风文明建设过程中的"网络节点"功能。为方便广大群众的生活,通榆县各村的"爱心超市"吸纳了村里有理发、电器维修等专业特长的群众,共同组成一支"便民服务队",为村民的日常生活提供服务,队员们在帮助群众解决困难的同时也通过自己的服务获得"爱心积分",

---

[1] 资料来源:《"小积分"激活"大德治"——通榆县"爱心超市"交流材料》。

收获了非常好的效果。[①]可以说,"爱心超市"通过积分鼓励充分调动了全体村民参与村屯自治的积极性、主动性,营造了劳动光荣、勤俭持家、爱护环境的文明新风尚,初步实现了村屯的自我管理、自我监督、自我服务、自我教育,开创了德治引领、全员参与、村民自治共助乡村振兴发展的新局面。

2. 以"孝老餐厅"建设弘扬孝德文化

"百善德为本,敬老孝当先",以"孝老爱亲"为核心的孝德文化是中华民族数千年来优秀传统文化的根基所在,也是当代社会主义核心价值观的一个重要价值取向。为了解决全县农村地区高龄、留守、空巢老人长期以来的用餐困难问题,让所有老年人共享乡村振兴发展成果,通榆县出台了《推进乡村振兴培育乡风文明工作实施方案》,充分整合利用农村党群服务中心的现有设施和资源,将"孝老餐厅"新时代文明实践志愿服务项目作为乡风文明建设的重要载体,在全县16个乡镇18个村率先推进,为村内70周岁以上有服务需求的老人免费提供健康午餐,并为村内半失能、空巢、独居、留守且行动不便的高龄老年人提供免费的送餐服务。这种利用"小食堂"凝聚"大民心"的孝老、敬老、爱老新载体,破解了农村养老的一个大问题,显著提升了农村老年人的生活品质。在"孝老餐厅"的运营方面,通榆县采取了诸多具有代表性的典型做法,主要表现在以下几个方面:

第一是坚持多个部门协调联动。为了给"孝老餐厅"运行的各个环节提供安全保障,通榆县出台《关于创建"孝老餐厅"志愿服务项目试点工作的实施方案》《通榆县关于持续深化"孝老餐厅"志愿服务的实施意见(试行)》,进一步明确"孝老餐厅"的硬件配置,

---

① 资料来源:《通榆县八面村提档升级"爱心超市"助力村屯自治》。

并由市场监督管理局、卫健局、乡村振兴局、村委会、包保单位、属地企业、爱心协会等多个部门联合为"孝老餐厅"提供内外保障。在食品安全方面,通榆县市场监督管理局对每家"孝老餐厅"的公益岗位人员进行了食品安全和操作培训,要求按照食品留样规定操作:每餐每个品种留样不少于100克,冷藏条件下存放48小时以上。通榆县卫健局则调度当地村医为"孝老餐厅"进行定期消杀工作,保障老人的食品安全可追溯。在出行安全方面,各"孝老餐厅"所在村委会通过召开村民代表大会,列支"孝老餐厅"专项资金为用餐老人购买人身意外保险,并在餐厅室内外安装监控设备,保障老人的行动安全可追溯。在工作人员管理方面,通榆县制定了《通榆县新时代文明实践志愿服务褒奖激励工作实施方案(试行)》,由乡村振兴局根据实际情况,从各村60岁以内有劳动能力的脱困户或边缘户中选择2—3人组成"孝老公益岗",专门为"孝老餐厅"提供日常采购、做饭、食品留样、卫生打扫等服务,并从光伏收益中每月支出700元作为公益岗位工资,此举在提升"孝老餐厅"的服务质量的同时,也极大地增强了脱困户及边缘户参与志愿服务活动的意愿,为持续开展孝老志愿服务提供有力支撑。

第二是坚持多元参与的志愿服务模式。在"孝老餐厅"建设方面,通榆县坚持"县里拿一点""村里出一点""部门帮一点""企业扶一点""社会捐一点"的"五个一点"建设格局。通过村民代表大会,将部分村集体收入资金作为"孝老餐厅"建设、运营专项资金。同时,各村也积极引导社会各界为"孝老餐厅"捐赠物资,据不完全统计,截至2021年8月,通榆县18家"孝老餐厅"累计接受社会各界捐赠款物达到17万元,[①]保证了"孝老餐厅"的持续有效运营。作为新时代文明实践志愿服务项目,"孝老餐厅"成为通榆

---

① 资料来源:《乌兰花镇乌兰花村汇报材料》。

县多个志愿服务团队的对口帮扶对象，其中通榆县爱心志愿者协会开展了面向全县"孝老餐厅"的常态化志愿服务活动，通过对接村级新时代文明实践站，定期为餐厅内的老人提供理论宣讲、政策宣传、理发、打扫卫生、文艺演出、心理疏导等志愿服务。此外，通榆县充分利用"爱心超市"在激励志愿服务、建设文明乡风、推动乡村自治等方面的功能，结合褒奖措施，调动村内志愿者对接"孝老餐厅"的服务需求，形成了"爱心超市"和"孝老餐厅"同频共振、相融互补、资源共享的联合发展模式。

第三是逐步丰富拓展服务功能。除了解决村里老年人的吃饭问题，通榆县还鼓励有条件的乡镇进一步拓展"孝老餐厅"在就餐之外的服务功能。比如通榆县苏公坨乡和乌兰花镇在充分依托乡级新时代文明实践站的基础上，探索出将"孝老餐厅"与养老服务大院、孝老乐园、老年书屋等多种为老服务场所结合的统筹共建模式，在餐厅之外设置"棋牌室"供老人娱乐、聊天；设置"爱心连线室"供老人与外地务工子女视频连线；设置"放映厅"为老人播放电视、电影；设置"阳光房"供老人阅读、休息。将"孝老餐厅"打造成集就餐、娱乐、休闲各项功能于一体的多元化"为老服务之家"，在为老人提供生活照料的同时，极大地满足了老年人的精神文化需求，真正实现了农村社会老有所养、老有所医、老有所为、老有所学、老有所乐。

（三）以深化移风易俗培育新时代文明乡风

乡村的全面振兴，不仅是要让所有农民能"住上好房子、过上好日子"，更是要让他们能够主动摒弃过去的一些陈规陋习，转变陈旧落后的思想观念，提升整体精神风貌，形成文明的乡风、良好的家风和淳朴的民风，因此乡风文明作为乡村振兴的主要维度之一,是乡村文化振兴的核心要素。为培育新时代文明乡风,通榆县在 2018 年出台《通榆县关于开展推动乡风文明　助力乡村振兴工作实施方案》,要求全县所有行政村以"有村规民约、有红白理事会、有农村文化基础设施、有图说社会主义核心价值观文化墙、有家风家训、有'四道'模范家庭荣誉榜、有星级文明户、有农民文体活动队、有志愿服务队、有环境卫生清扫队"的"十个有"为目标开展移风易俗行动。

第一是制定村规民约,突出价值引领。作为介于法律与道德之间的一种特殊规范,村规民约历来被视为是村民施行自我管理、自我监督的一个有效手段。通榆县高度重视村规民约的正向约束作用,在《通榆县"志智双扶"三年专项行动方案(2018—2020 年)》中明确要求对全县 172 个行政村的村规民约进行重新修订与完善。为此建立了"县里统筹,乡镇指导、村班子配合、村民参与"的工作机制,成立由乡镇包村领导、村"两委"班子、第一书记、工作队成员和村民代表等人员组成的"村规民约起草小组",为了能让新的村规民约做到"看得懂、记得住、能执行",每村的村规民约在出台前都需要通过"宣传动员""征求意见""组织起草""表决通过""公布宣传"五个具体环节,既保证了村规民约在程序上的民主性与合规性,也充分发挥了全体村民的主观能动性。考虑到农民文化素质不高的实际情况,各村在深入挖掘自身特色的基础上,创造性地采用"民谣""诗文""顺口溜"等民间艺术形式,方便村民口头传播。各村除了将村内的传统文化、谦让、慈孝等故事编入村规民约,还将一些村内普遍存在的不良行为写进村规民约,有针对性地加以约束。

第二是活化自治组织,破除陈规陋习。通榆县农村地区特别重视"人情"往来,大到红白喜事,小到母猪"下崽",都是村民请客

"收份子钱"的理由,而且"礼份"最少都是200元打底,让部分村民苦不堪言。为了解决这一问题,通榆县在172个行政村中建立了"村民议事会""道德评议会""红白理事会"等村民自治组织,专门负责村风民俗建设。以通榆县陆家村为例,该村历来有搬迁"燎灶"的风俗,面对全村260户的易地搬迁,村干部统计仅"燎灶"一项,全村的人情花费就需要200万元。因此在村委会与村红白理事会的主持下,该村决定由村委会出钱为全村举办集体的"燎灶"活动,前后仅用不到2000块钱,为全体村民省下200万元的人情往来开销。正是通过各类群众自治组织对攀比炫富、铺张浪费、大操大办等不良风俗的监督和指导,通榆县有效控制了全县农村中子女不孝顺父母、高额彩礼、赌博打牌、聚众饮酒、封建迷信等陈规陋习,形成良好的乡村精神风貌。

第三是加强典型示范,强化榜样引领。推动移风易俗、培育文明乡风,最直接有效的做法就是树典型、学先进。在如火如荼的脱贫攻坚与乡村振兴战场上,通榆县典型人物和事迹可谓比比皆是。为了进一步推动"志智双扶"和"乡村振兴"向纵深发展,通榆县开展了"志智双扶十佳五星""通榆好人""文明村屯·干净人家""'四道'模范家庭"等一系列精神文明典型评树活动,推出了数百名涵盖扶贫、教育、科技、产业等不同行业,不同领域的模范带头人物,取得了非常好的效果。以通榆县乌兰花村的"'四道'模范家庭"典型评树活动为例,该村在结合"村规民约"体系建设的基础上,创新性地以中国传统文化中的"善"与"孝"、乡村振兴战略要求的"富"和"美"为评价标准,在2016年开展了首届"善道、孝道、富道、美道'四道'模范家庭"的评选表彰活动,教育引导群众向善、爱美、奔富、行孝,建设美丽农村,激发全体村民脱贫致富的内生动力。2018年,县委、县政府将该村的"'四道'

模范家庭"评树活动纳入制度化轨道,进一步明确了"'四道'模范家庭"的评选条件和评选范围,并在全县16个乡镇172个行政村全面铺开,在贫困群众间形成了"赶、学、比、超"的"羊群效应",激发贫困群众脱贫致富奔小康的信心和志气,让"争当脱贫户、不当贫困户"成为通榆农村的新风尚。这一典型做法被确定为当年"吉林省宣传思想文化工作创新案例",并被写入《吉林省脱贫攻坚三年行动实施意见》,在全省得到广泛推广,成为通榆县"志智双扶"的品牌之一。

经过多年努力,通榆县村民的农闲娱乐场所从牌桌、酒桌转移到了农家书屋与文化广场,村规民约的约束作用逐步显现,村民婚丧喜庆事宜不再大操大办,杜绝了奢侈浪费。据相关统计,通榆部分农村的邻里纠纷数量下降70%,信访矛盾减少60%,幸福指数提升了20%,贫困群众的"等靠要"思想有了一定好转,乡风文明建设工作初见成效。

(四)以开展教育培训提升农民科学文化素养

农民是乡土文化发展的主体力量,乡村文化振兴要想从根本上取得发展,就必须立足于农民的实际需要,解决好农民的根本问题。通榆县贫困农户在脱贫路上的最大劣势就是缺乏文化素养和农业生产技术,这也是农户们致富无门的主要原因之一。为此,通榆县在脱贫攻坚实践中紧紧抓住"扶智"二字做文章,大力开展"教育育民""技术富民"活动,把增强贫困户的学习意识、进取意识,提升贫困户就业能力作为工作重点,形成了一套系统完整的从思想到实践、从形式到内容的新型职业农民培育体系。

1. 强化义务教育保障,筑牢脱贫攻坚根基

贫困具有代际传播的特点。因此,脱贫最重要的任务就是利用

教育扶贫让每一个贫困家庭的孩子看到希望，找到方向，阻断贫困的代际传递。为此，通榆县高度重视对于贫困家庭儿童的义务教育保障，采取"盯准库、逐段筛、挨个核"的办法，对比全县贫困人口数据库，对适龄儿童"逐段、逐村、逐户、逐人"进行"四步走"排查，保证全县义务教育段建档立卡贫困家庭适龄儿童全部在校就读，无失学辍学学生。[①] 在具体做法上：

第一是建立包保帮扶机制，落实控辍保学。通榆县在严格落实国家、省、市教育扶贫政策的基础上，创新性地参照扶贫包保模式，建立了"教育局领导班子包保乡镇学校""学校教师一对一包保建档立卡贫困学生"的"局、校两级包保帮扶网络"。为了进一步加大包保力度，2020年4月，通榆县出台《关于开展建档立卡贫困家庭学生包保帮扶活动的实施方案》，进一步将"局、校两级包保网络"升级成"局、校、师三级包保帮扶网络"，即教育局领导、相关科室人员、局直单位负责人定点包保学校，学校领导包保本乡镇所辖村屯，学校领导、党员、骨干教师包保帮扶一名本校建档立卡学生。建立起行政人员、教学人员、后勤管理人员全员参与的贫困学生关爱服务体系，保证全县建档立卡贫困学生每人都有3名不同层级的包保责任人，形成全覆盖、多角度关爱贫困家庭学生的"通榆模式"。

第二是健全资助体系，减轻贫困学生家庭负担。从2016年到2020年，通榆县持续加大对教育的财政投入力度，累计投入资金11218.99万元，保障每一位贫困学生不会"因贫失学"。在政府投入之外，通榆县充分利用网络、媒体对"牵手寒门学子、助力脱贫攻坚"活动进行广泛宣传，动员争取社会上的有识之士、企事业单

---

① 资料来源：《通榆县教育局2016—2020年履行脱贫攻坚行业扶贫职责情况报告》。

位、民间团体的关注和捐赠,成功带动新时代文明实践"微善汇爱心 助学显真情""鹏飞育英助学活动"等项目资源倾注。据不完全统计,2017年以来,通榆县累计接收社会各界捐款捐物总额近400万元,帮扶贫困学生1.4万人次,确保每一位贫困学生都能顺利完成学业,降低致贫可能性。

2.大力发展职业教育,带动重点群体就业

为了落实习近平总书记提出的"就地培养更多爱农业、懂技术、善经营的新型职业农民"的重要讲话精神,通榆县以提升贫困群众农业知识水平与就业技能为导向,出台《通榆县职业技能提升行动实施方案(2020—2021)》,对农村贫困劳动力、贫困家庭子女、未继续升学的初高中毕业生等重点群体提供职业技能培训服务,推进重点群体的充分就业和高质量就业。

第一,加强校校、校企合作。通榆全县仅有一所省级重点中等职业技术学校,办学规模较小,难以满足全县人才储备的需要。为此,通榆县在持续加大资金投入的同时,以该校为轴心,采取校校联合、校企合作等方式,不断完善专业设置,加强与行业、企业及相关部门的联系,相继与石家庄天使护士学校、白城职业技术学院开展校校联合办学,开设了护理、学前教育等专业,帮助500余名农村孩子走上了护士和幼师岗位。

第二,创新"村校合作"职业教育模式。为了培育更多的乡村应用型人才,通榆县将职业教育的目光瞄准农村后义务教育阶段,为有意愿服务乡村振兴的有志青年提供发展平台,积极探索"村校合作职业教育"模式,和东北亚教育集团、长春医药化工工业技工学校、吉林省华翰通航高级技工学校联合发起"职业教育助力人才振兴"项目,以瞻榆镇东关村为试点,通过设立"村校人才培育合作基地"及"人才培育服务中心",采取线上线下相结合的培育模式,将涉农教育资源延伸覆盖至村一级,为15名学生提供"一免多助"的免费就读机会。①

(五)以强化公共文化服务提高文化生活质量

公共文化设施是村民开展文化活动的基本依托,推动城乡公共文化设施共享和基本公共服务均等化是推进乡村实现乡村文化振兴的重要一环。随着经济的快速发展和人民生活水平的显著提高,广大农民群众对公共文化产品和服务的需求正在同步进入高速轨道,这也是目前在衔接阶段的乡风文明建设需要解决的一个主要问题。为此,通榆县制定了《通榆县乡村公共文化建设工作方案》,将开展"文化大院""农家书屋"等文化活动作为乡风文明建设的另一重要载体,利用自身作为"新时代文明实践中心建设试点县"的优势,充分依托县域内的村级文明实践阵地,通过强化资源整合,创新管理机制,探索出"农村文化+新时代文明实践阵地"的共建、共融、共享的公共文化服务供给模式。

1. 建强"农家书屋"阵地

乡村振兴需要厚植文化力量,"农家书屋"作为乡村文化振兴载体之一,是广大农村群众获取文化知识的重要场域。为了加强乡村阅读阵地建设,满足农村群众的基本阅读需求,通榆县充分利用"农家书屋",推动以"书香"带动乡村文化振兴,以"墨韵"助力乡村振兴,通过制定《农家书屋管理使用"十有""七规定"标准》,对各村的农家书屋进行了系统升级,要求每村的农家书屋房屋面积不得低于20平方米,图书、报刊、音像等出版物品种不少于1200

---

① 资料来源:《通榆:村校合作助力乡村人才振兴,15个村娃收到职教录取通知书》。

种，不低于 1500 册，并进一步完善了农家书屋的管理制度，明确了农家书屋每周开放时间不能少于 5 天，每天开放时间不能少于 4 个小时，每个农家书屋出版物每年补充更新不少于 60 种。

为了让"农家书屋"能充分发挥文化振兴载体的作用，通榆县加强县城对乡村公共文化建设的对口帮扶，借助"新时代文明实践站"在志愿服务队伍、组织文明实践活动等方面的优势，创造性地推出"农家书屋+志愿服务"模式，一方面让志愿者参与"农家书屋"日常管理、图书借阅、书籍分类编码、卫生保洁等工作，改善乡村读书、借书环境，按需推送养殖、种植、科技类图书，吸引广大群众走进农家书屋，提升使用效能。另一方面组织志愿者将宣讲活动、培训讲座、阅读辅导活动等引入农家书屋，开展了"科技知识大讲堂""道德大讲堂""优秀传统文化大讲堂""新时代乡村阅读季""我爱阅读 100 天"等活动，提升农村居民思想道德素质和科学文化水平。

此外，作为在一线服务的最基层的队伍，农家书屋的管理员的作用尤为突出。包拉温都蒙古族乡迷子荒村的农家书屋管理员张树森，采取科学管理、规范运营的方式，常年带领 15 位志愿者在书屋为村民积极服务，通过定期举办书报阅览、文物展、民族文艺演出等活动吸引农民走进书屋，营造全民阅读氛围，该村的农家书屋先后被评为"吉林省民族团结进步教育基地""省级示范农家书屋""全国示范农家书屋""全国服务农民、服务基层文化建设先进集体"，张树森本人也成为乡贤的责任担当，被授予"全国优秀农家书屋管理员""全国十大读书人物""新时代乡村阅读榜样"等称号。

2. 打造品牌文化活动

党的十八大以来，乡村经济的高速发展在提高农民物质生活水平的同时，也让农民对于精神文化生活提出了更高要求。针对这一现状，通榆县对乡村文化服务的供给侧进行了及时的调整，搭建起由政府牵头、社会与村民多元主体参与的文化供给格局。为充分激发农民群众的主观能动性和文化创新的内生动力，通榆县依托各村的文化大院开展了一系列文化惠民活动，同时鼓励各村屯有号召力、有才能和意愿的非遗传承人，文化志愿者，文艺爱好者担任文化大院的带头人，通过自编自演文艺节目，活跃乡村文化氛围，以此激发农民群众参与文化创作与文化活动的积极性，实现了从政府"送文化"到各村"种文化"的转变。同时，通榆县鼓励民间文化社团、企业等非政府主体走进农村开展文化惠民活动，并打造了一系列具有通榆特色的乡村群众文化品牌活动。比如结合农民文化节系列活动开展的"风之声"广场文化周、"文化惠民——送戏下乡"等活动，为全县广大农民群众提供了休闲娱乐、展示交流、雅俗共赏的公共文化产品和服务。此外，通榆县还注重结合"国庆节""国家扶贫日""农民文化节""丰收节"等重要节日和重大时间节点推出主题活动，将新时代文明实践中心文艺志愿者创作的大量群众喜闻乐见的二人转、歌曲、三句半、广场舞等优秀节目搬到各村镇的文化大院，让老百姓不出远门就能看到精彩的节目，提升农民群众的文化获得感、幸福感。据不完全统计，2018年以来，通榆县完成"送戏下乡"演出126场，播放农村公益电影2064场，送图书1.5万册，这丰富了农民群众的精神文化生活，为维护乡村社会和谐稳定提供了重要的精神力量。

（六）以农耕文旅产业发展传承乡土民俗文化

乡村生活的多样性让不同的村落有了不同的特色文化，因此民间也一直有"千里不同风，百里不同俗"的说法，这也是乡村振兴阶段乡村拥有的不同于城市的最大优势和宝贵财富。通榆县虽然地理位置相对边缘，但文化底蕴却异常厚重，尤其是步入实施乡村振兴战略以来，通榆县政府积极探索特色文化与产业发展的契合点，深入挖掘以蒙古族特色为代表的民族文化，着力打造以"中国·向海"为代表的生态旅游文化，并将其作为通榆县乡村振兴的新动力，充分发挥其在凝聚人心、淳化民风方面的重要作用，取得了非常好的效果。

1. 打造生态旅游核心品牌，共建产业支撑平台

通榆县拥有十分丰富且独特的自然生态旅游资源，作为国家4A级旅游景区，"向海国家级自然保护区"总面积1055平方公里，以"美在天然，贵在原始"的特点位列"吉林八景"之一，在吉林省内更是有"东有长白，西有向海"之说。"绿水青山就是金山银山"，通榆县正是凭借"向海"这一独特的自然生态旅游资源，近年来相继举办了"包拉温都杏花节""向海大雁放飞节""兴隆山蒙古黄榆节""郁洋淀民俗文化节"等一系列生态旅游活动，凭借沙丘榆林、湖泊水域、蒲草苇荡等独特的湿地景观，形成了独特的西部草原特色文化，助推全县的脱贫攻坚和乡村振兴。

通榆县在做好生态保护的基础上，以适度、合理、科学为原则，深度挖掘利用县域内的蒙古黄榆林、野生杏花林等特色景观资源，并逐步开始发展以市场为导向的乡村文化旅游产品，走出了一条"以旅促文、以旅彰文"的通榆特色文旅发展道路。其中，通榆县向海环浪屿旅游有限公司（以下简称"环浪屿公司"）与向海村集体合作，从2015年开始围绕乡村特色旅游打造以湿地文化、农耕文化、非遗文化、珍禽文化为基础的生态旅游产品，并形成了集耕读教育、双创孵化、生态观光、休闲旅游、乡村度假于一体的具

有地域特色的民俗文化示范点，成为通榆向海最具代表性的生态文化旅游品牌。除湿地旅游观光外，环浪屿公司与吉林大学签订了合作协议，对向海历史进行了深入开发，打造草编工坊、粘豆包工坊等各种非遗工坊，在达到文化传承目的的同时，也带动了几个村的村民实现了共同致富。2020 年，吉林大学在环浪屿建立教育扶贫培训基地，通过网络培训、现场授课、田间及圈舍实地指导的形式，完成了乡村旅游讲解员、电商人员、摄影师等主体培训活动，累计培训超千人，培养了一大批当地的乡村旅游带头人，弘扬了通榆地区特有的民风民俗。可以看到的是，在多方的助力下，一条旅游文化市场化发展的产业链正在通榆县逐步形成。如今，从全国前来感受向海风光、考察学习、投资兴业的团队络绎不绝，为通榆县增添了不少人气，激发了当地农村经济发展的活力，实现了农民的创收增收。

2021 年，通榆县继续扩大与吉林大学的政校合作规模，开展了"文化兴村"计划，吉林大学出台了《吉林大学定点帮扶通榆县巩固拓展脱贫攻坚成果同乡村振兴有效衔接规划（2021—2025）》，明确打造"一区一馆一队伍"的文化旅游新型平台，助推通榆县的乡村振兴，通过营造"文化兴村核心示范展示区""丹砂落向海民俗文化体验馆"和"向海全民文旅队伍"，帮助通榆县向海完成"以旅助农、以农兴旅、农旅结合"的乡村振兴目标。

2. 整合乡土文化资源，提升村民文化认同感

习近平总书记指出，"乡村振兴，既要塑形，也要铸魂"。传承和创新优秀的乡土文化是乡村振兴的一项重要任务。在长期的历史发展进程中，乡村积淀了厚重的文化财富，以饮食、服饰、建筑为代表的物质文化，以音乐、舞蹈为代表的各类非物质文化是农民

生产生活方式的生动反映，对于国家和民族的延续与发展有着重要意义。

文化的生命力在于不断地传承与创新，在新时代，优秀的乡土文化需要在与现代文化产业的有机融合下得到最大限度的传承。在这方面，通榆县充分利用县域内多个少数民族乡和少数民族聚居村的民族文化资源优势，开启"民族文化＋旅游"这一符合通榆特色的文化传承模式。在具体做法上，通榆县坚持"精准扶贫、党的建设、乡村振兴"三位一体、统筹推进的发展思路，持续加大对于少数民族特色乡村的基础设施建设力度，其中，向海蒙古族乡红旗村将具有蒙古族特色的农具、民居、历史建筑等物质景观，以及饮食、戏曲民谣等非物质文化遗产与文化旅游产业相结合，设计与开发出一大批旅游景点，在生动展示民族特点的同时加深了访客的印象，很好地显现出民族村落的特色文化底蕴，成为通榆县域内多个"精而美"的"高颜值"民族特色村寨之一，强化村民对自身文化自豪的同时，推动乡村优秀民族文化的活化与创新，走出了一条以非物质文化遗产带动乡村振兴的路子，被吉林省民委、省文旅厅命名为第二批吉林省少数民族特色村寨。

为了让少数民族特色文化能够留得住人，吸引人，除少数民族文化外，通榆县同样重视挖掘乡村优秀传统文化中蕴藏的多重价值，展现传统文化的魅力。为了守护乡村根脉文脉，弘扬文化底蕴和人文风情，通榆县围绕乡村振兴战略，坚持深挖手工技艺、民俗活动等物质与非物质文化，开发历史民俗文化资源，把广大农民群众生产生活的缩影和集体智慧的结晶集中展现出来。其中，苏公坨乡五家子村成立了通榆县首家"乡村博物馆"，收藏了1300余件具有地域民俗特色的老物件，赋予了传统文化资源更强的文化影响力，形成了当地村民共同的文化记忆，提升了他们对于农村的文化自信与文化认同感，成了广大农村群众精神消费的一个好场所和一张靓丽的文化名片，在带动乡村经济增长的同时，实现了社会效益与经济效益的双丰收。

总体来看，通榆县在乡村振兴阶段大力推动农村特色文化产业发展，通过生态旅游与民俗文化的双轮驱动，成为吉林省文旅产业的后起之秀，同时也发挥了文化育民、文化励民、文化惠民的积极作用，走出了一条以乡村文化振兴推进城乡融合发展的新路。

三、经验与启示

步入全面推进乡村振兴以来，通榆县在推动乡村文化振兴方面始终坚持创新机制、拓展途径、整合资源、综合利用的工作思路，坚持将乡村文化振兴建设摆在一个重要的战略位置加以推进，通过载体创新不断推动乡风文明建设向纵深发展，依托新时代文明实践阵地大力开展志愿服务工作，为群众参与农村精神文明建设提供了实践平台，促使通榆县的农村精神文明建设在乡村振兴战略实施过程中呈现出良好的态势，走出了一条具有通榆特色的城乡文化融合发展之路。

（一）将乡风文明建设纳入全县乡村振兴战略图景

作为乡村振兴战略的五大目标之一，乡风文明建设是贯穿脱贫攻坚与乡村振兴全过程的一项重要任务。但由于脱贫攻坚工作的时间紧、任务重，很多贫困地区存在抓经济建设比抓精神文明建设更实惠的思想观念，倾向于将短期能够看到效果的农村产业发展摆在脱贫攻坚工作的首要位置，把需要长时间沉淀积累才能形成的农村精神文明建设摆在经济建设之后，甚至放在边缘化的位置。而通榆县则是展现出充足耐心与定力,不但在脱贫攻坚阶段将"志智双扶"工作和农村经济发展同步推进,更在巩固衔接阶段将乡风文明建设作为推进乡村振兴的一项重要"软实力"纳入全县乡村振兴"一二七六三三"发展战略图景,并探索出以"孝老敬老""文化活动""创先争优"为代表的乡风文明建设三大载体,体现出通榆县对于乡风文明建设的高度重视。此外,通榆县还充分发挥党和政府对乡风文明建设的引导与培育作用,通过县、乡、村三级书记严格落实乡风文明建设的各项具体工作,尤其在"孝老餐厅""爱心超市"等载体的建设与运作过程中,采取了并不常见的"高规格"组织架构,由县委书记、乡镇书记担任村级乡风文明载体建设的第一责任人,既保证了各种资源的调配力度,也保障了各类活动开展的质量,这种"村事县管"的模式也成为通榆县乡风文明建设的一个非常突出的亮点。

(二)推进精神文明建设载体的系统性升级

通榆县在脱贫攻坚阶段就高度重视对于精神文明载体的建设,不断将"志智双扶"的内容形式、目标任务融入具体的载体,运用典型引路、分步推进的工作方法塑造了"爱心超市""'四道'模范家庭""特色宣教"等一系列体现地方特色的精神文明建设载体,取得了良好的效果。进入全面实施乡村振兴战略的新发展阶段以来,通榆县在推动乡村文化振兴方面依然延续了以载体为依托的做法,但需要注意的是,从脱贫攻坚时期的"志智双扶"到乡村的文化振兴,通榆县并非完全"另起炉灶",而是首先把脱贫攻坚时期的优秀载体进行了系统性的"迭代升级",以迎合文化振兴的总体要求。例如将"爱心超市"的服务对象范围扩大化、积分功能多元化、志愿服务网格化,拓展成"爱心超市2.0版",使其从单纯地提高贫困群众的脱贫内生动力拓展为具备农村人居环境整治和乡村治理的功能。除对于既有载体的"升级"外，通榆县立足农村实际，着眼农民需求，充分发挥基层能动作用，积极搭建全新的乡风文明建设载体。比如，为了提升农村老年人的生活品质，探索将传统文化中的"孝德"纳入乡风文明建设体系，打造孝老、敬老、爱老载体——"孝老餐厅"，并通过建设方式制度化、运营方式标准化、服务功能多元化，满足了老年人的精神文化需求。通榆县的这种把既有载体拓展升级，并不断推陈出新的工作机制让全体村民在特色实践活动中体会到乡村振兴的真谛，亲身感受和践行社会主义核心价值观的基本要求，提升乡村振兴的精神动力，也让其在吉林省60个县的脱贫攻坚和乡村振兴工作中始终走在前列。

（三）充分发挥新时代文明实践阵地的资源链接作用

作为全国首批新时代文明实践中心建设试点县之一，通榆县按照"3+N"模式，在全县组建了209个新时代文明实践中心、所、站。在此基础上，通榆县创造性地将县域内的企事业单位、工会组织、妇女组织等群团组织发展成"新时代文明实践点"，建成以县、乡、村为代表的纵向三级联动机制，和以机关、企事业单位、群团组织为代表的横向志愿服务体系，也正是凭借此种纵横相结合的新时代文明实践工作网络所具有的强大的资源链接和志愿服务功能，通榆县将分布在乡村振兴局、文化广播电视和旅游局、教育局等不同部门的公共文化资源进行了重新整合，并进一步与通榆本地文化进行有机融合，打造了以政策宣讲、公益帮扶、文化服务为代表的乡风文明建设平台，建立了乡村志愿服务长效供给模式，并以此不断打造乡风文明建设的新载体，打通宣传、教育、关心、服务群众的"最后一公里"，起到了凝聚村民共识、改善村民精神面貌、提高村民综合素质、丰富村民文化生活的作用。

习近平总书记曾多次强调要坚持物质文明与精神文明的协调发展,"一个国家要实现奋斗目标,既要不断地丰富物质财富,也要不断地丰富精神财富。一个民族要实现复兴,既需要强大的物质力量,也需要强大的精神力量"[1]。纵观通榆县从脱贫攻坚时期的"志智双扶"到乡村振兴阶段的文化振兴历程与成绩,笔者认为,通榆县的经验对于下一阶段推进城乡融合发展的最重要的启示,即是始终坚持将城乡文化融合与城乡经济、政治融合保持同步,城乡经济、政治融合为城乡文化融合提供了必要的物质基础,而城乡文化融合则为城乡间的经济、政治融合提供强大的精神动力。

---

[1] 中共中央宣传部:《习近平总书记系列重要讲话读本(2016年版)》,学习出版社、人民出版社,2016,第186-187页。

第七章
城乡融合视域下农村集体经济的发展转型

城乡关系是我国社会经济发展的基础性制度构型，从长时段历史进程来看，我国城乡关系大致经历了从建国初期的以资源单向流动和社会身份区分为主要内容的刚性体制分割，到改革开放之后以有限市场要素交换为表征的系统关联生成，再到新时期以城乡融合为目标的对流交渗格局深化的阶段性演进。[①] 在此过程中，农村集体经济作为一种独特的社会经济类型，其对于衔接工农产业体系、勾连城乡交流要素、推动城乡治理对接融通具有重要意义。把农村集体经济的发展转型置于当前城乡融合的背景下去考察，我们不难发现，伴随城乡二元分割体制结构的突破和要素交流的深入，农村集体经济发展面临全新的制度环境并呈现出独特的发展路径。一方面，随着农村集体产权制度改革的持续深化，原先阻滞城乡要素流动的制度结构得以实现突破创新，大量农村集体资源资产被激活并得以重新开发利用，从而为集体经济的发展提升拓展了新的空间；另一方面，在乡村振兴的全面推进和基层治理结构转型的背景下，伴随大量项目、资本和规则的下乡，市场和行政的力量深度介入到

---

① 田毅鹏:《乡村振兴中的城乡交流类型及其限制》,《社会科学战线》2019年第11期。

农村社会发展之中,通过推动土地等生产要素在村域集体内部和跨村之间的整合,突破了传统集体经济发展要素单薄、资源碎片化等问题,从而促进了乡村集体经济新内源式发展模式的形成。基于上述,在城乡融合发展的背景下,如何理解新型农村集体经济的价值定位和转型路径便体现出其独特意义。

一、城乡融合视域下农村集体经济发展的定位

(一)农村集体经济发展的演进脉络与当前困境

农村集体经济是我国农村经济制度的基本形式,是社会主义公有制经济的重要组成部分。中华人民共和国成立以来,我国农村集体经济经历了从初期萌芽到制度稳固再到新的实现形式探索的发展阶段:第一个阶段是在建国初期,为扭转改变国家一穷二白的经济格局,解决小农生产效率低下与我国工业化建设目标不相匹配的问题,国家通过自上而下推动农业互助合作关系的建立,从而逐步实现了农村劳动联合和资本联合,由此推动了农村集体经济基本制度框架的形成;第二个阶段是在人民公社时期,基于农业生产合作成效的取得和制度的深化,国家又进一步推动农村集体的生产组织与行政治理的架构体系相嵌合,建立了人民公社制度,并形成了"三级所有、队为基础"的农村集体产权格局,由此使得乡村社会成为与城市社会类似的政经社合一的"拟单位化"社会单元,人民公社时期农村集体经济的发展更呈现出高度组织化的特点;第三个阶段是在改革开放之后,由于人民公社的集体总体性制度逐渐限制了农户生产积极性,造成农业生产效率低下的问题,农民自下而上探索形成的"包田到户"等制度成为一种替代性的制度创新,这种以农户家庭为核心的联产承包责任制的实施既发挥了村集体的统

筹调配作用，也激活了农民家户生产参与的积极性，在此基础上逐渐形成的"统分结合"的双层经营体制，成为新型农村集体经济发展的有效实现形式。[①]

应该指出，改革开放后形成的农村集体经济基本制度模式和实现形式在很长一段时间内推动了农村社会经济的稳定发展，但是伴随着城乡关系的转换和国家基层治理体制的转型，在当前新的社会经济环境之中，农村集体经济发展面临多方面的困境：第一，集体产权的模糊性导致集体经济发展的市场效率难以实现。理论上来说，集体资产属于集体成员共同所有，也即集体的每个成员都是集体资产的共同所有者，这种极不明晰的产权结构使得集体经济组织难以作为一个完整的具有现代意义的市场法人主体参与到市场交易过程之中，由此导致其经济发展效率无法得到充分的实现。不仅如此，由于集体产权嵌入村庄的社会关系网络结构，所以集体经济的社会性和公共性的职能要求也进一步对其经营开展形成了一定的制约。因而，如何在进一步的集体产权改革中明晰集体产权结构以推动其经济效能的提升，便成为新型集体经济发展的关键性问题。

第二，乡村人口流失造成集体经济发展的主体缺失问题凸显。在当前城市化迅速推进的过程当中，我国乡村地区出现人口严重外流的现象，加之农业现代化推进中农民的"兼业化"与"脱农化"，村落生产主体的缺失使得传统基于长期共同生产生活形塑的村社共同体以及集体经济组织走向式微和衰竭。同时，乡村人口流失也造成公共治理组织中坚主体的缺失，使得村社"统"的职能越发难

[①] 孔祥智、高强：《改革开放以来我国农村集体经济的变迁与当前亟需解决的问题》，《理论探索》2017年第1期。

以发挥[1]。当各种项目和公共服务下沉到过疏化的村社之中时，由于缺少相应有力的组织化承接主体，难以形成资源的规模集聚效应，进而导致农村集体经济发展欠缺长效的支撑条件与有力抓手。所以，从城乡关系变迁的角度出发，推动解决乡村过疏化背景下农村集体经济发展主体缺失的问题便具有了独特的意义。

第三，村社自身资源要素的匮乏和边界的相对封闭使得集体经济发展难以形成规模效益。传统农村集体经济的发展更多局限于各个村社依靠自身内部资源的发掘利用来实现，由于各村资源资产在数量上有限且分布散碎不均衡，难以形成连片式的开发，从而使得农村集体经济在体量规模扩展和质量路径优化上都存在局限。在城乡对流加剧的背景下，各种要素的交流突破了传统依靠村庄内部资源实现发展的路径依赖，农村集体经济的发展更多依赖多重生产要素的跨区域聚集，所以依靠外界行政和市场力量来动员整合形成的联村式发展模式，成为解决村社自主内生发展动力不足和资源规模有限问题的突破口，也是当前新型农村集体经济发展的创新路径。

（二）农村集体经济发展中城乡关联向度的展开

把农村集体经济发展置于城乡系统关联的框架中去分析，我们首先必须回答这两个核心问题：城乡系统的关联结构对于农村集体经济发展的作用机制是什么样的？农村集体经济的发展壮大对于促进城乡融合具有什么样的作用？从城乡融合的基本视域框架出发，农村集体经济发展中的城乡关联向度的展开主要集中在以下三个方面：

其一，城乡要素对流过程中农村集体生产要素激活。在较早的

---

[1] 贺雪峰：《乡村振兴与农村集体经济》，《武汉大学学报（哲学社会科学版）》2019年第4期。

历史时期，农村集体所有这种公有经济产权制度形式虽然有效促进了国家资本的原始积累，为基层村社的组织化治理实践提供了基础，但是伴随着城乡经济社会的交渗深化，集体产权的不明晰同时也造成了权益职责主体的缺位和各种集体资源未得到充分利用，从而影响到经济效益的充分发挥。在乡村社会全面振兴的过程当中，集体经济作为乡村产业兴旺的最重要支撑，更需要其在市场经济中发挥独特的作用。此背景下，诸多学者基于新制度主义经济学产权研究的相关理论基础，强调要推动集体产权制度改革深化，一方面通过对农村集体资产进行清产核资和股权量化来明晰产权主体，另一方面推动建立农村集体产权市场交易平台和促进集体用地同等入市等，进一步发挥现代产权制度的激励作用。[1]应该指出，这种按照市场化路径进行的改革思路更加强调的是通过市场制度结构的调整，推动农村集体三资要素充分参与并被纳入现代市场体系，在城乡要素市场之间建立制度桥梁，推动集体经济价值更好地实现。

其二，城乡产业衔接中农村集体经济经营模式创新。资本下乡和项目下乡是新型集体经济发展的重要背景和条件，因而经营过程中依托市场和行政力量打通城乡对接渠道和要素系统，以实现农村集体经营与城市产业结构的衔接，这便是集体经济经营过程中城乡关联向度的本质呈现。基于此，有学者强调县域城乡产业衔接对于农村集体经济发展的重要意义，提出要推动城乡对流格局下一产接二连三的发展格局形成，为农村集体经济发展提供长期的可持续的产业基础。[2]在集体经营的组织结构方面，还有学者关注到合作社

---

[1] 孔祥智：《产权制度改革与农村集体经济发展——基于"产权清晰+制度激励"理论框架的研究》，《经济纵横》2020年第7期。

[2] 苑鹏、刘同山：《发展农村新型集体经济的路径和政策建议——基于我国部分村庄的调查》，《毛泽东邓小平理论研究》2016年第10期。

和跨越村际边界的合作联社作为新型农业经营主体在推动连片地域集体经济发展中的重要作用,其通过合作社的形式引领和动员村庄劳动力和资源的大量聚集,在推动农户与大市场有效对接,实现集体经营规模效益的同时,也建立起发展的主体性力量。不仅如此,还有学者更加关注国家力量对于集体经济发展的重要作用,提出了项目式集体经济的概念,用以强调国家项目资源下沉推动乡村集体经济发展作为一种模式的重要意义,进而区别于单纯关注市场化集体经济发展的视角思路。[1] 不论是农村集体经济发展中产业的衔接、资源要素的跨边界累聚还是项目式的发展路径,这些都更加强调突破传统集体经济发展的结构边界,推动城乡融合背景下集体经济发展的模式创新。

其三,城乡融合治理中农村集体经济社会性功能发挥。农村集体经济作为一种社会性经济,其是深深嵌在农村社会关系网络之中的,乡土社会的关系网络和社会伦理为乡村产业的发展提供了有利的社会基础。[2] 从另一个层面来说,基于集体性的本质特征[3],这种内嵌式的经济形式的发展也是与其社会职能和治理效能的发挥密不可分的。一方面,农村集体经济的发展壮大能够促进村社集体更好地发挥其服务统筹和基础保障的作用,并为小农户的家计生活和经营生产提供基础。另一方面,由于农村集体产权所具有的社会建构性特征[4],其与乡村社会治理结构的形塑存在紧密的关联,不同集

---

[1] 袁梦:《乡村振兴中的项目式集体经济:实践探索与发展定位》,《南京农业大学学报(社会科学版)》2022年第4期。

[2] 付伟:《城乡融合发展进程中的乡村产业及其社会基础——以浙江省L市偏远乡村来料加工为例》,《中国社会科学》2018年第6期。

[3] 王思斌:《乡村全面振兴与乡村集体性的发展》,《北京大学学报(哲学社会科学版)》2021年第4期。

[4] 申静、王汉生:《集体产权在中国乡村生活中的实践逻辑——社会学视角下的产权建构过程》,《社会学研究》2005年第1期。

体产权秩序对应了不同的村社治理形态。[①] 正是基于上述内容，农村集体经济发展在推动村社社会保障、组织动员和治理转型过程中发挥重要的作用，并成为推进城乡融合的关键向度。

（三）县域城乡关联样态与村集体经济发展状况

从城乡地域空间发展样态来说，通榆乡村属于典型的过疏化地域社会类型，其地域社会特性主要表现为两个方面：其一，在人口方面，截至2020年通榆乡村人口目前有17万人，相比2010年减少7万人，10年间乡村人口流失率约为30%。其二，在农业经济方面，土地盐碱化和荒漠化一直是阻滞通榆农牧业发展的重要自然因素，地广人稀的农业条件和相对严峻的自然条件决定通榆形成了"靠天吃饭"的粗放式农业生产方式和经营传统，这一传统呈现为农民缺乏持续追加农业投入的动力以及与村集体的松散联结关系。不仅如此，而且县域产业结构以农牧第一产业为主，所以城市工业基础薄弱的现状使得城乡之间的交流和关联缺乏支撑性的产业基础。这种独特的地域空间形态以及城乡联结松散的格局对通榆乡村社会集体生产生活样态和组织治理模式产生了多方面的影响。

第一，就村集体的资源配置能力而言，由于通榆耕地资源匮乏和土壤贫瘠的问题，依靠集体发包获取收益的村集体本就缺少进一步发展集体经济的机动资源与平台空间。同时，在过疏化地域粗放式农业发展的进程当中，还广泛存在农民随意开垦、镶边接袖的扩占农村集体耕地和资源的行为，由于长期组织管理的缺失和农民基于生计谋划的蚕食，使得村集体经济组织所能够掌控和调配的资源逐渐减少，乡村集体经济的薄弱进一步加剧了村庄公共组织权威地

[①] 桂华：《产权秩序与农村基层治理：类型与比较——农村集体产权制度改革的政治分析》，《开放时代》2019年第2期。

位的衰弱以及保障功能的丧失。

第二,从村集体的公共治理服务职能来看,不仅村庄中坚主体的流失使得乡村社会的治理力量逐渐消散,同时原本由村集体经济组织承担的社会公共服务职能也因村集体经济的薄弱而无法发挥,承载于公共治理服务基础之上的社区公共性的流失也进一步加剧了个体孤独、无序互动和道德解组、人际疏离、社会失范的产生,社会原子化与低度组织化成为过疏化乡村社会治理服务展开的难点痛点。而缺乏发展主体性的村集体和村民在长期的贫困治理和帮扶过程中逐渐形成了"等、靠、要"的懈怠思想和贫困文化,由此进一步加深了集体发展的阻碍。

正是基于上述通榆集体经济发展呈现出公共积累基础薄弱、资产资源利用效率不高、村集体经济经营性效能不强、村集体组织整合能力不够等问题,在推动长期贫困治理和乡村全面振兴的过程中,通榆立足于县域城乡融合的目标框架,通过县域整体的谋划推动农村集体经济发展的转型。

二、城乡融合发展与农村集体经济的转型路径

(一)以农村集体产权制度改革推动城乡要素对流

1. 农村集体产权制度改革的实践路径

2016年,中共中央和国务院发布了《中共中央 国务院关于稳步推进农村集体产权制度改革的意见》,为贯彻落实意见要求,通榆县作为吉林整省试点改革的重点单位迅速拉开了农村集体产权制度改革的序幕。在前期实践中,通榆主要围绕农村集体资产清产核资和集体经济组织成员身份确认两方面展开,从而为村集体经济发展奠定了初步的制度基础。以习近平总书记2020年7月考察吉

林时关于"深化农村集体产权制度改革,发展壮大新型集体经济"的重要指示精神为指导,在巩固前期改革成果的基础之上,通榆进一步出台了《通榆县发展壮大村级集体经济指导意见》和《通榆县壮大集体经济实施方案》,提出了通榆发展农村集体经济的六种创新模式,分别是:资源开发型、盘活资产型、发展合作型、多元发展型、发展股份型、发展服务型。基于此思路,围绕农村集体经济的发展,通榆更进一步配套完善相关政策制度支撑。

第一,深入推进农村集体经营性资产股份合作制改革。通榆先后出台了《通榆县关于农村集体产权制度改革股权设置和股权量化的指导意见》和《通榆县深入推进农村集体经营性资产股份合作制改革工作方案》,主要从股份量化、发展壮大新型集体经济、推进农村产权流转交易市场建设等三个方面对股份合作改革做出安排,为后续农村集体资产的经营化模式与发展路径奠定基础。不仅如此,为探索"三变"改革的可行路径和适用模式,通榆还制定出台了《通榆县农村资源变资产 资金变股金 农民变股东改革工作方案》,通过"三变"改革的有序推进,其有效发挥出农村集体经济组织管理集体资产、开发集体资源、发展集体经济、服务集体成员等功能,同时赋予了农民集体资产股份权能,进一步增加了农民的财产性收入。[①]

第二,持续推动农村产权交易平台健全完善。为加快农村产权流转交易和管理信息网络平台建设,盘活农村资源要素,提升农村数字普惠金融服务质效,充分激发农村发展内生动力,通榆按照《吉林省人民政府办公厅关于推进农村产权流转交易市场健康发展的实施意见》及《中共白城市委 白城市人民政府关于全面推进乡

---

① 资料来源:《关于印发〈通榆县深入推进农村集体经营性资产股份合作制改革工作方案〉的通知》。

村振兴加快农业农村现代化的实施意见》文件精神，针对农村产权交易平台建设工作，出台了《通榆县农村产权交易工作方案》，不仅明确了农村产权交易范围和交易品种，还强调推动建立健全规范化的农村产权交易市场服务平台，从而让农村资源资产的市场价值得以有效实现。[①]

第三，推动政经分设，加强农村集体资产管理。为确保在农村集体产权制度改革工作中村级组织财务管理的规范化，通榆制定出台了《通榆县村级组织政经分开账务分设办法（试行）》，通过村委会与村股份经济合作社的分设，凸显出村委会主要负责村民自治和协助政府做好行政事务工作，以及村股份经济合作社主要负责集体资产的经营管理工作，进一步促进村委会与股份经济合作社实行组织机构、组织职能、组织资产、财务收支、财务核算"五分开"，从而将集体经济发展的经营性事项与村庄治理服务的社会性事项关系合理缕清，进一步推动了农村集体产权制度改革的深化。[②]

综上所述，通榆农村集体产权制度改革深入推进的基本方向与内容是资产明晰确权、股份化经营与交易市场化平台建立，聚焦集体产权制度改革来推动对村级集体资源资产形成标准化管理，使村级集体资源资产得到合理利用，由此初步建立起支撑集体经济发展的政策机制与制度体系。

2."三资"清理激活集体资源要素

农村集体"三资"是指农村集体所有的资金、资产和资源，随着农村集体经济的不断发展壮大，农村集体"三资"的管理问题更加成为农村群众关心的焦点问题。通过长期的发展，通榆县农村集

---

① 资料来源:《通榆县农村产权交易工作方案》。
② 资料来源:《通榆县村级组织政经分开账务分设办法（试行）》。

体"三资"已初具规模，2020年，全县16个乡镇、172个行政村集体资产总额达到6.77亿元；集体资源性资产437.44万亩，其中家庭承包以外的册外地、机动地190.73万亩。[①]长期以来，通榆农村集体"三资"管理总体规范运作，但仍然存在一些不足：第一，在承包登册以外的土地一直是监控和管理的难点，尽管之前也部署过农村土地清查工作，但是部分乡村仍存在底数不清、非法无偿占用册外土地等问题；第二，由于监督管理体制机制不完善，农村集体资金使用混乱、资产处置随意、资源发包暗箱操作和以资谋私的现象仍然存在，此部分利益甚至成为农村黑恶势力的滋生土壤。基于此，以彻底整治农村集体"三资"管理中的各种乱象为目标，2020年7月，通榆县委、县政府出台了《通榆县农村集体"三资"专项清理整治工作实施方案》，"三资"清理工作不仅成为纵深推进扫黑除恶专项斗争的重大举措，同时还成为通榆推动集体经济发展的关键举措之一。

在清理整治内容上，主要将清理整治范围限定为在家庭承包以外的农村集体所有的土地、林地、草原、荒山、荒地、滩涂、水面等资源性资产，并明确清理的重点问题为：集体资源低价发包、仗权发包、改变资源用途等问题；侵占、强占、平调集体资源等问题；公职人员非法参与、干预集体资源承包等问题；侵占、霸占农户承包资源、强迫农民流转等问题；强占、侵占、非法变卖、违规抵顶账目报废集体资产等问题；拖欠集体土地补偿费、村级新增债务、违规支出等集体资金方面的问题；农民群众反映强烈的"三资"问题。在清理行动侧重方面，主要聚焦于以下几个方面：在摸清当前底数的基础上建立"三资"管理台账，并针对不同合同类型实施分

[①] 资料来源：《在全县"三资"清理专项整治工作推进会议上的讲话》。

类处理措施；规范治理农村集体财务收支，查清核对集体各项财务收支情况，重点整治拖欠集体土地补偿费、村级新增债务、违规支出等资金方面问题；严肃查处集体资产的流失，重点整治强占、侵占、非法变卖和报废集体资产，侵占、霸占农户承包资源，强迫农民流转等问题，加大对农村集体资产侵占行为的治理力度，切实维护农村集体组织及成员合法权益；妥善处理农户确权多出地问题，特别将过去由于瞒报面积、折等分地、磨牛地、手指地、测量误差、镶边接袖和私开乱垦、仗权承包而形成的确权多出地的问题，通过航拍合图的先进技术进行实地测量，进一步给农户确权明晰；建立落实长效治理机制，压实县、乡、村的主体责任、监管责任和直接责任，将"三资"清理工作与村社民主自治体制机制建设完美结合，健全完善农村集体"三资"管理各项制度和工作机制。[1]

就县域总体情况而言，在同时期深化完善农村集体产权制度改革的过程中，借助"三资"专项清理整治工作，通榆县在2021年上半年清理整治出村集体资源已发包面积140万亩，对清理出来的多余地开展发包收款工作，截至2021年7月，全县已收款1.28亿元。[2] 仅通过土地清收工作，再加上原有的村级积累，可望年底能使90个村集体经济达到百万元，10个村集体经济达到两百万元。[3] 通榆通过"先认事，再认账"的工作方法，将农民册外利用的土地重新纳入村集体管控调配范围，进一步盘活了村集体资产的存量，从而有效壮大了村集体经济的实力，同时为其下一步经营扩大集体经济规模与有效提供公共服务奠定了良好的基础。

---

[1] 资料来源：《中共通榆县委办公室、通榆县人民政府办公室关于印发〈通榆县农村集体"三资"专项清理整治工作实施方案〉的通知》。
[2] 资料来源：《通榆县农业农村局壮大集体经济工作情况汇报》。
[3] 资料来源：《通榆县巩固拓展脱贫攻坚成果同乡村振兴有效衔接工作典型经验材料》。

（二）以农村集体经济经营模式创新推动城乡产业衔接

1. 县域规模产业经营中的村集体参与

通榆县发展肉牛产业的历史悠久，多年来，其坚持产业化、集约化、现代化发展方向，大力推动规模牧业、效益牧业、精品牧业，肉牛产业发展对于壮大县域经济总量、培育农业经济新的增长点、提高村集体经济收入和提升人民群众生活水平都具有重要意义。2020年，通榆全县肉牛饲养量达到19.5万头，存栏16.2万头。肉牛产业在通榆全县16个乡镇均有分布，其中在养殖户养殖规模方面，10头以上养牛规模户340户，30头以上养牛规模户175户，50头以上养牛规模户85户，100头以上养牛规模户45户，全县肉牛专业合作社和家庭牧场达到120个。[①]

2021年，吉林省委、省政府做出重大决策部署，实施"秸秆变肉"暨千万头肉牛建设工程，将肉牛养殖定位为是实施"一主六双"高质量发展战略、打造万亿级农产品加工业和食品产业的关键举措。通榆县委、县政府根据《吉林省人民政府办公厅关于印发吉林省做大做强肉牛产业十条政策措施的通知》要求，制定出台了《通榆县落实吉林省做大做强肉牛产业十条政策措施的意见》，采取政企社合作经营的模式，从五个方面积极推动肉牛产业发展：一是大力支持肉牛良种繁育体系建设；二是加快肉牛应用创新基地及规模养殖场、家庭牧场建设；三是积极开展肉牛保险和融资创新服务；四是继续支持秸秆饲料化利用；五是做好肉牛养殖项目指导服务。[②] 通榆县肉牛农业产业园项目由通榆县农业农村局牵头建设实施，由吉林省吉运农牧业股份有限公司等5家企业、10家合作社、2户养

[①] 资料来源：《通榆县肉牛产业发展情况汇报》。
[②] 资料来源：《通榆县肉牛产业发展情况汇报》。

殖大户参与建设,以"政府引导、企业(园区)牵头、合作社为媒、村民入股、社会参与、市场运作"为原则,形成了政企社合作共赢的有效运作框架。在具体运作过程当中,园区还形成了"企业+合作社(农户)"订单合同型、"企业+基地+农户"流转聘用型、"合作社+农户"土地入股分红型三种典型运营模式,从而建立起龙头企业与村集体和农户的紧密利益联结关系。①

县域产业的拓展在多个层面推动城乡衔接的展开:在带动小农户个体层面,订单经营模式和基地承包模式通过充分发挥龙头企业的市场带动作用,有效整合利用了小农户的资源和经营优势,推动园区农民可获取土地流转租金收益、肉牛养殖收益、青贮种植收益、超过目标产量部分分成收益、土地或资金入股分红收益、转移就业务工收益、从事电子商务收益、参与草原观光文化乐园旅游收益、物流配送等生产性服务业收益等。在壮大集体层面,一方面通过龙头企业与村委会签订土地流转协议,整村流转农民土地,由龙头企业打捆整合,统一规划组织肉牛养殖、青贮种植、蚯蚓养殖、精品种植等工作,建立规模化、标准化肉牛养殖和青贮种植基地,从而使集体通过土地流转获得的收益提升;另一方面则推动集体合作社承包基地展开肉牛养殖经营获取收益。由此在个体层面和集体层面都建立起与龙头企业的紧密利益联结关系。截至2021年,通榆已完成投资15.85亿元,建成了10个肉牛养殖园区,且每个园区都已达到"千头牛"饲养规模,并协同带动饲料种植、肉牛屠宰加工、饲料加工等产业环节发展,园区共覆盖带动50个村集体通过多种利益联结合作获取集体收益回报。

---

① 资料来源:《吉林省通榆县肉牛国家级现代农业产业园创建工作方案(2021—2023年)》。

2.村际联合探索地域整合式发展新模式

在推动村集体经济发展壮大的过程中,为破解各个村庄资源分散零碎难以形成发展聚合效应的难题,通榆充分发挥了县级部门主体链接项目资源与统筹调配的作用,形成了具有地方特色的"村事县管"集体经济发展模式。所谓"村事县管"主要是针对地方政府部门在推动乡村产业发展方面的制度特点而言,强调在村集体经营能力缺乏和资源分散的情况下,通过县级部门统一的链接和规划来推动村级资源的有效集中与整合,并完成项目的有效对接和落地,从而实现项目的规模效应与集聚效应,有效发挥县级统筹分配的作用。为了进一步推动产业经营的城乡衔接,并真正将重心落实到经营壮大村集体经济,通榆从两个方面对兴村产业进行规划与统筹:一是成立乡村产业服务中心,为乡村项目规划与产业发展振兴提供服务;二是成立乡村产业有限责任公司,探索出村事县管的本土化产业发展模式,通过发挥县级部门的资源链接整合作用与统筹规划服务职能,以乡村资源资产的整合式运作方式有效推动了经营成效的扩大。

通榆在2020年成立了乡村产业服务中心,将其确立为正科级建制单位,为充分发挥其服务乡村产业发展的作用,政府部门选调配强包括农业种植、畜牧养殖、企业管理、金融管理等多方面的专业人才参与中心的业务建设,为乡村产业发展提供强有力人员服务保障。乡村产业服务中心的主要职能包括:其一,制定乡村产业发展规划,建立产业发展项目库,推动乡村产业的合理布局与转型升级;其二,协助制定出台乡村产业项目扶持政策,围绕乡村产业发展提供针对性的政策保障;其三,建立乡村项目审批制度,除招商引资项目外,对村级项目进行审核、审批、把关,杜绝乡村产业项目小而散、同质化等问题,促进对产业项目的科学化统筹管理;其四,

第七章　城乡融合视域下农村集体经济的发展转型

针对产业项目主体的经营不规范和监管不完善的缺陷，中心还需发挥其指导作用，推动其按照现代企业制度进行管理；其五，在人才振兴的发展要求下，对乡村产业项目法人和管理人员定期进行专业培训，提升项目经营者的素质与能力；其六，建立一套乡村产业项目运行监督、效益考核、风险评估的监控体系，从多环节着手避免项目经营出风险。通榆乡村产业服务中心成立以来，其陆续推动了肉牛现代农业产业园区的规划建设与生猪养殖园区的扩大建设，从而有效实现产业发展的溢出效应。[①]

与此同时，为了解决乡村两级主体在发展产业过程中存在资源分散、经营人才匮乏、产业规划混乱的问题，通榆探索成立了通榆县农业产业发展平台公司，公司由172个行政村联合发起成立，采取合伙人的运作模式，以市场化思维谋划乡村振兴，整合各村资源，做大做强项目。应该指出，在当前的乡村产业发展过程中，存在项目需求与村集体资源难以匹适的问题，很多情况下因为村集体分散的资源、匮乏的资金以及低度的组织化能力而使得规模性项目无法有效地落地运行，在其中，基于村际合作统筹的地域整体发展模式成为经营扩大的必然选择。正是基于上述问题，通榆农业产业发展平台公司便主要围绕乡村产业项目承接和项目融资进行业务铺展。一方面，在整合资金、规划项目的过程中，其既强调要因地制宜在田间地头建设一些方便吸纳本地百姓就业的"芝麻型项目"，又关注整合资源建设一些抗风险能力强、市场前景好的"西瓜型项目"，通过不同规模和类型产业项目的配套，从而更好地对接大企业与大市场。另一方面，在实现资源资本化的过程中，其还利用成立的平台公司，以"资源变资产、资产变资金、资金变股金、农民变股东"的形式，让172个行政村通过村集体资产的入股参与来整合县

[①] 资料来源：《通榆县乡村振兴工作典型经验材料》。

域乡村发展资金,从而让每个村都参与企业经营,共享项目经营的成果。①

3.集体经济发展带动多元农业主体参与经营

2020年7月,习近平总书记在吉林调研时指出,"要突出抓好家庭农场和农民合作社两类农业经营主体发展,推进适度规模经营,深化农村集体产权制度改革,发展壮大新型集体经济"。新型农村集体经济的发展不仅需要依托农村集体产权制度改革的深入推进,其还与新型农业经营主体的培育密切相关。从制度关联的角度去考察,新型农业经营主体的培育与新型农村集体经济的发展是密不可分的,因为一方面通榆农村集体产权制度改革和"三资"清理整治极大地促进了村社内部资源的盘活和流动,这些都为推动新型农业经营主体的发育以及农业适度规模化提供了有利条件;另一方面,新型农业经营主体的发展持续丰富和拓展了农村集体经济发展的产业要素与市场要素,推动了新的农村集体经济发展格局的形成。所以,新型农业经营主体的培育成为推动新型集体经济发展的重要一环。

在向外拓展产业链条、壮大村集体经济的同时,通榆还积极从村社内部培育家庭农场、专业合作社和龙头企业等新型农业经营主体,通过新型农业经营主体的带动作用和规模化产业化经营效应,推动农村产业发展经济基础的进一步完善。在农业合作社培育方面,通榆积极引导和支持农民用实物、知识产权、土地经营权等各种资源要素作价出资办社入社,促进了成员覆盖面的扩大,有效探索发展了多元化、多类型的农民合作社,初步形成了"村两委+农民合作社+农户""农业龙头企业+农民合作社+农户""土地股

---

① 资料来源:《通榆县乡村振兴工作典型经验材料》。

份合作社＋农户"等典型的农业产业经营模式与乡村利益联结新形式。从2020年的数据来看，通榆注册农民专业合作社2711个、农民入社总数12701户、农民入社经营耕地面积18.3万亩。农民合作社按主营业务类型划分，其中种植业合作社601家，养殖业合作社814家，棚、果、菜合作社52家，农机合作社286家，加工合作社117家，其他类合作社301家。农民专业合作社按年销售收入规模计算，其中收入100万元以上合作社43家、50万元—100万元合作社1682家、50万元以下的合作社986家。[①] 在合作社发展的带动下，村社内部同时也涌现出一大批典型的家庭农场，如通榆博元家庭农场、延会家庭农场等，通过构建起从龙头企业到合作社再到家庭农场和小农户的产业发展延伸链条，通榆将新型农业经营主体的培育与村庄集体经济的发展有机嵌合，从而推动乡村发展经济基础的巩固。

不仅如此，带动小农户的经营发展也成为集体经济发展的内在要求。长期以来，对于农业现代化进程中小农户角色和作用的认识常停留在对其经营规模小且力量单薄分散的批判层面，所以对集体合作与组织的呼吁便成为克服其分散薄弱性，并推动小农户与现代农业有机衔接的必由之路。一般而言，当前农村统分结合的双层经营体制，一方面强调要充分激活小农户的生产主体性与积极性，另一方面还要求有效发挥农村集体经济组织在提供农业社会化服务、集中经营生产等方面统筹协调的作用，因而构建集体经营与农户家户经营联结嵌合的现代农业生产体系是其本质要求。通榆农村集体经济发展并不单纯强调其参与产业项目合作、壮大集体经济规模的经营层面，其还充分发挥具有社会性的集体经济对小农户家户生计的联结带动作用以推动微观社区基础的建设。

---

① 资料来源：《通榆县农业农村部门贯彻执行"一法一例"情况汇报》。

党组织领办合作社推动集体经营与家户经营的有机嵌合是通榆推动集体和家户两个层面发挥积极性的关键举措。长期以来，土地荒漠化和盐碱化阻碍了通榆农业的长效发展，土壤贫瘠和农业基础设施落后使得当地形成了粗放式的农业发展模式，因而也导致村集体经济发展动力不足、农民家户收入普遍偏低的情况。通过发挥村党支部的政治优势和组织优势来整合集体资源，进而依托合作社的形式进行统筹经营，不仅找到了集体经济发展的有效抓手，更推动传统粗放式小农经营模式的转型，带动了农户收入的增加。以党组织领办合作社的模式主要是通过集体土地资源的整合经营来带动农户的增收，如边昭镇铁西村党支部则领头注册成立了"通榆县昭福家园种植专业合作社"，村集体以易地扶贫搬迁复垦出的49公顷高标准农田入股，占股79%，吸纳的35户村民以31公顷土地入股，占股21%。村党支部牢牢掌握生产经营权、分红权，通过以"股"连心、连利、连责，将村集体和农户紧紧聚在一起，改变了过去村集体将资源简单发包租赁的低层次发展模式。[①]

村集体经济的发展壮大还在多个方面进一步激活了小农户家户经营的积极性。一是为农户经营提供了有效的农业基础服务。在推动技术下乡服务农业生产的背景下，通榆借助高校、龙头企业等社会主体的优势资源，通过高标准农田建设、定点试验田改造、农业科技小院建设、农业技术人员培训等方式，逐步推动现代农业生产社会化服务体系的建设。二是推动了"龙头企业+合作社+农户"的现代农业发展利益联结机制的建立。一方面，通过村党组织领办合作社，不仅以党员的示范参与行为极大地提高了其他农户入股合作的积极性，同时党组织作为合作参与的主心骨充分展现出其组织

---

① 资料来源：《探索共同致富新路径 通榆县边昭镇铁西村发展壮大村级集体经济典型案例》。

优势与公共效能，进而为合作奠定了社会信任基础；另一方面，作为连接小农户与大市场的中介集体组织，党组织领办的合作社通过中间统筹经营角色和社区组织主体角色的发挥，不仅有效降低了企业和农户之间的交易成本，同时也降低了农户直接参与经营的市场风险，并弥补其经营的主体劣势。正是在上述基础上，通榆重塑了市场、村社集体与小农户的有效利益联结机制，推动了小农户与现代农业生产的有机衔接。

（三）以农村集体经济社会性功能发挥促进城乡治理融合

1. 依托集体分配促进服务供给均衡

作为一种社区性经济，集体经济的经营发展方式和利益分配方式往往是村庄利益联结的核心机制，建立合理的集体收益分配机制有利于增加农民的财产性收入，推动集体经济长效稳定发展。如果说盘活与经营突显的是集体经济在规模体量扩张方面的经济效益，那么用于村社的公共分配则更强调集体经济的社会保障与社区治理服务职能。通榆在盘活壮大集体经济之后，基于不同的村社类型与发展样态，将集体经济收入广泛用于村社公共事业的建设，从而有效发挥了集体经济组织凝聚社群共同生产生活的社会性功能。

第一，在防止规模返贫的过程中，通榆县持续发挥县级统筹项目经营收入和集体经济对贫困户精准帮扶支持的作用。如在村事县管的模式下，通过将生猪养殖园区租赁资金和光伏收益资金等合作经营项目运作获得的收益用于延续分配覆盖建档立卡贫困户，从而有效巩固拓展脱贫攻坚成果。目前，通榆的团结生猪养殖园区建设项目和良井子生猪养殖园区资产租赁项目的收益资金共426.56万元，被打捆使用，由乡镇统筹按采取差异化的方式来推动覆盖建档立卡贫困户和边缘户，从而确保其能够持续受益。①而在光伏电站收益资金分配方面，则采取专账管理、单独核算、分村建账的方式，建立逐级化的收益分配方案。②正是通过项目收益的集体分配，进而有效推动了脱贫攻坚成果的巩固拓展。

第二，在村社公共服务供给方面，通榆则进一步依托村集体经济来提升村集体公共服务能力和水平。如在易地扶贫搬迁社区，村集体将资源发包收入、集体土地补偿费收入、集体资产租赁收入、扶持项目收入和易地搬迁后续资金补助等用于集中安置区的公共基础设施建设，不仅建成了带有标准化村综合服务中心、文化活动广场、孝老服务餐厅、农机服务区及家户蔬菜种植园的社区公共场所，形成便捷的集居住、医疗、教育、村务于一体的多功能综合服务区，同时还对所有入住新楼的村集体经济组织成员提供生计保障支持，如每户免收取50平方米取暖费和代缴物业服务费，从而有效降低了易地搬迁后村民的生活成本，提升了村民的幸福生活水平。在此基础上，依托村集体收入开展村组道路维修养护、环境卫生整治等小型公益事业，进一步激发服务供给中村民的共治参与活力。

第三，通榆还通过村集体经济收益、政府财政扶持和社会捐赠资金的整合，来推动建立扶贫车间和提供各种公益就业岗位，由此实现在地化脱贫治理与村民生计长效发展的有效衔接。创建扶贫车间主要是为了推动贫困人口就地劳动就业，扩大其生计收入的来源，它是实现贫困在地化治理的有效途径。扶贫车间创建主要是就近利用村集体提供的集体建筑和厂房，引入企业社会资本和政府项

---

① 资料来源：《关于通榆县苏公坨乡2021年团结生猪和良井子生猪养殖园区建设项目收益资金分配使用方案》。

② 资料来源：《关于印发〈通榆县光伏扶贫电站收益资金分配管理实施办法〉的通知》。

目资金进行服装、食品等基础加工产业的运营,以吸纳当地劳动力就业。扶贫车间通过定期技能培训提升农民的工作技能,并采取灵活的用工方式和工作时间,使得村民可以同时兼顾到农业耕作、工厂就业和家庭生活,从而与农民的生产生活方式有效嵌合。截至2020年,全县10家扶贫车间近五年累计带动268人就业,其中贫困人口81人。[①]不仅如此,通榆还依托合作项目收益与村集体经济发展,积极开辟出各种社区公益劳动岗位,如村屯保洁员、水源管护员、一村一辅警、道路维护员、护林护草护河员、孤寡老人看护员等,为有劳动能力的建档立卡贫困户和村社剩余劳动人口提供村社的公益劳动岗位,使其在社区内部的公共治理服务参与中获得相应劳务收入。

2. 嵌入公益实践推动乡村治理转型

为破解直接给钱给物、"输血式"扶贫导致的不劳而获的不良风气和依赖心理,通榆县因地制宜创新形式,把精神文明建设作为推进乡风文明实现的重要内容和主要抓手,探索出以"爱心超市"兑换积分、"兑换"美德为代表的,具有地域特色的"志智双扶"工作新模式,并在衔接过程中进一步探索农村公益转型发展模式,有效推动乡风文明建设。"爱心超市"通过汇聚政府项目资金、社会捐赠资金物质和村集体支配资源,鼓励和引导群众用实际的社区公共参与行动和良好表现换积分,再以积分换取村民日常生活中真切需求的物质资源,建构起农村公共事务参与的激励机制,由此调动农民参与社区公共服务和治理的积极性。

以边昭镇昭福家园"爱心超市"为例,2018年6月,边昭镇党委政府创新扶贫新模式,在占全镇贫困人口30%的易地扶贫整村搬

[①] 资料来源:《通榆县脱贫攻坚五年工作总结》。

迁三村联建新区昭福家园建立了"爱心超市"。"爱心超市"的资金最初来源主要是依靠社会爱心企业、帮扶单位、党员干部以及社会爱心人士捐赠，后期将部分集体经济收入和企业稳定反哺收入作为其长期资金来源，有效实现了"造血和输血"的功能。

第一，在组织架构建设方面。昭福家园成立以边昭镇党委书记为组长、党委副书记为副组长，兼纳4个村党支部书记和第一书记为成员的"爱心超市"领导小组。领导小组下设办公室，负责组织活动、兑换积分、物资采购等日常管理工作。办公室主任由副组长兼任，成员为五井子村第一书记和边昭村第一书记。4个村分别设爱心积分卡管理员和监督员，共5名，管理员负责本村爱心积分卡的管理、发放、登记和日常记分工作，监督员则主要负责本村爱心积分卡积分监管工作，并及时对积分情况予以公开。[①]

第二，在自主造血和经营方面，依托集体土地开展公益生产动员工作，进而提升造血输血能力。为了改变单纯依靠社会和政府扶持的经营模式，昭福家园联合党委组织流转了15公顷耕地用于爱心超市的自主建设经营活动。[②] 以集体流转的土地作为载体，爱心超市将集体土地进行整理规划，依托全县发展庭院经济的项目支持，利用积分管理的方式来动员组织贫困户和部分村民参与到集体田间耕作管理中，不仅丰富了村民参与多样公益实践的路径，同时还通过农业收获成果的销售营收，在一定程度上实现了爱心超市的自我造血运作。应该指出，与城市社区公益实践参与不同，通榆"爱心超市"在运作过程中初步建立起了基于社会、政府与村社集体协同联动的农村公益实践模式，在其中村集体经济因为其独特的组织和经营效应而成为农村集体公益活动尤为重要的经济载体，从而使

---

① 资料来源：《边昭镇昭福家园"爱心超市"运行情况简介》。
② 资料来源：与昭福家园社区工作人员的访谈。

得农村公益活动具有持久长效的生命力和组织塑造效应。

第三,在积分评价管理方面,实行动态积分管理模式,区分为正向增分和负向减分两种类型。参与公益服务的村民可以通过三种方式获取积分:一是通过参加集中组织的义务劳动、卫生保洁、社会公益活动、文体活动、集中学习等非固定活动获取积分;二是通过加入昭福家园"爱心"义务清扫队,每天上下午分两次对小区和楼道卫生进行清扫,赚取固定积分;三是通过参加大美边昭人"四道"(美道、善道、孝道、富道)模范和脱贫典型、自力更生以及自强不息贫困户的评选获取大量积分。减分则主要是针对一些不利于公共事业的限制性行为的约束,聚焦于小区"十不准"条约的执行上,规定以户为单位进行记录,每触犯1条扣10分,扣满3次的在取消村集体给予的年度补助的同时,还将"爱心超市"积分卡收回,并在本年度不予以增分奖励。通过公益奖惩的约束,进而有效维护了居民公约准则的权威性。在成立近三年的时间里,昭福家园"爱心超市"共组织大型公益活动65次,集中学习和宣讲37次,累计1256人参与活动,发放近7.6万积分。[1]

截至2020年9月,全县21家"爱心超市"收到政府资金120万元、社会帮扶捐助资金87万元,社会捐赠衣物约12000件,"爱心超市"商品种类已丰富达到500余种,从而极大地增强了其公益支持带动的作用。通榆通过推动"爱心超市"与新时代文明实践各项公益活动的有机衔接,激活了村民参与村社公共事务的主体性和积极性,更新了农村公共服务的供给方式,推动了新时代乡风文明的建设。

---

[1] 资料来源:《边昭镇昭福家园"爱心超市"运行情况简介》。

三、结论与讨论

(一)作为城乡交流融合中介的"集体"

有学者指出城乡融合体现为人口、经济和空间多维度的融合[①],"集体"作为乡村社会的一个独特组织主体,其具有生产统筹、治理协调等多方面的功能。与此同时,"集体"更在推动县域城乡交流融合中发挥着至关重要的中介联通作用。在城乡系统之间,城市产业转移延伸到村社,以及村社组织主体的整合都离不开村集体。村集体作为村社的一个总体性组织主体,一方面能有效承接自上而下下沉的项目资源和政策规则,通过集体的对接转换和统筹调配处理,更好地推动产业项目的落地并发挥出规模性的社会经济效益;另一方面,集体作为全体村民整体利益的代表,其也能推动村社内部分散的小农户进行有效的组织整合,促进分散的农户进行劳动和资本的联合,进而为农户有效对接外界大市场提供渠道中介,真实地发挥出其组织统筹功能。正是基于此,在城乡融合的背景下,村集体能充分发挥出其作为联结城乡两个系统的桥梁纽带作用,进一步推动城乡融合进程的深入。

但同时也应该指出,"集体"中介性功能的发挥与其发展主体性的培育密不可分。所谓村社发展的主体性主要表现在以下两个方面:一是对行政力量的去依附化,凸显发展的自主性与独立性。在对当前基层组织行政化的讨论中,普遍认为村级组织在资源下乡和规则下乡的过程中逐渐演变成行政末梢的角色,正是对部门项目和资金的过度依赖使得村级组织与村社集体出现了脱嵌,所以必须在理清基层政社关系的基础上,依托具有社区利益联结作用的集体经

---

① 刘守英、龙婷玉:《城乡融合理论:阶段、特征与启示》,《经济学动态》2022年第3期。

济的壮大来找回发展的主体性。二是对村社内部小农户的统筹与组织效能的发挥,作为嵌入在村庄内部的治理单元,村级集体组织具有整合和保护小农户的天然优势,一方面集体组织能有效提供公共服务以满足小农户农业生产生活的需要,另一方面其组织化的主体力量更能推动小农户与大市场大企业的对接,所以小农户与现代农业的有机衔接必须在壮大集体经济的基础上,进一步推动集体组织自主经营、自主管理和自主服务能力的提升,由此实现自主发展。从发展主体性培育的角度出发,推动长期依靠资源和政策下沉进行补给式的集体经济发展模式向以村为中心的自主发展模式的转变便显得十分重要。通榆在推动集体经济发展转型的过程中,一方面通过深化清产核资、集体经营性资产股份化改革、农村产权交易平台建设和政经分设等农村集体产权制度的改革,明晰了农民对集体资产的所属权益,推动农村集体资源资产的合理有效利用,赋予村级组织发展集体经济更多的资源与制度空间;另一方面则从合作经营的增量扩大方面找出路,通过村集体参与合作项目经营来建立集体经济发展的长效机制。正是在发展集体经济的基础上,村社在一定程度上重塑了其作为联通组织中介的作用,从而激活了村庄发展的自主性。

（二）城乡融合背景下集体经济"村事县管"模式

在城镇化迅猛推进和乡村人口流失的背景下,当前村庄发展普遍面临资源分散零碎、治理中坚主体缺乏的情况,由此导致村庄在盘活集体资源资产、对接规模项目企业主体并持续推动村集体经济增收方面存在不足。2022年,中共中央办公厅、国务院办公厅印发了《关于推进以县城为重要载体的城镇化建设的意见》,文件凸显了县域作为一个基础性治理单元的重要意义。应该指出,无论是从人口还是从产业方面来看，县域成为推动城乡融合的一个关键单元。从通榆发展壮大集体经济以实现城乡融合的模式来看，其成功经验的最关键之处在于充分发挥了县级部门主体链接项目资源与统筹调配的作用，由此形成了具有地方特色的"村事县管"模式。所谓"村事县管"主要是针对地方政府经营乡村的行为而言，与地方政府经营城市的模式不同，经营乡村主要是强调在村集体经营能力缺乏和资源分散的情况下，积极通过县级部门统一的链接和规划来推动村级资源地有效集中与整合，并完成项目的有效对接和落地，从而实现项目的规模效应与集聚效应，有效发挥县级统筹分配的作用。

所以，当我们理解通榆县经营乡村行为的逻辑时，首先应从发展模式的延续与转换中去认识，脱贫县在推动乡村振兴和城乡融合的过程中，普遍面临村级主体发展集体经济专业经济人员缺乏、组织队伍松散和发展资源不足的情况，因而做大做强集体经济以实现有效衔接必须从县域全盘统筹规划着手才能实现。其次，应从地方政府所嵌入的制度环境中去理解，打赢脱贫攻坚战作为一项具有极强动员性和组织性色彩的政治任务，其无疑对地方政府行为产生了极大的影响，在巩固拓展衔接的过渡阶段，从延续兜底保障以及防止规模返贫到做大做强集体经济，都需要地方政府转变原本依靠大量资源下沉来实现发展的模式，推动经营向常规化方向发展。再次，从地方政府经营的功利层面考虑，不难发现原有经营中的利益追求色彩被极大淡化了，一方面经营乡村的目标诉求更多倾注在反哺农村、推动城乡融合与共同富裕的实现等方面，另一方面对经营行为社会风险的关注也成为地方政府的行为动机之一，因为集体经济是具有"小公共性"的一种社会经济模式，关涉到村社集体的利益，如何降低其经营风险也成为发展必须关注的内容。

当然,尽管通榆通过"村事县管"模式在一定程度上弥补了上述的缺陷并取得了显著的成效,但是目前这种发展模式仍然是初步的探索,并且主要局限在推动乡村产业项目统筹发展方面。对"村事县管"模式的下一步的深化探索应从以下方面展开:一是在统筹力度方面,应立足于县域城乡融合发展的基点,进一步强化县级部门对乡村产业发展的规划与统筹能力,以项目的落地展开为依托,全方位推动城乡要素充分对流、乡村资源集聚整合,为县域内生可持续发展提供支撑;二是在管理限度方面,应进一步理清与明晰"村事县管"中县级部门主体与村级组织主体的关系与各自职能权限,防止部门权力对村庄其他事务不适当的介入和干涉,充分发挥县级部门统筹链接与村级组织自主经营两个主体的积极性;三是在风险规避方面,在推动村际合作经营的过程中,因为项目经营面临一定的市场风险,并附带一定的社会后果,如何通过制度的设定有效削减和规避经营风险便成为需要进一步考量的问题。

第八章
推进社会政策创新和基本公共服务城乡普惠共享

实施乡村振兴战略，推进城乡融合发展，必须在脱贫攻坚取得全面胜利的基础上更进一步，持续将国家社会事业发展的重点放在乡村，促进公共教育、医疗卫生、社会保障等资源向乡村倾斜，推动公共服务向乡村延伸、社会事业向乡村覆盖，健全全民覆盖、普惠共享、城乡一体的基本公共服务体系，推进城乡基本公共服务标准统一、制度并轨。2022年5月6日，中共中央办公厅、国务院办公厅印发了《关于推进以县城为重要载体的城镇化建设的意见》，强调县城是我国城镇体系的重要组成部分，是城乡融合发展的关键支撑，并特别提出要推进县城公共服务向乡村覆盖。目前看来，由于受到财政投入不足、城乡二元经济体制等影响，我国城乡要素流动不顺畅、公共资源配置不合理等问题依然突出，农村公共服务的供给还存在诸多短板问题。如何破解这些问题已经成为乡村经济社会新发展阶段的重要课题，吉林省通榆县在推进县城公共服务向乡村覆盖的过程中，改革机制体制、创新社会政策，统筹建立起城乡医疗卫生服务、教育服务、养老服务、特殊人群兜底保障的体系和机制，并在加强政府资源输入的同时，构筑了多元主体参与的"政社协同版"乡村公共服务体系，缩小了城乡差距，探索建构了缩小城乡差距促进融合发展的社会政策体系,创新实施了推动基本公共服务城乡普惠共享的县域实践,具有极强的可复制性和推广价值。

一、县域内城乡基本公共服务均等化的必要性

公共服务是指由政府部门、国有企事业单位和相关中介机构履行法定职责,根据公民、法人或者其他组织的要求,为其提供帮助或者办理有关事务的行为。包括加强城乡公共设施建设,发展教育、科技、文化、卫生、体育等公共事业,为社会公众参与社会经济、政治、文化活动等提供保障,强调政府的服务性,强调公民的权利。基本公共服务是公共服务中最基础、最核心的部分,也是政府公共服务职能的"底线"[①],是为维持本国经济社会的稳定、基本的社会正义和凝聚力,保护个人最基本的生存权和发展权,为实现人的全面发展所需要的基本社会条件。2020年11月12日,习近平总书记在浦东开发开放30周年庆祝大会上的讲话中指出:"要着力解决人民群众最关心最直接最现实的利益问题,不断提高公共服务均衡化、优质化水平。"由于我国城乡二元体制和结构的长期运转,我国城市与乡村的基本公共服务发展水平存在一定差距,通榆县的县城与所辖乡村之间的公共服务体系和水平均呈现出不均衡性,如何有效推动城乡基本公共服务普惠共享成为县域城乡融合发展的重要议题。

(一)县域城乡基本公共服务体系的短板问题

其一,县城基本公共服务向乡村的辐射能力较弱。县城位于"城尾乡头",是我国城镇体系的重要组成部分,是城乡融合发展的关

---

① 赵展慧:《国家基本公共服务亮清单:81个项目明确服务对象、服务指导标准、支出责任、牵头负责单位》,《人民日报》2017年3月2日第2版。

键支撑。县城是县域政治、经济、文化中心和人口集聚中心，由于兼具经济和人口集聚性的特征，县城成为县域公共服务的中心。我国县域范围内的公共服务主要建设在县一级，县城公共服务体系较为完善，服务内容较为饱满，服务水平较高。相较而言，县城周边乡村的基本公共服务则处于较为落后的状态，村级基本公共服务设施供给数量不足、水平较低，限制了农村对优质化、多元化、现代化公共服务的需求。①越偏远的乡村其基本公共服务体系和能力越弱。若欲实现城乡公共服务的均衡发展，县城公共服务的"辐射能力"尤为重要。但目前看来，我国县城的基本公共服务的延伸性和覆盖性还比较有限，仅能够有限地服务到县城居民，难以辐射到县城外的较为广袤的乡村地区，呈现出"中心—边缘"的基本公共服务圈层递减结构。当然，即使在基本公共服务制度比较完善的发达国家，农村、偏远地区的基本公共服务供给仍然是一个难题。②如何将县城的基本公共服务资源向乡村下沉，使乡村居民能够在所在村落享受到与县城无差别的基本公共服务，成为彰显我国基本公共服务公共性、普惠性和社会公平的根本属性的必由之路。

其二，县域内农村基本公共服务的供给和需求存在偏差。基本公共服务供给机制的构建，不仅要强调供给主体、供给范围、供给方式等工具理性，解决"谁来供给""供给什么""如何供给"等问题，更要重视公众需求、公平正义、公众满意等价值理性，解决"为了谁"的问题。③但研究发现，我国农村的基本公共服务在供给与需求上存在一定偏差，降低了农民的获得感和幸福感。我国的基

---

① 李现丽：《着力提升农村基本公共服务供给水平》，《农业经济》2022年第6期。
② 王列军：《推进基本公共服务均等化》，《经济日报》2022年3月30日第10版。
③ 姜晓萍：《基本公共服务应满足公众需求》，《人民日报》2015年8月30日第7版。

本公共服务主要依靠政府自上而下供给，缺乏健全、畅通的制度化诉求反映机制，导致一些基本公共服务项目难以与基层群众的迫切需求实现紧密对接，特别是在农村地区，由于其公共服务基本均是由县城延伸而来，导致乡村地区的基本公共服务供给内容和项目在与县城具有显著同质性的同时，又主要是县城基本公共服务的"简化版"。但乡村广袤复杂、不同村落的基本公共服务需求呈现较强的异质性，基本公共服务的供给方无法真实、精准地判断农民需求偏好，造成供需偏差，供给效率较低。[①] 例如在一些空心化村落，由于村落的青壮年大比例外出打工，村落的老龄化问题十分突出，随之而来的便是他们对于农村基本社会保障和公共医疗服务方面的强烈需求，但村落中的公共服务供给更多的依旧是对处于次要地位的"生产型"基本公共服务的延续，造成此类公共产品供给过剩甚至无效供给，而与生活息息相关的公共服务品的供给却相对不足，出现了农村基本公共服务供需脱钩的状况。

其三，基本公共服务供给高度依赖政府，加大了城乡差距。《"十四五"公共服务规划》提出，享有基本公共服务是公民的基本权利，保障人人享有基本公共服务是政府的重要职责。目前，我国也逐渐形成了以政府为主导的城乡基本公共服务供给模式，这主要是因为，提供基本公共服务作为保障民生领域的重要部分，具有较强的公益性，而市场作为经济运行的主体，往往以追求利益最大化为核心，因而，市场在基本公共服务的供给方面缺乏动力，甚至存在失灵的问题，这便需要政府承担起基本公共服务供给的主要责任。但在城乡之间，由于存在财政限制、城乡不平衡等多方面张力，城市较高层级政府的基本公共服务供给能力显著高于乡镇政府的基本公共服务供给能力，导致城乡间的基本公共服务力度被拉大。诚

[①] 李现丽：《着力提升农村基本公共服务供给水平》，《农业经济》2022年第6期。

然，由于经济、社会发展状况不同，有些集体经济发达的村庄，主要由集体经济组织提供公共服务；一些有大型私人企业的村庄，企业会提供一些资金帮助村庄修建道路、整治环境卫生等；但还是存在为数不少的村庄，税费改革以后，由于集体经济薄弱，又没有经费来源，公共服务供给主要依靠政府财政投入[①]，虽然近年来政府不断加大财政投入力度，但由于村庄数量众多，每个村庄的平均投入仍然很有限，其基本公共服务水平势必要逊于城市的基本公共服务水平。另外值得注意的是，乡村特别是边远乡村，普遍存在交通不便等客观缺陷和人口流失等地域衰退的问题，由于现实条件制约和缺乏规模效益，导致政府无法在这些地域投入大量高质量的公共产品，使其成为基本公共服务的边缘地带。这也引发了越是需要民生兜底的地域，其基本公共服务力量越是不足的困局。

（二）推动县域城乡基本公共服务普惠共享的意义

其一，巩固拓展脱贫攻坚成果的底线保障。截至2020年底，中国的贫困治理，特别是脱贫攻坚战已经取得决定性成就，"两不愁"质量水平明显提升，"三保障"突出问题彻底消除，实现了现行标准下农村贫困人口全部实现脱贫，贫困县全部摘帽，区域性整体贫困问题得到解决。但在脱贫攻坚取得伟大胜利的同时，当前我国发展不平衡不充分的问题仍然较为突出，巩固拓展脱贫攻坚成果的任务依然艰巨，特别是脱贫不稳定户和边缘易致贫户还面临着一定的返贫和致贫风险。针对于此，中共中央、国务院审时度势，颁发《中共中央 国务院关于实现巩固拓展脱贫攻坚成果同乡村振兴有效衔接的意见》，该文件强调：保持主要帮扶政策总体稳定。过渡期

---

① 罗万纯：《乡村治理探索和农村公共服务供给》，《中国发展观察》2016年第Z1期。

内严格落实"四个不摘"要求,摘帽不摘责任,防止松劲懈怠;摘帽不摘政策,防止急刹车;摘帽不摘帮扶,防止一撤了之;摘帽不摘监管,防止贫困反弹。现有帮扶政策该延续的延续、该优化的优化、该调整的调整,确保政策连续性。兜底救助类政策要继续保持稳定。落实好教育、医疗、住房、饮水等民生保障普惠性政策,并根据脱贫人口实际困难给予适度倾斜。健全农村低收入人口常态化帮扶机制,包括加强农村低收入人口监测、分层分类实施社会救助、合理确定农村医疗保障待遇水平、完善养老保障和儿童关爱服务、织密兜牢丧失劳动能力人口基本生活保障底线。由此可见,巩固拓展脱贫攻坚成果不仅需要在发展经济产业方面持续发力,还需要以底线思维兜住民生底线,在各个方面防止低保、特困等特殊脆弱群众返贫,这便需要农村基本公共服务体系的不断完善和基本公共服务能力的不断提升。质言之,在县域范围内,推动城乡基本公共服务普惠共享是对"四个不摘"理论的积极回应,是破解我国农村公共服务水平仍然较低、困难群众仍然真实存在问题的必然选择。在全面脱贫的基础上,要实现人民美好生活,就要在基本公共服务领域,不断补齐发展过程中的民生短板,优化公共服务供给,以基本公共服务全覆盖为指向,促进基本公共服务均等化,使乡村居民共享改革发展成果与红利。

其二,推进乡村振兴的重要支撑。党的十九大报告指出,农业农村农民问题是关系国计民生的根本性问题,必须始终把解决好"三农"问题作为全党工作的重中之重,实施乡村振兴战略。习近平总书记在中央农村工作会议上强调:"要实施乡村建设行动,继续把公共基础设施建设的重点放在农村,在推进城乡基本公共服务均等化上持续发力,注重加强普惠性、兜底性、基础性民生建设。"可见,实现乡村振兴业已成为我国的时代性中心任务,并且推进城乡基本公共服务均等化更是实现乡村振兴的重要结构性要素。只有实现了城乡基本公共服务普惠共享,才能够从根本上改革城乡二元体制、打破城乡二元结构,重塑城乡关系,实现乡村振兴。在乡村振兴的总体战略中,县域又突显为核心载体。有研究指出,以县域为基本单元的乡村振兴,既能实现城镇化与乡村振兴同步发展,又能协调基础建设与全面振兴的辩证关系,还契合了农民渐进城镇化和半城镇化的特点,能够在人与资源上实现城乡融合发展。① 因此,在乡村振兴的背景下,实现县域内的城乡基本公共服务均等化具有更加重要的战略性价值,实现县域内的城乡基本公共服务普惠共享是改善农村生活、促进农村发展的重要基础保障,是推动农业农村发展的动力引擎,特别是可以借此增强乡村的"引力",破解县域内乡村过疏化所引发的一系列问题,并对县域的"地域力"产生整体性的提升。

其三,实现共同富裕的坚实基础。共同富裕是社会主义的本质要求,是中国式现代化的重要特征。习近平总书记指出,"要坚守人民情怀,紧紧依靠人民,不断造福人民,扎实推动共同富裕",同时要求把就业、收入分配、教育、社保、医疗、住房、养老、托育等基本公共服务问题统筹解决好。这表明实现共同富裕必须与基本公共服务统筹协调,促进基本公共服务均等化是实现共同富裕的前提条件。如果不能通过基本公共服务均等化缩小差距,保障全体人民公平享有基本生存权与发展权,实现共同富裕就会缺乏坚实基础。② 县域毫无疑问是实现共同富裕的核心场域,正如有研究指出,"县域是新时代共实现共同富裕伟大任务最集中的战场,县域是我国政

---

① 杨华:《论以县域为基本单元的乡村振兴》,《重庆社会科学》2019 年第 6 期。
② 姜晓萍:《基本公共服务均等化是实现共同富裕的着力点》,《光明日报》2021 年 10 月 7 日第 2 版。

治、经济、社会目标的基本执行单元,中国的县域涵盖了全国大部分面积和人口,特别是农村人口,县域还处于城市和基层乡村的中间环节,在城乡融合发展中处于纽带位置。共同富裕的达成需要打破中国长期以来形成的城乡二元社会结构,县域的整体发展成为打破这个结构的关键节点。"[1] 以此观之,县域内的城乡基本公共服务均等化更具有特殊重要的价值。只有实现了县域内的城乡基本公共服务均等化,才能够真正保障县域内的共同富裕,进而支撑起全国共同富裕的宏伟蓝图。

二、基本公共服务城乡普惠共享的政策体系与县域实践

在脱贫攻坚时期,通榆县真正以社会政策的精准、强力实施助力了"两不愁"质量水平明显提升,使得"三保障"突出问题彻底消除,以"应扶尽扶、应保尽保"的方式破解了脆弱群体的特殊困难,以社会保障和救助真正兜住了民生底线,啃下了制约通榆县脱贫摘帽的硬骨头。但不可否认,脱贫攻坚的全面胜利并不意味着"三农"问题的彻底解决。在推进乡村振兴的全新阶段,通榆县仍面临一些问题,其中,直接面向"幼有所育、学有所教、劳有所得、病有所医、老有所养、住有所居、弱有所扶、优军服务有保障、文体服务有保障"的民生保障目标的基本公共服务,在通榆县所辖乡村领域发展还不到位,城乡间基本公共服务水平不均衡,成为制约通榆县城乡融合发展的严峻挑战。近年来,通榆县在推进以县城为重要载体的城镇化建设过程中直面挑战,在建设县域"医共体"、促进县域教育公平、完善城乡特殊人群社会救助、构筑立体保障体系

---

[1] 资料来源:《清华大学社会科学学院共同富裕县域标准课题成果发布会在京举行》。

等领域探索出极具县域特色的典型经验,特别是通过社会政策的创新,推动了基本公共服务的城乡普惠共享。

(一)完善医疗服务体系与建设县域"医共体"

因病致贫返贫问题,是各地脱贫攻坚之战面临的最大"拦路虎"。这一难题对吉林而言尤为突出。统计显示,2017年,因病致贫返贫的人数占吉林全省贫困人口的56.8%,远远高于全国平均水平。在一些贫困县部分地区,这个比例甚至高达70%。在业已全面脱贫的新时期,通榆县乡村地区的群众因罹患重病导致基本生活出现困难而返贫的压力依旧较大,风险依旧较高。因而,推进县域内城乡医疗卫生服务体系不断完善,是实现城乡基本公共服务均衡发展的核心要素。

面对城乡医疗卫生服务体系不均衡、因病返贫致贫的风险不容忽视的挑战,通榆县在推进城乡融合的进程中,一方面,持续以"社会政策创新"指引健康医疗保障工作的深化升级,相继颁发了《关于巩固拓展健康扶贫成果同乡村振兴有效衔接的实施方案》《关于对全县贫困人口进行重特大疾病政府兜底救助的实施意见(试行)》等文件,将健康医疗高质量发展切入乡村振兴和城乡融合发展总体格局。另一方面,着力构建起县域"医共体",即以县级医院为核心,乡村两级医疗机构及其他医疗组织为组成成员的医疗联合体[①],作为推进城乡医疗卫生公共服务均衡发展的核心机制。

1. 以"一事一议"政策托底,筑牢城乡医疗保障防线

在脱贫攻坚时期,通榆县全面贯彻落实吉林省医疗综合保障机制的五道防线(即第一道防线:新农合基本医疗保险;第二道防线:新农合大病保险;第三道防线:医疗救助;第四道防线:大病兜底

---

① 王文婷、陈任、马颖、秦侠、谢瑞瑾、冯立中、胡志:《分级医疗背景下的安徽县域医疗服务共同体实施路径》,《中国卫生资源》2016年第6期。

保障；第五道防线："一事一议"）。五道防线的综合保障有力破解了通榆县因病致贫的严峻挑战，构成了县域脱贫摘帽的重要结构性要素。为巩固拓展脱贫攻坚成果，进一步缩小乡村与城市的医疗保障差距，通榆县卫生健康局、发展和改革局、医疗保障局等11部门于2021年8月印发了《关于巩固拓展健康扶贫成果同乡村振兴有效衔接的实施方案》，旨在将巩固拓展健康扶贫成果放在突出位置，进一步提升乡村卫生健康服务能力和群众健康水平，为脱贫地区接续推进乡村振兴、实现城乡融合提供更加坚实的健康保障，全力助推健康通榆建设。其中，以"一事一议"托底，筑牢医疗保障防线，成为通榆县在健康医疗方面巩固拓展脱贫攻坚成果与推进城乡融合的创新亮点。

一般而言，新农合基本医疗保险、新农合大病保险、医疗救助、大病兜底业已包含了所有的常规医疗保障程序，但事实上，经上述保障报销后，有部分困难群众个人自付医疗费用额度仍然较高，支付高额的医疗费用成为群众骤贫返贫最为重要的导火索。特别是在城乡发展不平衡的背景下，农民抵御健康风险的能力明显弱于城市居民，若不在基本公共服务方面不加以调节，城乡之间的差距和张力将持续加大。为巩固拓展脱贫攻坚成果，推进城乡融合，对于确实无力承担的特殊贫困患者，通榆县加大兜底力度，通过政府大病兜底救助联席会议领导小组采取"一事一议"的方法予以救助解决。"一事一议"不设起付线，具体救助金额根据不同家庭情况由医保局、卫健局、民政局、审计局，财政局组成的"一事一议"救助联席会议决定。鉴于医疗救助的急迫性，"一事一议"救助款可在一周内发放。① "一事一议"救助资金从县财政每年列支的2100万元

---

① 资料来源：通榆县卫生健康局、发展和改革局、医疗保障局等11部门发布的《关于巩固拓展健康扶贫成果同乡村振兴有效衔接的实施方案》。

重特大疾病政府兜底救助基金中列支。基于光伏产业的快速发展，通榆县从收益资金中提取500万元，建立"光伏扶贫风险防控补助资金"。确保因突发意外及患重大疾病等存在致贫返贫风险的贫困群众能够在年度内及时得到补助。通榆县2020年通过"一事一议"救助643人，救助金额达470万元，2021年托底救助143人，救助金额达282万元。总之，"一事一议"在常规性的医疗保障救助和兜底基础上，以更加灵活的方式使医疗保障兜底进一步延伸了深度，加大了力度，以更加精准的方式帮助确实有困难的群众渡过难关，特别是确保了抵御健康风险能力较弱的农民不致因病返贫。

2.排查贫困边缘户，推进医保政策倾斜

脱贫摘帽后，通榆县仍有一些贫困边缘户存在实际上的生活困难，特别是抵御健康风险的能力较弱，针对此，通榆县着力保持医保政策总体稳定，并进一步向贫困边缘人口倾斜，以巩固拓展医疗保障成果。

其一，在衔接期，保持现有"先诊疗后付费"定点医疗机构不变，规范设置"先诊疗后付费"和"一站式"结算窗口，及时公示所辖"先诊疗后付费"定点医疗机构名单和识别人员身份信息，签订"先诊疗后付费"协议书，在明显位置张贴诊疗流程，指定专人指引。大力宣传"先诊疗后付费"诊疗服务对象范围、诊疗流程等。提高农村脱贫患者政策知晓率，方便群众就医，做到定点医疗机构惠民政策"设置一家、落实一家"。继续加强医保经办机构与定点医疗机构信息网络建设，持续推进医药费用"一站式"结算模式。

其二，建立农村低收入人口常态化健康帮扶机制，加强农村低收入人口健康帮扶，大病专项救治、家庭医生签约服务措施对农村低收入人口重点落实。加强农村严重精神障碍患者服务管理和救治保障，为在管的严重精神障碍脱贫患者进行免费药品发放服务，做好失能半失能老年人医疗照护、0—3岁婴幼儿照护指导。做好妇幼儿童保健服务，开展0—6岁儿童眼保健和视力检查以及儿童青少年近视等学生常见病监测工作，做好针对性干预指导。强化孕产妇和0—6岁儿童的健康管理，持续落实好儿童营养改善项目，提升儿童健康水平。

其三，城乡特困供养人员、孤儿、城乡低保对象、脱贫户由县财政继续给予参保资助，其中将对特困供养人员、孤儿每人资助290元升级为全额资助，对城乡低保对象、脱贫人口每人资助130元，以动态纳入的方式超越了以往资助仅覆盖建档立卡贫困户的局限。县医疗保障部门在缴费期内定期与县税务局进行参保信息比对，掌握参保工作进展情况，及时向县政府汇报全县参保工作进度及贫困边缘人口参保工作情况。根据全县脱贫人口变动情况，建立新增贫困人口及时参保工作机制,确保贫困边缘人口100%享受医疗保障，并取消边缘户参保的等待期，做到随时参保随时享受保障。

其四，对脱贫攻坚期内认定患有32种常见慢性病的贫困患者，在县域内县级、乡级定点医疗机构，慢性病门诊报销比例为65%，封顶线为每人每年7000元。在基本医保报销的基础上兜至80%。对建档立卡贫困县人口慢性病患者信息建立管理台账，在系统中做好标识，持有原新农合门诊慢性病手册和"一人一策"有慢性病标识的均可在衔接期内继续享受门诊慢性病保障待遇。

3. 构建县域"医共体"，推进城乡医疗卫生公共服务协同发展

2017年4月印发的《国务院办公厅关于推进医疗联合体建设和发展的指导意见》首次提出了"在县域主要组建医疗共同体"。县域医疗服务共同体成为提升基层医疗服务能力、助力分级诊疗制度

建设的重要抓手。"医共体"改革的主要工作目标是构建"以县医院为主要领导，乡镇卫生院为中间枢纽，村社卫生室为底层基础"的县与乡、乡与村之间一体化的联系和管理，充分发挥县级医疗机构在与各层级医疗机构交流和联系的纽带作用和在县域内医疗诊疗的主要领导作用，形成一个县—乡—村三层级医疗卫生机构能够分工协作、相互联系、彼此合作的县域内医疗服务联动机制。可见"医共体"建设是统筹县域城乡医疗卫生公共服务走向一体化的重要载体。通榆县在2021年颁发《通榆县县域医疗卫生机构能力提升行动工作方案》，坚持政府主导、部门协作、县域统筹、系统推进、精准施策、医防协同、均衡发展的原则，推动基层医疗卫生服务体系提档升级，实现县域公共卫生和医疗服务能力全面提升。

其一，持续提升县级医院服务能力。继续做好大病专项救治工作，依托对口帮扶工作提升县级医院服务能力。发挥医联体引领作用，加强远程医疗服务利用，促进优质医疗资源共享和下沉基层。

其二，持续提升乡镇卫生院服务能力。一是深入开展"优质服务基层行"活动。对照《乡镇卫生院服务能力标准》，进一步加强资源配置，提升基本医疗和基本公共卫生服务能力，提高业务管理和综合管理水平。二是加强乡镇卫生院人才队伍建设。组织开展农村订单定向免费医学生培养和全科医生转岗培训，加强全科医生队伍建设。三是优化乡镇卫生院运行保障政策。落实"两个允许"要求，着力解决当前基层医疗卫生机构医务人员积极性不高、发展动力不足、运行活力不够等问题。

其三，持续提升村卫生室服务能力。一是合理调整村卫生室设置。进一步调整完善村卫生室规划设置，对于常住人口较少的行政村，综合考虑地理位置、交通条件、预期需求等因素，合理规划村卫生室设置。统筹考虑本地行政村设置调整情况，优化区域医疗资源布局。二是启动"一村一名大学生村医"计划。逐一核对村卫生室村医情况，按照每所村卫生室都有一名具备大专及以上学历村医的要求，摸清底数，定向培养一批源于本乡本土的乡村医生。三是进一步加大保障力度。落实村卫生室运转经费和村医三项补偿政策，探索推动村医"员额制"管理。逐步提高乡村全科执业助理医师及以上资格村医比例，探索建立县、乡、村上下贯通的职业发展机制。

总而言之，在推进县域内城乡医疗卫生基本公共服务普惠共享的过程中，通榆县一是将"一事一议"作为临时救助政策在医疗保障领域创新性应用，通过医疗保障第五道防线："一事一议"的进一步兜底，在很大程度上加固了医疗保障防线。二是通过排查贫困边缘户，推进医保政策倾斜的方式，贯彻"脱贫不摘政策"的理念，真正降低了群众特别是乡村困难群众因罹患重病骤贫返贫的风险。三是持续深化推进县域综合医改措施，探索紧密型县域城乡医疗共同体建设，统筹整合优化资源配置，补齐城乡医疗卫生服务体系短板，提升县域医疗卫生服务能力，以城乡医疗卫生服务的一体化助推城乡融合。

（二）建立城乡教育资源均衡配置机制

基本公共教育服务是指在教育领域提供的基础性公共服务，具有公共性、普惠性、基础性、发展性四个主要特征，是主要由政府提供，与全体人民群众最关心、最直接、最现实的切身利益密切相关的公共教育服务，是实现人的终身发展的基本前提和基础。党的十九大报告提出，推动城乡义务教育一体化发展，高度重视农村义务教育。2020年4月习近平总书记在陕西考察时进一步强调，要推进城乡义务教育一体化发展，缩小城乡教育资源差距，促进教育公平，切断贫困代际传递。乡村振兴战略的推进实施离不开强有力的人力资源的支撑，人才振兴是乡村振兴的前提和关键。城乡义务教育一体化是在我国进入新时代，实施乡村振兴战略、实现现代化强国背景下，为推进城乡教育均衡发展，保持与发挥城乡教育区域性特色与优势，支持我国乡村振兴战略和促进城乡协调发展的重要举措。①提升乡村教育质量，实现县域校际资源均衡配置，着力改变乡村教育存在的"不平衡不充分的发展"现状，逐步缩小城乡差距，②是推进城乡融合的不可或缺的关键方面。

脱贫攻坚时期，通榆县在教育保障政策方面，严格落实困难学生资助政策，认真落实控辍保学制度，建立并完善了控辍保学责任制，加强对流动儿童、留守儿童、家庭经济贫困儿童等重点群体的监控和关爱，全县1705名义务教育阶段建档立卡贫困家庭学生没有发生失学辍学现象，对其中48名因病因残不能上学的学生进行送教上门。在此基础上，通榆县为更加细致地做好包保贫困学生工作，确保不留死角、不落一人，2017年11月县教育局制定了《牵手寒门学子、助力脱贫攻坚活动实施方案》，明确了局领导、科室、局直单位负责人包保学校名单和各学校包保乡镇、村名单，学校确定校领导和教师包保村及学生名单，形成全覆盖、多角度关爱家庭贫困学生的格局。为进一步巩固拓展教育脱贫攻坚成果，在基本公共教育服务方面推动城乡均衡发展，通榆县在下述方面着力推进。

1. 拓展贫困学生资助范围，确保教育扶贫不落一人

在教育扶贫收获决定性胜利的基础上，通榆县进一步落实低收入家庭学生资助政策，落实应助尽助、应补尽补工作机制，做到教

---

① 庞丽娟：《统筹推进城乡义务教育一体化发展》，《光明日报》2020年6月9日第13版。
② 钟焦平：《乡村振兴必先振兴乡村教育》，《中国教育报》2019年3月11日第2版。

育资助全覆盖。2021年，按规定将符合条件的低收入家庭学生纳入教育资助范围，即由原来的五类人（建档立卡学生、家庭经济困难残疾学生、农村低保家庭学生、农村特困供养家庭学生、孤儿）扩大到九类人（脱贫户学生、家庭经济困难残疾学生、农村低保家庭学生、农村特困供养家庭学生、城市低保家庭学生、孤儿、低保边缘家庭学生、烈士子女、残疾人子女），另有其他特殊情况的按实际进行资助。进一步加大了对贫困家庭学生的救助力度，建立了保障贫困家庭学生入学的长效机制。2021年上半年，已发放（含减免）各类补助资金共395.85万元，受益学生6824人次。

2.改善农村学校办学条件，进一步提升教育服务水平

其一，补齐城乡义务教育短板。通榆县着力开展义务教育薄弱环节改善与能力提升工作，进一步满足师生教育、教学和生活需要，推进义务教育优质均衡发展。2021年，逐步加大义务教育段学校建设力度，新建通榆蒙校宿舍楼、第八中学宿舍食堂综合楼，面积7496平方米，投资1875万元；共完成24所学校的校园校舍维修改造工作，面积157032平方米，投资1410万元，极大地提升了义务教育学校服务能力和水平。继续落实国家和省关于乡村教师生活补助政策，及时发放乡镇政府所在地教师每月300元、村小和下伸点教师每月500元补助资金，切实保障和提高乡村教师待遇，稳定乡村老师队伍。实施通榆县第二实验小学校、通榆县明德小学校2所"互联网+教育"试点校建设工作，被吉林省教育厅确定为吉林省"互联网+教育"双优试点校建设项目第一批试点学校。

其二，积极推进乡村温馨校园建设工作。通榆县制发《通榆县教育局推进乡村温馨校园建设工作方案》，持续加大乡村温馨校园办学条件的改善力度，保障办学条件达到省定标准，师资配备符合

国家要求，日常运转经费保障到位，音体美器材、图书、实验仪器配备合格，实现互联网接入、无线上网和日常信息化教学。生活设施实用够用，并配有足够的食堂（伙房）、卫生厕所、饮水机等设施设备，食堂实现"明厨亮灶"、就餐环境卫生干净，上学期间能供应开水。寄宿制学校建有足够的宿舍、浴室，宿舍楼内洗漱卫浴设施已配备齐全、使用方便，浴室能保障学生"周周洗"，配有必要的采暖设备。

3. 创新推进"大学区"工作，促进城乡义务教育一体化

制定《通榆县义务教育大学区管理工作实施方案》，将大学区工作纳入《通榆县教育局 2021 年工作要点》，在全县范围内，构建了 5 个"大学区"，覆盖义务教育段乡镇中小学校 26 所，覆盖乡村学生数 10351 人，覆盖率达到全县乡镇义务教育段学校总数的 100%。同时，持续贯彻落实《通榆县人民政府关于推进义务教育均衡发展的实施意见》《通榆县 2021 年小学阳光入学工作实施方案》《通榆县中小学校常规教学质量评价方案》等文件部署，推进城市"大学区"对口帮扶乡（镇）中心校工作趋向规范化、标准化、一体化。

在推进城乡义务教育一体化的同时，为进一步推动城乡基本公共教育服务融合发展，通榆县着力加强城乡职业教育工作，县职业技术学校为县域经济发展培育技能人才，与通榆县鸿翔职业培训学校、通榆县环浪屿职业培训学校、通榆县东兴职业培训学校通过校校联合和校企联合等方式，积极开展各级各类实用技能培训工程，为进城务工人员、下岗工人、退役军人等再就业培训技能，为域内外企业技改发展输送焊工、电工、叉车工等技能工人，实现了多元办学目标。积极探索技术技能人才培养系统的改革，针对县域内初高中毕业未升学学生、退役军人、退役运动员、下岗职工、返乡农

民工等开办成人中专,现有在籍生813人。

(三)筑牢城乡特殊人群社会救助堤坝

习近平在党的二十大报告中指出:"人民性是马克思主义的本质属性,党的理论是来自人民、为了人民、造福人民的理论,人民的创造性实践是理论创新的不竭源泉。"以人民为中心的发展观体现在乡村振兴的过程中,便是"乡村建设是为农民而建,必须真正把好事办好、把实事办实","要广泛依靠农民、教育引导农民、组织带动农民,激发广大农民群众积极性、主动性、创造性,投身乡村振兴,建设美好家园"。由此可见,民生是人民幸福之基、社会和谐之本。兜住民生底线是坚持以人民为中心的发展思想的基本要求,基本公共服务可以看作是保障和改善民生的一张基础安全网。从兜底的角度看,在先富带动后富的进程中,有一部分社会成员由于所处的自然环境恶劣、所依托的资源匮乏、自身或家人存在重病重残等特殊困难,有可能难以跟上经济发展的步伐,但他们最基本的生存发展权益应该得到保障。这时,基本公共服务中的最低生活保障、特困人员供养、临时救助等,就要担负起兜底保障的责任,确保这部分群体也能有立命之本和安身之所。[①]民政部于2021年2月15日颁发《民政部关于巩固拓展民政领域脱贫攻坚成果同乡村振兴有效衔接的实施意见》,重点对特殊人群兜底保障做出政策安排,并要求"保持过渡期政策总体稳定,巩固兜底保障成果",包括持续做好社会救助兜底保障工作,持续做好农村"三留守"人员关爱服务工作,持续做好残疾人、精神障碍患者福利保障工作。质言之,能否有效延续和强化对特殊人群的兜底保障,直接关系到脱贫攻坚与乡村振兴两大战

[①] 刘旭、顾严:《发挥基本公共服务兜底和赋能双重作用》,《经济日报》2021年11月5日第11版。

略交汇衔接的效果,更与城乡融合、共同富裕的基本命题紧密关联。通榆县在做好脱贫攻坚时期特殊人群兜底保障的基础上,以社会政策创新着力推进此项工作,这也成为通榆县巩固拓展脱贫攻坚成果同乡村振兴有效衔接,促进城乡全方位融合工作的重要方面。

1. 加大力度提升农村低保和特困人员供养标准

其一,通榆县按照《吉林省民政厅 吉林省财政厅〈关于明确2020年度全省城乡最低生活保障和特困人员救助供养最低指导标准〉的通知》,出台《关于确定2020年城乡居民最低生活保障标准和特困人员供养标准及城市低收入家庭认定标准的通知》,将农村低保标准提高到4020元/人/年（2017、2018、2019年标准分别为3200元/人/年、3600元/人/年、3800元/人/年）,确保不低于国家现行扶贫标准,实现低保线与贫困线"双线合一";将农村特困人员供养标准提高到412元/人/月,不低于上年度农村低保标准的1.3倍。[1]进入2021年,通榆县出台《关于确定2021年城乡居民最低生活保障标准和特困人员供养标准及城市低收入家庭认定标准的通知》,在脱贫攻坚迈向乡村振兴的首年,将低保标准大幅提升到4860元/人/年。[2]制定《通榆县特困人员救助供养实施办法》,将2021年分散供养特困救助提升到不低于上年度农村低保标准的1.5倍,集中供养特困救助不低于上年度农村低保标准的2倍。[3]

其二,在脱贫摘帽之际,通榆县制定下发《通榆县城乡低保动

---

[1] 资料来源:《关于确定2020年城乡居民最低生活保障标准和特困人员供养标准及城市低收入家庭认定标准的通知》。
[2] 资料来源:《关于确定2021年城乡居民最低生活保障标准和特困人员供养标准及城市低收入家庭认定标准的通知》。
[3] 资料来源:《通榆县特困人员救助供养实施办法》。

态核查工作实施方案》和《特困人员动态核查工作实施方案》，由县民政局牵头，指导乡镇百分百入户，开展核查排查，动态管理，重点关注未纳入低保的建档立卡贫困人口，重点关注未脱贫建档立卡贫困人口、脱贫后返贫人口、新增贫困人口中重度残疾人和重病患者等丧失劳动能力或部分丧失劳动能力的贫困人口，将符合条件的及时纳入农村低保保障范围。新增农村低保对象1001户，1600人。同时开展特困人员核查排查工作，将符合条件的人员全部纳入特困供养范围，特别是将特困人员救助供养的未成年人年龄从16周岁延长至18周岁。新增农村特困供养人员115人。[①] 对低保家庭中重病、重残、70周岁以上老年人、未成年人给予重点保障，增发补助金，完善社会救助和保障标准与物价上涨挂钩联动机制。对参照"单人户"纳入低保的低收入家庭中的重病重残人员，补助额度按照通榆县低保标准的50%、20%进行确定。特别是为了避免政策急刹车而导致的返贫风险，通榆县在兜底保障上着力保持政策的延续性，从2020年底开始，决定对家庭人均收入超过通榆县低保标准但低于2倍标准的继续享受低保待遇，低保家庭可继续享受18个月，残疾人低保家庭可继续享受24个月，渐退期间低保补助金逐年递减，年度递减幅度为25%。

其三，残疾人是衔接过渡期的易返贫群体，为增进残疾人民生福祉，助力他们共享经济社会发展成果，通榆县残联在坚持贯彻落实"困难残疾人生活补贴"和"重度残疾人护理补贴"的同时，于2021年印发了《通榆县农村困难残疾人产业扶持项目实施方案》《村级残疾人服务场所和困难残疾人家庭无障碍改造项目工作方案》等系列文件，力图以社会政策的强化实施对残疾人困难群体提

[①] 资料来源：《通榆县城乡低保动态核查工作实施方案》《特困人员动态核查工作实施方案》。

供必要扶助。一是县残联在172个村优选配齐了农村残疾人专职指导员,同时担任残疾人康复协调员和残疾人体育健身指导员。二是根据残疾人服务场所和残疾人家庭特点及实际需要,科学制订无障碍改造内容,目前,41个村部及65户残疾人家庭的无障碍改造正在实施中。三是积极开展残疾人康复工作,为残疾人配发辅助器具,继续对有适配辅具需求的残疾人进行摸底调查,为残疾儿童办理转介服务,推进贫困地区残疾人康复室建设。四是根据残疾人需求,依托培训学校,对农村残疾人进行种植业、养殖业培训,2021年上半年共培训残疾人580人次。[①] 五是通过"基地+贫困户"等模式,在残疾人庭院经济种植及养殖上给予扶持,包括为困难残疾人家庭免费发放鸡雏、饲料、化肥等,助力他们实现增产增效。

2. 落实以社会性为主的"三留守"特殊群体帮扶政策

"三留守"人员是乡村场域中的弱势群体,如果在基本公共服务领域解决不了"三留守"人员的生活保障问题,就无法真正实现城乡融合发展。民政部在2021年2月颁发的《民政部关于巩固拓展民政领域脱贫攻坚成果同乡村振兴有效衔接的实施意见》中指出,要"持续做好农村'三留守'人员关爱服务工作。开展'三留守'人员定期探访,完善以农村空巢、留守老年人和留守儿童为重点的定期探访制度,加强信息动态管理。依靠村'两委'班子、驻村干部、儿童主任、社会工作者、亲朋邻里等,日常巡访掌握基本情况,及时防范、积极化解风险隐患。加强困境儿童保障工作,进一步完善事实无人抚养儿童保障政策,严格保障标准,细化保障措施,确保不漏一人,防止发生涉及事实无人抚养儿童权益保障的极端个案。加强农村留守妇女关爱服务制度建设,完善农村留守妇女关爱服务

---

① 资料来源:《通榆县残联2021年上半年工作总结》。

措施"。

通榆县第六次人口普查数据显示，常住人口为353482人，65岁及以上人口占比6.92%；第七次人口普查数据显示，常住人口为281589人，65岁及以上人口占比14.69%。可见，在快速城镇化的过程中，通榆县受制于区位劣势，呈现出人口较大幅度流出的局面，并逐步走向老龄化社会，特别是乡村空心化问题持续加剧，"三留守"问题成为脱贫攻坚向乡村振兴过渡升级的制约。针对此问题，通榆县采取多种举措着力保障"三留守"人员的基本生活，特别注重以社会性帮扶满足"三留守"人员的物质和精神生活需求。

其一，为留守老人提供经济帮扶仅可在物质层面解决留守老人的一些生活问题，但实际上社会层面的帮扶往往更加重要。2021年5月，通榆县首家孝老餐厅在向海乡复兴村正式营业，每天为本屯（社）户籍的70周岁以上（含70周岁）老年人免费提供午餐，重点关注失能半失能、特困、空巢、独居、留守的高龄老年群体。现阶段，通榆县已经有17家孝老餐厅在正常运营，每天为老人提供餐饮服务，对于符合条件、有服务需求且行动便利、生活能够自理的服务对象，由志愿者每天中午制餐，并组织到指定场所集中统一用餐，对于符合条件、有服务需求但行动不便、生活不能自理的失能半失能老人，由志愿者每天按时送餐上门。为确保"孝老餐厅"持续有效运行，县委宣传部创新提出了"县里拿一点""村里出一点""部门帮一点""企业扶一点""社会捐一点"的"五个一点"工作法，得到了一些爱心企业的积极响应和支持，确保了"孝老餐厅"资金和物资的稳定供应。

其二，通榆县建立健全农村留守儿童关爱服务体系，为全县1008位留守儿童建立了详实完备的农村留守儿童信息台账，做到一人一档，实行动态管理，精准施策，全县共设有儿童督导员19名，儿童主任 184 名,开展常态化的留守儿童关照工作。此外,县民政局与公安机关、团县委、县妇联等群团组织和中小学校共同合作,畅通对接渠道,及时掌握处于困境中的农村留守儿童信息,为其提供精准帮扶。2020 年,通榆县共发放社会散居孤儿和事实无人抚养儿童救助金 36 万元。[①]

其三,通榆县注重落实巡防关爱工作,为农村留守妇女提供精神关爱、就业创业指导等关爱服务。为进一步提高农村家庭文明建设水平,夯实乡村振兴基层基础,通榆县妇联以全县 172 个行政村为载体,以"妇女之家"和"妇女微家"为平台,县乡村三级联动,广泛开展"美丽庭院·干净人家"创建评比活动。2021 年的创建评比活动除了以创建"五美""五净"为标准的农民生产生活环境的目标外,通榆县妇联还依托各级"妇女之家""妇女微家",设计了"家居环境治理""巾帼志愿服务""巾帼巧手致富""文明家风培育""总结验收评比"等五项行动,保证了每月至少开展两次巾帼志愿服务活动,充分发挥了广大妇女和家庭在脱贫攻坚和乡村振兴中的特殊作用。此外,通榆县妇联还在 2021 年 4 月 23 日印发了《"企业+妇联+农户"增收致富支持行动实施方案》,培育了一批"妇"字号农业产业化组织、培养了一批种养女能手、创建了一批巾帼创业示范基地,在全县人民过上更加"有地位、有品位、有尊严"的美好日子中展现巾帼风采。

通榆县人力资源和社会保障局在 2021 年 3 月 24 日印发《通榆县关于完善养老保障和儿童关爱服务的工作方案》,力求完善特殊人群的保障工作,坚决守住脱贫攻坚成果。该文件要求:一是做好基本民生保障,包括筹建县级供养服务设施,即 2021 年规划、2022 年建成一所集养老服务、疗养康复、日间照料等功能于一体的重点

---

① 资料来源:《通榆县民政局 2020 年工作总结》。

针对特困老人、失能老人的养老服务机构；提升儿童关爱水平，即加大对孤儿、事实无人抚养儿童等保障力度，不断提升关爱服务能力和水平。二是做好残疾人关爱服务，包括落实好残疾儿童康复救助制度，让残疾儿童普遍享有基本康复服务、健康成长、全面发展的权益；加强残疾人托养服务，为16—59周岁有托养服务需求的智力、精神和重度肢体残疾人提供托养服务，优先满足原建档立卡家庭和低保家庭、一户多残、依老养残家庭。[①]

综上，通榆县在对"三留守"等特殊群体的帮扶上突破了单纯的经济性输入取向，更加注重为他们提供社会层面的扶持，切实了解他们的生活困境，精准帮助他们解决问题，特别是一些精神层面的帮扶促使他们坚定了追求美好生活的信心，这成为通榆县乡村振兴道路上的一抹亮色。

3. 创新临时救助防止骤贫返贫

上述政策对象主要是低保、特困、残疾人员、"三留守"人员等特殊弱势群体，政策内容指向其常态化需求。但遭遇突发性、紧迫性、临时性生活困难的群众也骤然成为另一类特殊脆弱群体，迫切需要全面建立"临时救助制度"以兜住底线。在县域范围内，由于特殊弱势群体主要集中在乡村地区，因而，临时救助制度的创新与拓展对于弥合城乡差距、促进城乡融合具有重要意义。为切实增强临时救助制度的可及性和实效性，有效解决通榆县城乡居民突发性、紧迫性、临时性基本生活困难问题，2021年2月23日发布的《通榆县人民政府办公室关于印发通榆县城乡居民临时救助管理办法的通知》，与2018年发布的《通榆县城乡居民临时救助管理办法

[①] 资料来源：通榆县人力资源和社会保障局发布的《通榆县关于完善养老保障和儿童关爱服务的工作方案》。

（试行）的通知》相比，新版政策在几个方面做出了超越，并收获了良好成效。一是形成了县人民政府负责，县民政局负责组织实施且卫计、教育、住建、人社等部门要主动配合、密切协作，乡镇（街道）受理、审核、发放资金、日常监管，村（居）民委员会协助的四级联动体系，加大了对乡镇、村民委员会的排查力度。特别是赋予乡镇临时救助的权力，对于救助标准低于1000元的，由乡镇裁定处理，超过1000元的由县民政部门召开联席会"一事一议"。二是进一步放宽户籍地申请限制，对突发困难的急难申请对象，由急难发生地乡镇（街道）直接实施临时救助。三是建立临时救助的紧急程序和绿色通道，对于急难型救助，简化审核确认程序，开展"先行救助"，并在急难情况缓解后，登记救助对象、救助事由、救助金额等信息，补齐经办人员签字、盖章手续及补办录入系统工作，确保群众受助及时。四是加强临时救助与最低生活保障、特困人员救助供养等社会救助制度的衔接，充分运用"转介服务"，使临时救助与相关制度、政府救助与慈善救助、物质帮扶与救助服务密切衔接，形成救助合力，提升救助效能。[1]

通榆县对遭遇突发事件、意外伤害、重大疾病或其他特殊原因导致基本生活陷入困境，其他社会救助制度暂时无法覆盖，或救助之后基本生活暂时仍有严重困难的家庭或个人给予的应急性、过渡性救助，切实提升了救助的灵活性、精准性，以及综合救助能力，特别是在救急、救难方面，有效化解人民群众各类重大急难问题，规避了群众因突发意外陷入贫困的风险，切实兜住了民生底线。

---

[1] 资料来源：《通榆县人民政府办公室关于印发通榆县城乡居民临时救助管理办法的通知》。

（四）以公共服务体系建设多维度缩小城乡差距

在着力强化上述基本公共服务内容，推进城乡基本公共服务普惠共享的基础上，通榆县结合地方特征，以一系列创新举措加固了立体叠加式的保障体系，正是这些加强版、成体系的社会政策为推进城乡融合过程中的通榆县特殊群体提供了有力支撑。

1. 发展村集体经济，提升村级组织的自我服务和保障能力

通榆县在大力发展县域经济，追求产业兴旺的过程中，创造性地将社会政策的理念贯穿其中，形成了一种通过发展村集体经济、提升村级组织的自我保障能力来助力特殊困难群体奔向美好生活的经验方法。这也成为通榆县推进基本公共服务城乡均衡发展的重要方面。

大力发展光伏产业是通榆县实现脱贫摘帽的重要产业抓手，在脱贫攻坚与乡村振兴的衔接期，通榆县进一步推进光伏产业发展，为县域经济升级提供了重要的产业保障。在光伏产业的相关政策中，通榆县尤其注重通过光伏产业发展激活村集体经济，提升自我服务和保障的能力。通榆县脱贫攻坚领导小组印发2020年度和2021年度的《通榆县光伏扶贫电站收益资金分配使用方案》，明确分布式光伏电站收益资金的20%供相对贫困村集体使用，并指明，这部分资金一是对外出务工、自主发展生产、自我创业的有劳动能力贫困户根据收入情况适当给予一次性奖励，二是按照本村脱贫攻坚工作实际情况，可用于保障民生项目及开展脱贫攻坚相关的事项，并特别向需要兜底保障的困难户进行倾斜。特别是面对易地扶贫搬迁户返贫风险较大的挑战，经通榆县政府2020年7月18日第六次常务会议讨论通过，通榆县大力开展易地扶贫搬迁安置区屋顶分布式光伏扶贫电站项目建设。项目资金可持续收益25年，可帮助村集

体补贴安置区电供暖电费差额，剩余用于安置区公益岗位和易地扶贫搬迁安置区污水运维等，这对于防返贫工作具有重要意义。另外需要注意的是，光伏发电扶贫项目在脱贫攻坚时期主要以覆盖贫困村为主，但在衔接期的新阶段，通榆县能源局正在谋划覆盖通榆县全域172个行政村村级分布式光伏发电项目，项目建设完成后，全县172个行政村每村每年可以获得稳定的村集体经济收益约12万元，这部分资产对于提升村级组织的自我保障能力大有裨益。

除通过发展光伏产业夯实村集体经济基础外，通榆县还通过实施"资源清收"开辟集体经济运作空间，仅通过土地清收一项工作，再加上原有的村级积累，2021年底，90个村集体经济达到百万元，10个村集体经济达到二百万元；对乡村两级的招商引资项目税收留成部分，全额返给乡村两级，县里一分不留。开通镇迎新村2021年引进了沥青中转站项目，每年缴纳税金1000万元左右，地方留成部分200万元左右，其余留给村里，增加村集体收入。通榆县通过上述扶持村集体经济发展的方式，进一步提升村集体经济实力，使村级组织拥有足够的服务资金，为村级自我保障提供条件。

总之，推进城乡基本公共服务普惠共享并非完全由政府部门一方统揽，还需要村级组织作为政策主体实施针对特殊群体的保障工作，其中最具实效性的当属发展村集体经济，以雄厚的集体资产为兜底保障提供支撑。通榆县各村在集体经济得到发展的同时，充分考虑到将村集体经济作为兜底保障和解决村民实际困难的支撑，如村级组织定期走访低保户、特困户、"三留守"人员，为他们送去必备生活用品；对村民的特殊困难问题采取"一事一议"的方式予以帮扶等。

2. 开发公益岗，托底安置乡村困难群体就业

公益性岗位是指各级人民政府及有关部门开发并经人力社保部门认定，用于过渡性安置就业困难人员的岗位。主要包括满足公共利益和就业困难人员需要的非营利性基层公共服务类、公共管理类岗位。在县域范围内，县城由于经济发展处于相对优势地位，因此就业岗位相对充足，对于县城内的就业困难人员可开发的公益岗位也有较大的空间。而在乡村地区，由于经济发展相对滞后，产业结构不完整，导致就业空间相对狭窄，特别是对于一些特殊群体由于生理、家庭等方面的限制，无法通过扶贫车间、转移就业等常规的就业安置手段实现就业，导致其维系稳定生活的持续性面临考验。针对上述情况，通榆县着力开发公益岗位，将其作为推进公共就业服务的重要抓手。

其一，县各部门联合开发乡村公益性岗位。通榆县乡村振兴局按照全县乡风文明创建工作中孝老敬老载体建设安排，由各乡镇指定试点村共创建孝老餐厅17个，县乡村振兴局开发孝老餐厅服务岗位，在脱贫人口或重点监测对象中为每个餐厅配备服务人员2人，岗位工资每人每月700元，由光伏收益资金列支，现已完成岗位开发，共配备孝老餐厅服务员34人。为防止返贫致贫发生，开发了防返贫专岗，援助重点监测对象就业，计划开发专岗172个（每村1个）、岗位工资每人每月1500元、由光伏收益资金列支，现已完成开发63个。县农业农村局新开发村屯疫情防控排查岗，于2021年2月中旬和3月中旬分2批次对村屯疫情防控工作进行排查，共开发岗位2686个，其中使用脱贫人口2410人次，岗位工资每人每天100元，由光伏收益资金列支。县农业农村局在过渡期延续已开发岗位——人居环境整治劳务岗（含保洁和巡查两类岗位），岗位规模

由4000个增加到4372个，人员均为脱贫人口或重点监测对象，岗位工资每人每月700元，由光伏收益资金列支。县自然资源局延续已开发岗位——生态护林员、生态护草员，其中生态护林员岗位规模由375个增加到643个，护草员岗位规模仍为104个，人员均为脱贫人口或重点监测对象，岗位工资均为每人每年10000元，由省林草厅专项资金列支。县公安局延续已开发岗——"一村一辅警"，目前在岗169人、其中使用脱贫人口118人，岗位工资每人每月700元，由光伏收益资金列支。县水利局延续已开发岗位——河湖保洁员，目前在岗102人，其中使用脱贫人口87人，岗位工资每人每年1200元，由财政资金列支。

其二，拓宽扶贫搬迁人口就业渠道。易地扶贫搬迁脱贫户由于发生了生活空间和组织系统的转换，多数发生了就业断裂的情况，通榆县也尤为重视这部分群体的就业帮扶工作，这也体现着浓重的社会政策理念。通榆县建立县—乡—村三级易地扶贫搬迁脱贫人口资源台账及转移就业台账，积极拓宽搬迁人口就业渠道，深入全县15个乡镇、31个易地扶贫搬迁村，常态化开展"五送""就业帮扶""送岗下乡"等专项活动，开展岗位推介服务，持续巩固易地搬迁村脱贫成果，确保搬迁群众稳得住、有事做、能致富。目前，通榆县易地扶贫搬迁村脱贫人口转移就业1711人。通过在搬迁村、周边村以下乡送技能方式开展培训，对搬迁村村民开展农业技术、家政、民间工艺品制作等工种培训，累计共培训易地搬迁村村民961人，其中脱贫人口294人。按照目前乡村公益性岗位开发情况，各行业部门已开发的岗位中，共援助易地搬迁村村民1002人就业，其中使用脱贫人口977人，已到服务期限退出317人，目前在岗人员中脱贫人口有685人。

3.引导社会力量,助力基本公共服务向乡村延伸

公共服务是连接民心的重要环节,关乎最直接、最现实的民生问题和急难愁盼问题。基本公共服务要求实现目标人群全覆盖、服务全达标、投入有保障,实现均等化享有和便利可及。政府是基本公共服务保障的责任主体,同时引导市场主体和公益性社会机构补充供给。[①] 通榆县认识到,实现城乡基本公共服务的普惠共享,绝不是党政独家施力的工程,在共建共治共享的社会治理格局中,唯有调动起丰富的社会力量,才能够为城乡基本公共服务均衡发展提供强劲动力。基于此,通榆县积极引导社会力量助力基本公共服务向乡村延伸,充分发挥群团、社会组织自身特长和专业优势,为困难群众提供精准化、个性化帮扶,营造良好氛围,构建全社会协同推进城乡融合的工作格局。

其一,通榆县印发《2020年社会帮扶工作实施方案》,要求一是动员有实力的公益组织、商会、行业协会、民办非企业单位等社会组织,采取灵活多样的形式,通过资金、项目、信息、市场、技术等多种途径帮助脱贫村拓宽致富门路,开发特色资源,培育主导产业,改善生产生活环境,提高发展能力。二是动员社会组织内的党员、领导班子成员、理事成员等重点人员与困难群众开展结对帮扶,力所能及地帮助他们解决生产生活中的实际困难。三是鼓励和支持广大志愿者、爱心人士,尤其是青年学生、专业技术人才、退休干部和社会各界人士,参与助教支医、文化下乡、科技推广、创业引领、资源开发等志愿活动。

其二,通榆县转发《民政部办公厅关于推动社会组织开展"邻里守望"关爱行动的通知》,积极引导社会组织落实"我为群众办

[①] 范黎波、刘佳:《形成政府与社会组织共同提供公共服务的合力》,《光明日报》2022年1月25日第11版。

实事"实践活动要求,推动社会组织在关爱特殊群众、回应群众关切、推进平安建设等方面贡献力量。通榆县环保志愿者协会积极实施净水计划,为通榆县19所乡村学校安装净水设备,定期开展青少年游学以及生态游活动,对接城市和乡村社区,传播生态文明理念。

其三,通榆县以"小积分"激活"大德治"的爱心超市建设,进一步推动和激励社会力量、行业力量参与扶贫,搭起社会爱心人士和困难群众之间的桥梁。社会各界、广大干部群众能够发扬中华民族"乐善好施"的优良传统,讲奉献、献爱心,为"爱心超市"提供充足的物资储备,为全县的社会帮扶和乡村振兴打下坚实基础。

三、经验启示与对策建议

(一)通榆县基本公共服务城乡普惠共享的经验启示

城乡之间不平衡最突出的表现在于基本公共服务发展水平的不平衡,这种不平衡表现在资源布局、能力提供和服务质量上。[1]如何促进城乡基本公共服务普惠共享是新时代巩固拓展脱贫攻坚成果和实现城乡融合发展的重中之重。通榆县通过一系列探索,创新实施了推动基本公共服务城乡普惠共享的县域实践,具有极强的启示性。

1. 以社会政策兜底保障促进城乡基本公共服务普惠共享

具有中国特色的社会政策的设计与实施是中国共产党践行的初心和使命,着力解决民生问题的重要制度化举措。"社会政策要托

---

[1] 顾阳:《推动城乡融合发展:城乡基本公共服务普惠共享》,《经济日报》2019年5月7日。

底"是我国现阶段社会政策发展的总体指导原则[①],涉及社会保障政策、公共医疗政策、公共住房政策、公共教育政策、劳动教育政策等,旨在通过社会福利事务的各种安排保护城乡弱势群体的权益,增进其福祉,弥合社会差距。通榆县以"四个不摘"为根本遵循,以强化社会政策兜底保障功能的方式,促进城乡基本公共服务普惠共享,并取得显著成效,这启示我们:第一,低保、特困人员等特殊脆弱和困难的群体在脱贫攻坚全面胜利后,因其不具备内生的脱贫致富条件和能力,是面临最为严峻返贫风险的相对贫困群体。鉴于此,脱贫攻坚时期各地根据国家宏观政策要求,根据地方特点创设的系列以兜底保障为目标的社会政策,在衔接期内要持续强化执行,这部分社会政策有效延续并持续发挥作用将成为特殊困难群体巩固脱贫成果和进一步提升生活质量的最为重要的依托。这些蕴涵民生底线思维的兜底性社会政策将直接切断脆弱群体大规模返贫的主要通路。第二,进入新发展阶段,仅保持原有的兜底性社会政策持续运行是远远不够的,因为一方面,乡村振兴战略实现了对脱贫攻坚的超越,需要制定更加综合、持续、常态的政策予以支持;另一方面,在推进城乡融合发展的进程中,人民群众的需求会进一步提升,所谓的底线也必须有所提升。基于此,兜底性社会政策必须要对标乡村振兴的最新目标,针对性提升兜底标准,满足人民群众日益增长的物质文化需求。第三,脱贫攻坚时期的兜底性社会政策主要作用于建档立卡户中的特殊贫困群体,但在全面脱贫的新阶段,社会政策的兜底对象必须根据情况予以扩大,我们必须不断完善监测预警机制,通过低保、特困供养、大病医疗、残疾人、脱贫监测等数据比对,精准掌握困难群众基本情况,及时将符合条件的

[①] 关信平:《论当前我国社会政策托底的主要任务和实践方略》,《国家行政学院学报》2016年第3期。

脱贫人口,以及致贫返贫人口按规定纳入低保或特困供养范围,确保困难群众基本生活得到切实保障。

总之,"在中国发展现阶段,我们突出强调社会政策兜底保障功能,这是基于我们制度基础、发展阶段、发展趋势以及创新社会治理等方面的考虑而做出的科学判断,是增强战略思维、辩证思维、创新思维、法治思维,特别是突出底线思维的重要体现……让改革发展成果更多更公平惠及全体人民,朝着实现全体人民共同富裕和更加全面的社会发展不断迈进,这是党治国理政的底线,是全面建成小康社会的内在要求,是发挥社会政策兜底功能的基本出发点和落脚点"[①]。

2. 建构政社协同的基本公共服务供给体系

众所周知,基本公共服务供给是政府的重要责任,要求发挥政府在实现基本公共服务均等化过程中的主导作用。但是,过于依赖政府甚至将政府作为单一供给主体也会严重制约基本公共服务供给的有效性、针对性、可及性和满意度[②],特别是由于财政压力较大,政府所提供的基本公共服务难以全面覆盖城乡,容易造成城乡间基本公共服务的二元化和不均衡性。有研究指出,"在社会资源的分配与再分配中,给社会地位、权力的再分配带来改变和影响的不仅有政府的活动,也有其他社会组织的活动"[③]。因此,基本公共服务的供给虽由政府主导,但绝不应仅由政府单一主体统揽,只有建立起政府与社会的协动机制,并充分发挥社会的服务供给能力,并将社会力量注入基本公共服务处于弱势的乡村地域,才能够真正实现

[①] 洪大用:《强化社会政策兜底保障功能》,《社会政策研究》2019年第1期。
[②] 张喜红:《基本公共服务均等化是共同富裕的内在要求》,《光明日报》2022年4月1日第11版。
[③] 杨团:《社会政策的理论与思索》,《社会学研究》2000年第4期。

城乡基本公共服务的普惠共享和提档升级。在这一层面上，通榆县切实走出了一条超越党政独揽，社会力量充分参与，政社充分协动、合作的基本公共服务供给路径。一是由政府主导出台了一系列关于民生兜底、医疗帮扶、义务教育扶持、特殊群体供养等专门的社会政策，并向乡村地区倾斜，为推进通榆县城乡基本公共服务普惠共享提供了制度基础；二是通过发展县域经济带动村集体经济发展，实现县—乡—村经济发展同频共振，夯实乡村振兴的基层基础，提升村级组织自我服务保障的能力，各村落在此基础上制订了一系列具有村落特质的福利和保障措施，此举真正体现了自治组织作为主体切入基本公共服务供给的格局；三是积极动员社会组织、慈善人士等社会力量参与到扶贫帮困的社会行动当中，这些社会力量将自身丰富的社会资源投入通榆县城乡基本公共服务的具体工作，为特殊群体增强抵抗返贫能力、摆脱生活困境、提升生活质量，提供了有力支撑。

通榆县"政社协动"的基本公共服务体系启示我们：在脱贫攻坚向乡村振兴转换升级与实现共同富裕宏伟目标的过程中，单靠政府独立供给基本公共服务是不合理、不充分的，特别是容易造成基本公共服务在城市集中的同时，在乡村却呈现不可及性，这便需要我们动员更多的社会性力量和资源投入到各个方面的基本公共服务供给之中，并向乡村地区倾斜，建立起政府主导下多元主体参与的协动机制，将政社多元主体和资源汇集成结构饱满、链条完整、内容详实的基本公共服务供给共同体。

3.将推动城乡基本公共服务均衡配置融入乡村振兴和共同富裕整体格局

2021年2月25日，习近平总书记在总结我国贫困治理经验时指出，"乡村振兴是实现中华民族伟大复兴的一项重大任务。要围绕立足新发展阶段、贯彻新发展理念、构建新发展格局带来的新形势、提出的新要求，坚持把解决好'三农'问题作为全党工作重中之重，坚持农业农村优先发展，走中国特色社会主义乡村振兴道路，持续缩小城乡区域发展差距，让低收入人口和欠发达地区共享发展成果，在现代化进程中不掉队、赶上来"。从理论上讲，"乡村振兴战略按照'产业兴旺、生态宜居、乡风文明、治理有效、生活富裕'的要求，系统布局乡村经济、政治、社会、文化、生态建设，进一步巩固精准扶贫战略的成果，实现乡村全面振兴。"[1]这意味着实现乡村振兴需要各方面的基本公共服务协同发力。党的十九届五中全会更是将"全体人民共同富裕迈出坚实步伐"作为2035年国民经济和社会发展远景目标之一，并特别将基本公共服务均等化作为实现共同富裕的重要内容。质言之，公共服务普及普惠是共同富裕的基本维度与判断标准之一，作为公共服务普及普惠的表现形态，基本公共服务均等化是共同富裕的内在要求和应有之义。推动全体人民共同富裕取得更为明显的实质性进展，要持续推进基本公共服务均等化。[2]

通榆县在取得脱贫攻坚胜利，进一步迈进乡村振兴和共同富裕的征程中，将推进城乡基本公共服务普惠共享作为重要任务，通过强化政策支撑的主要方式，着力将其嵌入城乡融合发展的整体格局。一方面，通榆县将许多在脱贫攻坚时期设计和实施的，行之有效的社会政策加以转换升级，使其适应脱贫攻坚到乡村振兴和共同

---

[1] 向德平、华汛子：《意蕴与取向：社会政策视角下的乡村振兴战略》，《吉林大学社会科学学报》2019年第4期。
[2] 张喜红：《基本公共服务均等化是共同富裕的内在要求》，《光明日报》2022年4月1日第11版。

富裕的战略转换,如一些社会政策对象开始从建档立卡贫困户拓展为覆盖乡村所有人口;将一些非常规性具有运动治理逻辑的社会政策转换为能够在乡村振兴中持续发挥作用的社会政策,并尤为注重这些升级版的社会政策与通榆县经济发展、文化建设、环境保护等政策的协调耦合。此举以社会政策的升级性实施提升了基本公共服务的可及度和保障力度,为全方位的城乡融合提供了坚实支撑。另一方面,通榆县出台了一系列有关推进城乡融合的综合性政策,在此过程中,通榆县明确认识到城乡融合发展的最终实现需要以经济社会诸多方面的高质量发展作为支撑,因而在综合性政策中超越了单纯的经济发展取向,匹配了许多具有地方特色、针对地方群众需求的指向基本公共服务的社会政策,建立起社会政策同其他类型政策的协调性,发挥政策间的协同效应。并且在此过程中尤为注重基本公共服务和社会政策的城乡普适性、均衡性。通榆县的实践经验也启发我们,我们必须始终坚持"以人民为中心"的发展理念,将促进城乡基本公共服务普惠共享融入乡村振兴和共同富裕的总体格局,只有人民群众在城乡之间能够平等享受基本公共服务,才真正能够体会城乡一体化的发展成果。

(二)推动县域城乡基本公共服务普惠共享的对策建议

长期以来,城市优先的发展导向扩大了城乡之间不平衡和不充分的发展态势,为适应新时代乡村振兴和共同富裕战略的需要,有必要建构一种新型的城乡关系,由传统城乡分割的二元格局走向城乡融合的命运共同体,实现城乡"美美与共,共生发展"的新格局,[1]此格局的构筑需要在城乡发展的各个领域协同推进。基本公共服务

---

[1] 何卫平、张广利:《新时代城乡命运共同体建构:价值意蕴、现实阻力与路径指向》,《理论导刊》2021年第12期。

作为调控城乡之间、地区之间、社会成员之间收入差距，促进社会公平正义，保障社会安定有序的制度性手段和机制，推动城乡间基本公共服务的普惠共享，是构建城乡命运共同体的根本保障。县城是我国城镇体系的重要组成部分，是城乡融合发展的关键支撑，因而推动县域内城乡基本公共服务普惠共享更具基础性意义。本研究在提炼总结通榆县推进社会政策创新和基本公共服务城乡普惠共享的实践经验，并体认其启示意义的基础上认为，推动县域城乡基本公共服务普惠共享可主要从下述方面加大力度。

1. 提升县城基本公共服务水平和辐射能力

习近平总书记多次强调："县一级处在承上启下的关键环节，是发展经济、保障民生、维护稳定、促进国家长治久安的重要基础。""眼睛不要只盯在大城市，中国更宜多发展中小城市及城镇。"2022年5月6日，中共中央办公厅、国务院办公厅印发的《关于推进以县城为重要载体的城镇化建设的意见》明确指出，统筹县城生产、生活、生态、安全需要，因地制宜补齐县城短板弱项，促进县城产业配套设施提质增效、市政公用设施提档升级、公共服务设施提标扩面、环境基础设施提级扩能，增强县城综合承载能力，提升县城发展质量，更好满足农民到县城就业安家需求和县城居民生产生活需要，为实施扩大内需战略、协同推进新型城镇化和乡村振兴提供有力支撑。质言之，县城是城乡社会经济联系的关键枢纽，其高质量发展能够有效推动城市资金、技术、人才、产业向农村地区转移，推动城乡协调发展和人民共同富裕，助力发展成果普惠共享。[①]因此，推进城乡基本公共服务普惠共享在县域内的实现，

---

① 杨羊、张学良：《科学有序推进以县城为重要载体的城镇化建设》，《光明日报》2022年05月24日第11版。

需要县城作为经济社会发展的中心，具备较强的服务水平和辐射力度。其一，《关于推进以县城为重要载体的城镇化建设的意见》提出："全面落实取消县城落户限制政策，确保稳定就业生活的外来人口与本地农业转移人口落户一视同仁。确保新落户人口与县城居民享有同等公共服务，保障农民工等非户籍常住人口均等享有教育、医疗、住房保障等基本公共服务。"这便要求我们强化县城的基本公共服务体系建设，使其能够有效满足县域城市和乡村人口共同需求，并将县城打造成县域内城市和乡村人民群众能够均等享受基本公共服务的核心场域，提升县城基本公共服务的辐射力并扩大覆盖面。其二，提供高质量、全覆盖的基本公共服务必须有强劲的经济产业发展作为财政支撑，县城是县域内经济发展的核心，因此，在促进城乡融合发展的过程中，必须以县城为中心，深耕县域的资源禀赋，结合区域条件、生态环境、自然资源等，制定有针对性的经济发展策略，实现县城经济的高质量发展。在此基础上完善财政对基本公共服务的投入保障机制，以此提升县城基本公共服务的水平和对乡村的辐射性。

2. 在"有效衔接"过程中加大基本公共服务下沉乡村的力度

在全面脱贫的基础上，为推进"脱贫攻坚"向"乡村振兴"这一空前复杂的发展战略转换，党的十九届五中全会审议通过《中共中央关于制定国民经济和社会发展第十四个五年规划和二〇三五年远景目标的建议》，该文件首次明确提出，要"实现巩固拓展脱贫攻坚成果同乡村振兴有效衔接"，标志着"有效衔接"成为我国乡村新发展阶段的重要战略议题。以全局视域观之，实现有效衔接不仅需要在经济产业方面持续发力以推动乡村发展大幅跃升，还需要以底线思维，在医疗、住房、教育等各方面防范低保户、特困户、贫困边缘户、"三留守"人员等特殊脆弱群众规模返贫,而此更是支撑衔接进程的基础之维。目前,上述特殊脆弱群众主要集中在乡村地区,兼具公共性、普惠性和社会公平属性,覆盖多领域民生问题的基本公共服务在乡村地区的推进力度,直接关涉特殊脆弱群体的基本民生能否得到有效保障。

《"十四五"城乡社区服务体系建设规划》明确提出,聚焦幼有所育、学有所教、病有所医、老有所养、弱有所扶和文体服务有保障,推动基本公共服务资源向村(社区)下沉。一是推进县城基础设施向乡村延伸。推动市政供水供气供热管网向城郊乡村及规模较大镇延伸,在有条件的地区推进城乡供水一体化。推进县乡村(户)道路连通、城乡客运一体化。以需求为导向逐步推进第五代移动通信网络和千兆光网向乡村延伸。建设以城带乡的污水垃圾收集处理系统。建设联结城乡的冷链物流、电商平台、农贸市场网络,带动农产品进城和工业品入乡。建立城乡统一的基础设施管护运行机制,落实管护责任。二是推进县城公共服务向乡村覆盖。鼓励县级医院与乡镇卫生院建立紧密型县域医疗卫生共同体,推行派驻、巡诊、轮岗等方式,鼓励发展远程医疗,提升非县级政府驻地特大镇卫生院医疗服务能力。发展城乡教育联合体,深化义务教育教师"县管校聘"管理改革,推进县域内校长教师交流轮岗。健全县乡村衔接的三级养老服务网络,发展乡村普惠型养老服务和互助性养老。以此观之,我们在推进城乡融合的进程中,必须加大基本公共服务向乡村下沉的力度。其一,加快补齐农村在排水设施、厕所革命、垃圾处理等人居环境治理方面的短板,加快补齐教育、医疗、养老等公共服务设施短板,不断优化农村义务教育的办学条件,逐步改善农村医疗卫生条件和诊疗水平,提高农村基本公共服务的供给效能。其二,在推进基本公共服务下沉乡村的过程中,优化城乡教育、卫生医疗、养老等公共服务资源均等化配置机制,加快形成标准统一、制度并轨、融合统一的城乡公共服务体系[1],避免将乡村基本公共服务建设成城市的"减配版"。其三,公民若仅成为公共服务的被动接受者,将不可避免地导致供给不足、供需失衡等问题。实际上,公民不仅是公共服务的利益相关者,更是重要的权利主体,处于治理体系的中心。基本公共服务体系的构建必须秉持公民本位。特别是我国广袤的乡村存在较大的差异性,不同类型的村民对各项基本公共服务的具体偏好在空间分布、强度与紧迫程度上有所差异,因此,向乡村下沉的基本公共服务要避免自上而下的灌输,而要提升对村民真实需求的回应性。为此,政府需要拓宽公民表达利益诉求的渠道,真正实现需求与供给的无缝对接。[2]

3. 突破"政策文本"并深度关注"政策过程"实践领域

推动县域城乡基本公共服务普惠共享,实际上是中国特色社会主义社会制度框架下"社会政策"的理论命题与实际路径。城乡基本公共服务在城乡间的一体化均衡发展业已在社会政策领域得到了高度重视,但如何将政策文本转化为真正的政策效果则需要付出更大的努力。社会政策过程理论启示我们,"社会政策不是一个静态的抽象概念,而是一个持续的动态过程。理想的政策过程模型应该包括政府对政策的制定与修正,执行机构对政策信息的传达与评估,以及标的团体对政策的接受与反馈。只有保证政策过程的良性循环,才能保证政策效果的圆满达成。"[3] 可见,政策过程理论赋予

---

[1] 张晖:《扎实推进农民农村共同富裕》,《红旗文稿》2022年第16期。
[2] 马雪松:《结构、资源、主体:基本公共服务协同治理》,《中国行政管理》2016年第7期。
[3] 巫俏冰:《社会政策研究的过程视角——以北京市农村社会养老保险制度为例》,《社会学研究》2002年第1期。

了政策生命力，即将研讨政策文本转换为体认政策实践过程中的诸多现实问题。但迄今为止，我国关于政策执行活动的研究还比较薄弱，对政策执行活动缺乏规律性的认识。在推出城乡融合和城乡基本公共服务普惠共享的过程中，探讨如何科学地设计制定、组织实施和评估修正社会政策具有十分重要的价值。

本研究认为应该在推进城乡基本公共服务普惠共享的政策过程实践中做出如下努力：第一，赋予基层自治组织和广大农民群众"政策主体性"。我们应该充分体认到，脱贫攻坚和乡村振兴战略的实施均是以农民为中心的，即以在农业农村可持续发展中实现好、维护好、发展好广大农民的根本利益为衡量标准。这便要求我们在政策设计和制定过程中充分保障自治组织和广大农民的真实参与，以此保证政策内容尽可能地广泛精准反映农民群体的根本利益，真正将自上而下和自下而上的政策双向度衔接耦合起来，这也是政策过程民主化的重要方面。第二，地方政府和各级基层权力责任体需要高度深入理解中央政策，领悟政策的精神内核，以保障政策执行的正确方向。诚然，任何政策都绝非普适的，而是需要地方进行灵活转换，因而需要注意围绕政策核心精神，对中央政策加以再界定和调整，做出更符合地方实情、有益地方发展的政策转换，助力政策效果的显现。第三，我国目前在推进城乡融合发展方面的各种政策不可避免地存在局限性。面对此问题，我们需要尤为关注在政策执行过程中所暴露出的短板、缺陷和偏差问题，并对此加以修正和完善，以政策的不断充实、升级、完善为城乡基本公共服务普惠共享提供坚实保障。

后 记

本书作为中国特色乡村振兴研究丛书的重要组成部分，旨在研讨在扎实推动共同富裕的新时代发展命题下，以县域为中心统筹新型城镇化和乡村全面振兴的关键议题。本书的调研和写作工作自2021年仲秋开始，到2024年岁末结束，研究团队先后3次赴通榆县实地驻扎调研，基于调研发现并加以学理提炼，经过多轮次的推敲打磨，本书现已告竣。这也是本人任首席专家的国家社会科学基金重大项目"东亚乡村振兴的社会政策比较研究"（项目编号：18ZDA119）的阶段性研究成果。

在本书的调研和撰写过程中，研究团队承蒙多方的全力支持。通榆县委、县政府对本研究高度重视，县领导多次与项目组召开座谈会，深入交流县域城乡融合发展的核心问题，县级层面的充分交流和对我们所提出问题的精准回应，为本书写作凝聚了主题、明确了方向。通榆县30多个政府部门、乡镇、涉农企业、村委会及合作社积极配合调研工作，相关负责人欣然接受我们的深度访谈，并提供了翔实的文献资料，成为我们理解问题和推进写作的重要依托。吉林大学在2013年开始承担定点帮扶通榆县的政治任务，为通榆县巩固拓展脱贫攻坚成果、推进乡村全面振兴和城乡融合发展作出了巨大贡献。吉林大学工会副主席张刚、吉林大学乡村振兴研究院副院长汤文庭结合吉林大学的定点帮扶工作，在统筹谋划调研方案、联络通榆县相关部门、整理县校合作资料等方面给予了我们不可或缺的重要支持，特别是在两人的积极协调下，吉林大学躬身一线对通榆县城乡融合发展作出卓越贡献的化学学院高岩教授、通信工程学院于银辉教授从不同的专业领域，专门为研究团队作了实践与理论高度结合的高质量工作总结报告，拓展了我们的研究视域。在此对上述单位和个人致以诚挚的感谢。

本书的调研和撰写工作主要由吉林大学哲学社会学院的专业教师和博士研究生承担。本人带领研究团队多次赴通榆进行实地调研，负责统筹书稿的章节安排和指导修改工作。各位书稿撰写者围绕县域城乡融合的综合性主题，从不同角度展开了较为详尽的叙述。具体分工如下：陈宁撰写第一章，苗延义撰写第二章，钟祥纬撰写第三章，刘凤文竹撰写第四章，胡东淼撰写第五章，王浩翼撰写第六章，夏可恒撰写第七章，张帆撰写第八章。虽然分工明确，但大家并未单独作战，而是协同推进，特别是在初稿形成后，我们多次召开研讨会，共同商议书稿的修改和完善工作。陈宁副教授和张帆副教授参与了本书的统稿过程，并对书稿进行了多次修改。最终全书由本人定稿。

值得提出的是，城乡融合发展是中国式现代化的必然要求，县域鲜明地展现出城和乡的交汇特质，是城乡要素相互渗透交融的天然载体，必须把县域作为城乡融合发展的重要切入点，这也是本书撰写的逻辑起点。通榆县依靠党建引领、产业高质量发展、科技创新、村落布局优化、文化振兴发展、集体经济转型、社会政策创新，突破地域发展限制，从国家扶贫开发工作重点县和吉林省深度贫困县转换为区域强县的经验模式绝非一县之孤本，我们可以从中提炼出以县域为中心推进城乡融合发展的一般规律和共性范式，这也是案例研究的重要价值。

田毅鹏

2024年岁末于吉林大学东荣大厦